THE TEACHING OF CRIMINAL LAW

THE PEDAGOGICAL IMPERATIVES

法学教学法

以刑法教学为核心

[新西兰] 克里斯·格莱德希尔（Kris Gledhill）［澳］本·利文斯（Ben Livings）◎ 编
杨金彪　杨俊杰 ◎ 译

知识产权出版社
全国百佳图书出版单位
—北 京—

The teaching of criminal law: the pedagogical imperatives/Edited by Kris Gledhill, Ben Livings/ISBN 978-1-138-54317-1

图书在版编目（CIP）数据

法学教学法：以刑法教学为核心/（新西兰）克里斯·格莱德希尔（Kris Gledhill），（澳）本·利文斯（Ben Livings）编；杨金彪，杨俊杰译. —北京：知识产权出版社，2022.4

书名原文：The Teaching of Criminal Law：The pedagogical imperatives

ISBN 978-7-5130-8149-8

Ⅰ.①法… Ⅱ.①克… ②本… ③杨… ④杨… Ⅲ.①刑法—法学教育—教学研究—高等学校—文集 Ⅳ.①D914.04-53

中国版本图书馆 CIP 数据核字（2022）第 070149 号

责任编辑：程足芬　张利萍　　**责任校对**：谷　洋
封面设计：回归线（北京）文化传媒有限公司　　**责任印制**：刘译文

法学教学法
——以刑法教学为核心
［新西兰］克里斯·格莱德希尔（Kris Gledhill）　［澳］本·利文斯（Ben Livings）　编
杨金彪　杨俊杰　译

出版发行：知识产权出版社有限责任公司		网　址：http://www.ipph.cn	
社　址：北京市海淀区气象路 50 号院		邮　编：100081	
责编电话：010-82000860 转 8390		责编邮箱：chengzufen@qq.com	
发行电话：010-82000860 转 8101/8102		发行传真：010-82000893/82005070/82000270	
印　刷：天津嘉恒印务有限公司		经　销：新华书店、各大网上书店及相关专业书店	
开　本：720mm×1000mm　1/16		印　张：14.25	
版　次：2022 年 4 月第 1 版		印　次：2022 年 4 月第 1 次印刷	
字　数：258 千字		定　价：68.00 元	

ISBN 978-7-5130-8149-8
京权图字：01-2022-2012

FOREWORD

前　言

我们既可以感叹以“旧派”教义为中心的刑法教学的持久性影响，也可以阐明更好的讲授和学习刑法的方法。值得庆贺的是这本精美的文集的编著者们选择了后一条更具有建设性的道路。他们开发了超越传统的“一般原则+谋杀+盗窃”模式的课程，放弃从他们的实践和程序中人为地抽取刑法规则的做法，并认真对待历史、文化、政治、经济和其他的背景因素，重视土著和女性主义的观点和见解，利用基于问题思考的学习方法——令人振奋的是，这些和其他令人兴奋的方法正在逐渐成为刑法教学中的“新常态”。*

本书首先对应当赋予刑法教学以活力的教学法进行了深思熟虑的讨论。它源自对英语世界不同地区的刑法课程的调查，该调查显示，各国的刑法课程在不同时期有着显著的相似性。它还表明，实体法的许多方面都被忽视了。这引发了一个问题，即是否真正考虑了刑法课程设计。本书旨在通过研究最能说明刑事律师的思想过程的课程内容，提出确保学生主动学习的创新方法，并通过引入广泛的背景展示刑法如何确保其他有价值的毕业生品质，以提供足够的见解确保对实体刑法的理解。

这本经过编辑的文集汇集了来自澳大利亚、新西兰、英国和爱尔兰的大学刑法教师的投稿，他们考虑了课程设计的问题并经常加以实施。他们共同研究了世界各地一些法学院在教学方法和实质性内容方面采用的几种创新的刑法教学方法。作者们为刑法课程的设计提供了许多建议，以确保学生获得对刑法及其在社会中的作用的有用见解。

---

* 新南威尔士大学法学院教授卢克·麦克纳马拉（Luke McNamara）和D. 布朗（D Brown）等人合著：《刑法：新南威尔士州刑法和程序法的资料和评论》（联邦出版社，2015年第6版）。

本书有助于填补刑法教学法研究的空白，并证明有其他方法可以提供这一法学学位课程的核心部分。因此，本书将引起刑法、教学法和教学方法领域的研究人员、学者和讲师的浓厚兴趣。

克里斯·格莱德希尔，新西兰奥克兰理工大学法学院副教授。

本·利文斯，澳大利亚新南威尔士州新英格兰大学法学院高级讲师。

PREFACE

序　言

在普通法国家中，过去50年来，有关大学法学教育的研究和学术成就在数量、质量和地位方面都有了显著的增长。许多国家现在都有专门研究这一主题的专业期刊，例如美国的《法学教育杂志》、英国的《法学教师》、澳大利亚的《法学教育评论》和加拿大的《法学教育年度评论》。除此之外，普通法国家的其他期刊、专著和论文集中也有大量关于这一主题的文章。在大陆法系国家中，该主题可能还不太成熟，但即使在那里，如卡雷尔·施托克（CarelStolker）的《重新思考法学院：教育、研究、超越和治理》，克里斯托夫·贾明（Christophe Jamin）的《法律烹饪：巴黎政治学院法学院：一个法国的实验》（*La Cuisine du Droit*：*L'Ecole de Droit de Sciences Po*：*uneexpèrimentationfrançaise*）和扬·史密斯（Jan Smits）的《法学学术的思想与方法》等书也显示了对这一领域正在日益增长的兴趣。

人们对大学法学教育产生兴趣并不足为奇。作为学者，我们大多数人以不同的方式在不同程度上接受苏格拉底（Socrates）的格言的真理，即“未经思考省察的人生是没有价值的人生”。法律学者不像其他学科的学者，他们一生大部分时间都在教学和研究，所以几乎不可避免地要花一些时间考虑自己在做什么、为什么做以及如何做；同样重要的是他们将花一些时间考虑如何将教学和研究相结合。

如果韦伯（Weber）的观点“只有专业化才能真正取得进步”是正确的，那么一些法律学者专注于大学法学教育，至少将其作为自己的研究领域之一就是可取的。大学法学教育研究与其他法律领域的研究并没有什么不同。一般的学术规则在该领域也获得公认。这里没有比诸如在恢复原状或法律实证主义学习方面更多的主张或争论的余地了。必须研究现有的工作，必须考虑现有的想法，并且不能重塑历史。但是，过去也不能决定我们做什么。尽管不是为了创新而创新，但是创新便可以取得进步。同时，传统并非仅仅因为它是传统就是错误的。和往常一样，重要的是所提出的论点的质量。

与其他任何研究一样，对大学法学教育的研究也有其本身价值。对知识的探索是一种好事，不需要进一步的理由。然而，这类研究也可以为研究人员在法学院的更广泛的工作以及其他法律学者的工作提供信息。这正是这个文集中的文章所要做的。这些文章涉及的范围很广，研究了刑法课程中可以讲授的内容，此类课程的理论基础以及哪些技术可能有助于或阻碍学习。论文作者利用他们在刑法教学中所做的研究、其他人对大学法学教育的研究，以及对大学教育的总体研究，重新构想了刑法教学。

诸如本书之类的文集不应被理解为一种规定，要求我们必须做什么。相反，它们应该被视为一种辅助手段，帮助我们反思。读者是否同意本书中的任何或所有文章的观点并不重要。重要的是这些文章认真对待教育和学习的过程，这是一个不争的事实。作为法律学者，我们应该思考这些事情。作为法律学者，我们应该像作者一样认真对待这些问题。

这个文集还强调了关于学术生活的另一件事。我们可以选择教什么以及如何教。在不同的司法管辖区，我们都面临着来自不同机构的不同压力，要求我们以被其认为合适的方式塑造我们的教学。我们应该做的是思考这些要求。大学法学院并非孤立的存在，它们是其所处社会的一部分。社会的需要以及法律专业人士和其他人士的需要，包括学生的需要，是我们应该考虑的事情。然而，与此同时学术自由不是一项权利而是一种义务。如果对学习的研究与任何其他类型的研究一样受到重视，那么我们有义务以我们认为最有可能成功的方式讲授我们认为重要的东西。像该文集一样的系列文集可以帮助我们个人做出这些决定。

安东尼·布拉德尼

CONTENTS

目　录

第1章　导论

克里斯·格莱德希尔和本·利文斯

背景研究

本论文集的来源是克里斯·格莱德希尔［在布莱尔·麦基翁（Blair McKeown）的研究协助下］进行的一项调查，旨在确定普通法世界不同地区的刑法课程是否呈现出显著的多样性。这项调查是由他从英格兰和威尔士的法律实践转向新西兰的刑法教学而引发的。他在英格兰大学本科研习刑法已有25年之久，他发现这两个模块都非常熟悉——包括一般原则，覆盖了故意杀人罪、故意伤害罪、性犯罪和财产犯罪——而且刑法课程还遗漏了许多在实践中很重要的实体刑法领域。这两所相距遥远的法学院所讲授的课程非常相似（相隔超过四分之一个世纪），如果这不是巧合，那么就会出现更系统、更明显的问题：为什么会这样？这是件好事吗？自然引发的另一个想法是，是否真正地思考过与刑法重要领域有关的课程设计。

2010年进行的调查方法很简单。他们在法学院网站上搜索有关其刑法课程的描述。如果有相关描述，则审查是否提及一般原则的教学以及提纲中提到哪些具体罪行，并特别注意覆盖杀人罪、袭击罪、性侵罪和财产犯罪。如果描述未表达特定事项，则评估语言是否与所涵盖的特定事项一致，或不清楚，或不一致。例如，如果有迹象表明通过杀人罪和性侵犯的例子讲授课程，就被视为与财产犯罪的教学不一致；如果有迹象表明讲授了未指明的犯罪则被归类为不清楚，但是提及讲授“主要犯罪”或类似用语的则被归类为与传统范围内的杀人罪、袭击罪、性袭击罪和财产犯罪的教学相一致。还特别注意作为课程的一部分讲授其他犯罪。调查结果总结如下：

（i）澳大利亚：发现了30所法学院的课程描述，并且全部提到一般原则的教学（尽管新南威尔士州大学提到了所谓的一般原则）。25个课程描述提及或者与讲授杀人罪相一致，24 个与其他的袭击罪相一致，23 个每个都与性犯罪和财产犯罪相一致。在描述不清楚的地方，没有一个与课程中讲授的这些犯罪不一致。

与其他司法管辖区相比，更为重要的是课程描述还提到了讲授其他的犯罪：10 个课程描述提到了毒品犯罪，4 个提到了驾驶罪，2 个提到了公共秩序犯罪，1 个提到了行政犯。

（ii）加拿大：共找到 15 个课程描述，所有这些描述都明确提到了讲授一般原则，或使用了与此一致的语言。但是，与其他普通法司法管辖区相比，在涉及具体犯罪方面其具体性要差得多。事实上，只有 2 个课程描述明确提到杀人罪、2 个课程说明提到性犯罪（还对美国法学院进行了审查；同样发现了对一般原则的关注，杀人罪往往是唯一明确提到的犯罪）。

（iii）英格兰和威尔士（加上邓迪大学的英国法学学位）：共找到 39 个课程描述，其中 38 个课程描述提到一般原则或者使用相同语言，其中 1 个归类为不清楚，但是并不属于不一致的情况。明确提到杀人罪、伤害罪、性犯罪和财产犯罪的课程描述数量分别为：30 个、28 个、29 个、31 个。除阿斯顿商学院法学学士的课程描述明确关注似乎与袭击罪和性犯罪不一致的公司犯罪外，其他内容都归类为不清楚的情况，但并非不一致的情况（尽管它涵盖了以公司过失杀人形式的谋杀）。

还有课程描述有限地提到其他课程，有 4 个课程描述提到公共秩序犯罪或者类似问题，提到毒品犯罪的有 2 个，涉及卖淫罪、电脑黑客和商品说明犯罪的课程描述各 1 个。

（iv）新西兰：有 5 所法学院有课程描述；所有的课程描述都提到一般原则，尽管只有惠灵顿维多利亚大学的课程描述专门提到侵犯人身和财产的犯罪，而其他的课程描述则提到“可公诉和选择的其他犯罪”。从行政制度的描述来看，这种语言来自新西兰法学教育委员会（NZCLE）的规定。从新西兰法学院轮流评估彼此考试的过程中获得的知识，以及与新西兰法律委员会的代表的讨论表明，其教学与标准模式相一致。

（v）苏格兰：共找到了 7 个课程描述，每个描述都提到一般原则、杀人罪、故意伤害罪、性犯罪和财产犯罪的教学或者与之相一致。也有 4 个课程描述明确地提到公共秩序犯罪，各有 1 个课程描述提到道德犯、司法过程犯罪和毒品犯罪。

调查还考虑了其他普通法司法管辖区，具有相同结果的是：中国香港、巴布亚新几内亚、瓦努阿图和西印度群岛。在爱尔兰，共找到了 3 个课程说明与此相一致但没有提及具体犯罪；新加坡国立大学提到它将“主要”使用杀人罪。也有南非法学院的课程描述以及 1 个纳米比亚法学院的课程描述遵循了讲授犯罪的类似传统模式。

简言之，各司法管辖区之间的相似度很高（至少在可以评估的地方是如此——例如，加拿大就像北爱尔兰一样，在这方面就存在问题）；尽管在苏格兰引人注目地提到了公共秩序事务犯罪，但是尽管是少数，澳大利亚却是唯一一个涉及其他一系列犯罪的重要国家。

2015 年在澳大利亚司法管辖区部分地重复进行了该调查，那里开设了几所新的法学院，澳大利亚的几所学校采用了法律博士（JD）模式，因此有机会进行课程设计。2015 年的这次简短的调查结果如下：

（i）澳大利亚：调查了 46 个刑法课程描述，其中增加的部分既来自新的法学院的设立，也来自现有法学院新的法律博士课程的设置。在这些课程描述中都使用了与基本原则一致的语言，或者在描述由于过于简短而无法说明的情况下，也不与一般原则不一致；这一次是塔斯马尼亚大学把它们称为所谓的一般原则。还值得注意的是，鉴于本书中有几章涉及刑法教学的“背景下的法律”方法，也就是说，用这种方法向学生解释他们也必须理解法律构造背后的社会政治因素。有 16 个课程描述明确提到将使用这种方法。14 个课程描述似乎属于不一致的情况，因为它们给人的印象是，课程呈现了一种更加中立的“黑体字”法律*的方法；其他 16 个课程描述有可能使用背景下的法律方法。

就所涵盖的犯罪而言，有 24 个课程描述提到杀人罪，5 个提到诸如“更严重的可起诉犯罪”等事项。其他 17 个课程描述属于不清楚的情况。关于侵犯个人的其他犯罪，17 个课程描述属于不清楚的情况，但是明确提到侵犯个人的其他犯罪的如下：提到袭击罪的有 26 个，提到性犯罪的有 18 个，提到财产犯罪的有 27 个。其他分别有 3 个、11 个和 2 个课程描述所使用的语言与袭击罪、性犯罪和财产犯罪的教学相一致。

提到其他犯罪行为的课程描述有：13 个课程描述提到毒品犯罪，5 个提到驾驶犯罪，5 个提到公共秩序犯罪，3 个提到范围日益扩大的公共利益犯罪，1 个提到反恐怖主义犯罪，1 个提到行政犯，2 个课程描述强调了覆盖范

---

* “黑体字”法律（“black-letter” law），一种非正式用语，用来表示被法院普遍接受的或体现在某一特定司法管辖区的成文法中的基本的法律原则。——译者注

围广泛的犯罪。

（ii）新西兰：2010 年接受调查的 5 所法学院仍与以前一样，只是惠灵顿维多利亚大学决定使用与其他法学院相同的描述（“某些可公诉犯罪”）；考虑到《2011 年刑事诉讼法》（新西兰）废除了可公诉犯罪和简易程序犯罪的分类，这或许有些奇怪。新成立的奥克兰理工大学法学院没有犯这种错误，它还提到了所讲授的犯罪：侵害人身犯罪和各种商业犯罪，包括涉及知识产权的犯罪。

这再次表明课程描述变化有限。主要教科书的内容反映了这一点，尽管偶尔有例外，但是它们遵循了相同的模式。还可以对早年的课本进行审查，以评估随着时间的推移是否发生了重大变化。例如，1980 年出版的《史密斯和霍根案例与资料》第一版是英语教学的主要书籍，涵盖了标准的犯罪范围。同一作者的教科书可能面向更广泛的读者，自 1965 年第一版出版以来涵盖了公共秩序犯罪和有限范围的道路交通犯罪；最初，它也涵盖了违反公共道德的犯罪、司法行政犯罪和国家安全犯罪，但是在 20 世纪 90 年代这一范围变为涵盖猥亵罪。相比之下，2015 年首次出版的新《史密斯和霍根刑法要点》只涵盖了上述案例书的标准范围。旧的书籍如 1894 年由哈佛大学法学评论出版协会在毒品犯罪产生之前出版的 J. H. 比尔（J. H. Beale）的《刑法案例和其他权威选集》也有同样的结构。

这里涉及一个明显的鸡和蛋的关系的情况：课本是否反映了所讲授的内容，从而满足了这一需要？还是因为没有基础设施，限制了讲授其他领域的能力？澳大利亚的例子似乎表明了后者：正如甘斯和斯蒂尔在本文集中相关章节所记录的那样，只有希望讲授与标准方法不同的刑法课程的学者，才会编写教科书来支持该方法；因此，应首先采用不同的教学形式。

提出有待探讨的问题

各种课程描述之间的相似性可能被认为仅允许得出有限的结论，而不允许对课程的教学方式进行任何形式的更详细的分析。同时，似乎可以认为，一名学者提出课程描述将试图表达他或她讲授该学科的本质：在此基础上，课程描述为表明各司法管辖区之间存在明显的相似之处提供了可靠的依据。当结合大多数教科书的结构考虑时，这些教科书在覆盖范围上几乎没有什么不同，这证明了起初就提到的一个问题，即为什么应该有这样的相似性。

如果这种相似性产生于未能考虑内容的多样性是否会带来好处（或者集

中于小范围的犯罪具有显著的机会成本)，那么这也意味着某种可能的担忧。关于这一点，没有很好的证据表明讨论过程有助于就刑法教学的最佳方式达成共识。更确切地说，几乎没有资料表明，法学院的一般课程特别是刑法课程是在经过调查“怎样才能最好地确保理解刑法如何运行”的基础上设计的。

有批评意见认为，阿尔德里奇主张“传统”的刑法课程存在不足，是因为它过多地关注黑体字法律的责任问题。阿尔德里奇的主张已经有 25 年的历史（阿尔德里奇，1990 年)。这种批评在此文集中多次被提到。更一般地说，在美国法学院的背景下，费曼（Feinman）和费尔德曼（Feldman）建议“大多数法学教育工作者在他们主要关注的领域是反知识的”；他们表示，甚至不愿反思法学教育的目标和课程内容。他们为此引用的部分证据是，在美国 200 份法律期刊中，只有 1 份定期讨论教学法，而且大部分文献都是“轶事或陈词滥调”（费曼和费尔德曼，1984 年)。西蒙（Simon）和其他人在 1999 年的文章中指出，费曼和费尔德曼的呼吁基本上被置若罔闻（西蒙等，1999 年)。专注于英国的康妮（Cownie）认为，学术界的结构本身导致了对教义研究的关注，因此对教学和教学方法的研究成为一对被忽视的难兄难弟（康妮，1999 年)。

这样的结果可能是因为大学学者往往更多地受他们作为学生时的亲身经历的影响，而不是受对如何最好地讲授核心课程内容等问题的研究性分析的影响：因此熟悉程度取代了学术的严谨性。毫无疑问，对教学法的研究已经取得了一些进展，尽管有人认为这是不够的，其他人则认为，关注詹姆斯所说的“教学法”虽然在许多方面受到欢迎，但已经导致了对“良好教学”构成要素的不加批判的接受（2004 年)。就学术研究的出版地而言，布拉茜说，在美国，截至 1995 年，法律评论的爆炸式增长并未产生专门用于法学院教学法的额外的评论［布拉茜（Blasi)，1995 年，第 397 页］。在美国以外，英国法学教师协会的《法学教师》即将出版五十卷，而且 1989 年开始在澳大利亚出版的《法学教育评论》也加入这个行列；这两种期刊都做了大量与教学法有关的工作。但问题仍然是，与教义相比学术研究的范围有限。批评者可能正确地指出，鉴于教育的学术研究领域非常广泛，包括主动学习而非被动学习的重要性等事项，因此做到扩大教育的学术研究范围这一点很困难［布拉茜，1995 年；施瓦茨（Schwartz)，2001 年］。

这方面的一个明显的例外是诊所式法学教育领域，期刊上充斥着与教学法以及作为主动学习形式的实验教育的价值有关的资料。这说明了法学课程其他部分不足的原因：诊所式法学教育者能够从相对空白的领域开始，遵循以研究为基础的课程设计过程，确定他们希望确保的毕业生品质，并构建课程来实现这一目标。相比之下，在已确立的课程中，教师总是会采用他们在法学院学习时代就熟悉的预先存在的教学大纲，这可能会减少新课程一开始就存在的思考和规划课程的需要。但是当一门课程成为任何学位的核心部分时，就像刑法一样始终是学位的核心部分，对这种知情计划的需要就更大了。

当然，这并不意味着教学出现了时间错位。就刑法课程的内容而言，在很多司法管辖区和所有时间范围内都采取一致的做法，这可能反映了以下事实，即课程的内容已经满足了（并且自其确定以来就满足了）大学阶段的法学教育目的。然而，关于课程内容是否始终符合目的总是一个值得考虑和思考的问题：这意味着，首先必须确定教学目的；其次应该分析课程在实现这一目的方面是否成功。如果这验证了典型结构的有效性，那么一切都很好；但是如果不能验证典型结构的有效性，或者表明传统的课程在实现这一目标上既不是唯一的，也不如其他替代方案做得好，就有理由支持变革。

监管限制

另一个可能影响教学大纲的因素是法律职业对教学内容的监管——这是一个允许在进入法律职业的过程中学位发挥作用的交换条件。法律职业对教学内容的监管在某种程度上限制了提供具有传统结构的刑法的内容，这也表明它肯定了传统结构的价值，因为传统结构背后具有职业的集体经验。然而，除非有深思熟虑的实现法规规定内容的程序，否则与先前提出的观点完全相同的观点适用于该限制。

法律职业和法学教师的兴趣应该保持一致。双方都希望培养理解实体刑法的毕业生。对于律师职业来说，这种理解是必要的，这样律师就可以应用法律，通过上诉辩论来发展法律，并像律师行业经常做的那样为法律改革做出贡献。法学教师希望获得这样的结果，是因为他们既要培养从事实践的毕业生，也要培养从事政策工作的毕业生，也为了更纯粹的学术成果，即使毕业生走向不同的方向，也要获得对整个法律的理解。鉴于这种兴趣的共同性，提出与学院的刑法课程不同结构的课程可以确保对实体刑法的理解，这种教学法的合理理由也应该对职业的管理者具有说服力。这反过来意味着，大学教师不能简单地采取一个立场，被动接受管理者规定的教学内容；相反，法律教师和职业人员之间应该讨论任何规定的内容。

无论如何，监管的方法很少是命令性的。在各章节作者所在的国家，其框架如下：在新西兰，《2006 年律师和不动产转让律师法案》第 8 部分要求新西兰法学教育委员会制定法学专业准入标准。该法律的第 274、278 和 281 条是关键，其结构依据是，申请入学的学生必须先获得学术法学学位，然后再接受专业培训课程：尽管法律专业的学生通常会获得双学士学位，从而在法学院之外接受高等教育，新西兰学生没有办法像英格兰和威尔士那样先获得非法学学位，然后再参加简化的入门专业考试。

该法律第 278 条允许委员会制定法规，根据该法律委员会已经制定了《2008 年法律职业考试法规》，其中规定了成为新西兰出庭律师和诉状律师的合并职业的要求。根据 2014 年 12 月 1 日实施的职业合并，2008 年法规规定，所要求的学术法学学位必须由新西兰法学教育委员会（NZCLE）整体批准［法规第 3（1）（a）条］，并且必须包括有关法律制度、合同、侵权行为、刑法、公法和财产法［法规第 3（1）（b）条］的课程。法规还规定了课程的内容［法规第 3（2）条和附表 1］，但是这是以一种没有实际限制的方式规定的。对刑法的规定如下（在附表 1 中）："刑事责任的一般原则。与可起诉犯罪和其他选定的根据新西兰法律可起诉的犯罪有关的法律。起诉程序和简易程序（不包括证据）。"如前所述，自 2011 年《刑事诉讼程序法》取消之前的犯罪分类以来，新西兰没有任何可起诉犯罪。就目前而言，重要的一点是这一规定允许新西兰法学院有学术自由选择讲授哪些犯罪类型，因为法规语言没有要求涵盖所有可在陪审团面前审判的犯罪和选定其他犯罪这一层含义。

澳大利亚的情况很有趣：尽管如此，专业的更详细的规定提供了一定程度的灵活性，而且没有阻止学院内比其他司法管辖区有更广泛的多样性。管理框架是多管齐下的，但是在大学阶段的要求方面已经形成了一定程度的统一性。在维多利亚州和新南威尔士州，已经通过了《法律职业统一法》：该法作为《2014 年法律职业统一法适用法》（维多利亚州）的附表 1 列出。第 2.2 部分包括与职业准入有关的规定，包括完成符合根据《法律职业统一法》第 420 条和以下条款制定的准入规则的学位。这些规则就是《2015 年法律专业统一准入规则》，而这些规则反过来采用了由法律录取咨询委员会制定的标准。该委员会是英联邦所有司法管辖区之间的协调机构；这些标准可以在法律准入咨询委员会的《2015 年模范准入规则》的附表中找到，并已被其他司法管辖区采用。

在“规定的知识领域”标题下与刑法和程序有关的部分包括以下内容，作为备选方案列出：

1. 犯罪的定义
2. 犯罪的要素
3. 刑法的目的
4. 杀人罪和辩护
5. 侵犯个人的非致命性犯罪和辩护
6. 侵犯财产的犯罪
7. 一般教义
8. 从中选择的主题：
   - 企图
   - 参与犯罪
   - 醉酒
   - 错误
   - 严格责任
9. 刑事诉讼程序的要素。从中选择的主题：
   - 犯罪的分类
   - 强制出庭的程序
   - 保释
   - 预审
   - 可公诉犯罪的审判

或广度和深度足以满足以下准则的主题：

> 这些专题应提供关于刑法一般教义的知识，特别是对侵害人身犯罪和财产罪的考察。此外，还应该有选择地处理各种辩护和刑事诉讼的要素。

简言之，法学院可以采用看似传统的刑法课程内容，但是如果是由教师选择的话，只要包括了侵犯人身犯罪和财产的犯罪，刑法课程内容还可以更广泛一些。一个假设是列表中的第一至第三项和第七至第八项将在任何课程中出现。

在不列颠群岛，爱尔兰、苏格兰、北爱尔兰、英格兰和威尔士的专业机构也有大学阶段的标准。在爱尔兰，爱尔兰法律协会（律师协会）和国王律师公会（King's Inn）（控制那里的律师）都详细描述了在进入职业阶段之前的要求。对于国王律师公会来说，这需要完成一个经公会批准的学位或由该公会提供的文凭课程：该学位必须包括某些主题，但刑法不是这些主题之一。文凭课程则包括刑法。然而，公会要求学生通过涵盖刑法的准入考试，其考试大纲规定了传统上讲授的范围，包括一般原则和人际暴力和财产犯罪的具体犯罪行为以及公共秩序犯罪。

爱尔兰法律协会不要求准入者必须拥有学位，但是它要求参加一个包括刑法和程序法的准入考试。考试大纲中包括的实质性犯罪与律师的教学大纲一致。除了包括公共秩序罪之外，该考试大纲基本上可以与前面列出的澳大利亚规定的第一部分互换。爱尔兰律师职业的做法类似于美国的做法。在美国，进入该职业需要通过律师考试。这是一种涵盖刑法多州通行的律师考试，其 2016 年的考试大纲包括侵犯人身犯罪和财产犯罪的标准范围，除此之外还提到了“占有罪”。如果法律研究工作者认为这是一个好主意，那么没有理由认为爱尔兰的管理机构不太愿意制定更灵活的规定。

在北爱尔兰，北爱尔兰法律公会根据主要立法赋予的权力制定了《1988 年律师准入和培训条例》，作为准入程序的一部分，要求律师具备足够的刑法知识。但并没有进一步具体规定这方面的细节。这可以通过法学学位来获得律师资格，但也可以先攻读其他学科的学位，然后再进行简化的法律研究生学习（如下文中描述的英格兰和威尔士的情况那样）。然后需要接受职业培训。至于北爱尔兰的大律师，标准的准入途径是通过合格的法学学位和进一步的职业培训。这两个职业分支的职业培训过程都集中在贝尔法斯特的职业法律研究所：它的信息手册列出了合格法学学位的清单，这些学位可以是英国法学位或爱尔兰法学位，或者是从北爱尔兰的一所法学院获得的学位。学生必须修过列出的包括刑法在内的核心科目，然而对课程内容没有具体规定。

在苏格兰，成为苏格兰法律协会的会员需要具备以下条件之一：获得苏格兰法律的法学学士学位——这要求该学位必须包括某些主题，其中包括刑法；或者在律师事务所工作，并且在这两种情况下都通过了法律实践文凭。刑法学位课程没有规定的内容。然而，法律协会规定了在每个被认可的法学院必须学习学位课程的哪些部分，以确保获得协会会员资格。在苏格兰，对于法律职业的另一个分支，律师协会在其 1996 年 7 月颁布的《入会条例》中，同样只提到了苏格兰的刑法，而没有提供进一步的细节。该《入会条例》

于2004年3月和2006年12月被修订［附录A（1），第19页］。

谈到英格兰和威尔士，在那里也存在职业分裂，但律师管理局和律师标准委员会有一本共同的大学阶段手册（2014年7月最新版本），其中规定了一个共同方法。这两种职业都要求学生或者获得合格的法学学位，或者先获得任何其他学位，然后通过转化课程获得法律研究生文凭。然后进行职业培训，培训内容因职业不同而不同。也有免修法学学位，它结合了合格的法学学位和研究生文凭。该手册指出，学生必须熟悉“以下法学学习领域的关键要素和一般原则：…… iii. 刑法”（第18—19页），但没有进一步指定内容。这种共同方法最近已失败。然而，律师标准委员会的2015—2016年大学阶段手册指出，刑法是大学阶段的必修课程之一，但并没有具体说明它应该包括哪些内容（第1.7段）。在撰写本报告时，律师管理局网站上的信息仍然参考了以前的共同声明。在刑法学（或其他六门基础学科中的任何一门）的内容方面，细节的缺失承认了桑德斯（Sanders）所谓的“巨大的自由”。他继续说：“一个［合格的法学学位课程］可能专注于我们为什么以及如何将一些事情而不是其他事情犯罪化，而另一个法学学位课程则可能详述‘意图（intention）’的含义，以及根据盗窃法，财物性‘财产’在什么时点从A转移到B。任何一个课程都可能着重于知识性或实践性、教义性或背景性，以及英国法或国际法和比较法问题。”（桑德斯，2014年，第142—143页）。

简言之，管理制度是一种变化的制度，即从对法学院的作为刑法的一部分所讲授的内容不设置任何限制（英国司法管辖区、新西兰）制度，到包含具体的、灵活的内容的制度（澳大利亚）的变化。爱尔兰有一项实际要求，即讲授标准范围的犯罪，因为这些犯罪在职业准入考试中占有重要地位。然而，产生了两个问题：毋庸置疑，可以要求职业人员讨论规定的内容，并且对美国多个州的部分律师考试的相同要求似乎并没有导致集中覆盖学位水平的所有犯罪。毫无疑问，这是因为人们普遍相信学生会把律师考试的商业填鸭式补习课程与大学学位课程中所学到的一般原则结合起来。

教学法的创新

前面概述的刑法课程之间的相似程度，并不意味着它们之间是统一的，也不意味着没有对教学法的思考。在一系列的研讨会和讲习班上，人们展示了前面概述的资料的最初版本，并对提出的问题进行了讨论，揭示了人们寻求创新的实例。一些与会者同意参与撰写本论文集的有关章节。毫无疑问，还有一些人思考过如何以满足某一特定的法学院所期望的毕业生素质的方式，最好地帮助学生理解实体刑法。

这就引出了本文集的目的，就是为了整理出大量关于如何最好地确保对实体刑法的理解的想法。这些章节既涉及教学方法，也涉及课程内容。之所以如此安排其原因是不言而喻的：这是为了鼓励人们在这项任务中进行思考和行动。这并不意味着我们贬低传统的课程结构或者提倡放弃它。事实上，有些章节是以传统的教学大纲为基础的。尽管如此，我们还是支持"黑体字"课程是一个错失的机会的预言，以及诸如布朗等人（见斯蒂尔，第 9 章）和甘斯（见第 8 章）的做法，他们已经设计了支持不同教学方法的教科书。我们的中心目的是要证明，对于那些希望以一种新的方式讲授刑法的人来说，是有选择的余地的，而不仅仅是用最新的案例重复过去几代人所讲授的课程。

鉴于这一目的，本论文集的第一个重要章节就是菲奥娜·唐森和凯瑟琳·奥沙利文撰写的"是积木还是绊脚石？刑法中的犯罪行为和犯罪意图的教学"，这种安排是非常合适的。他们在刑法教学中对"核心概念"和"阈值概念"进行了教学研究。作者首先描述了现行刑法教科书的结构，并指出在确立刑法的"一般原则"时犯罪意图和犯罪行为这两个基本概念的重要性。唐森和奥沙利文认为，这种"传统方法"可能通过模糊公共政策对显然中立的原则的影响，从而妨碍学生真正理解这两个概念。本章利用了作者关于接触不同教学方法的学生群体进行的研究。这表明，在更传统的模式下，学生不可能在刑法课程的后半期之前真正理解犯罪意图和犯罪行为之间的关系。"绝大多数"学生直到教学结束后的复习阶段才能实现这一目标。如果将"犯罪行为"/"犯罪意图"的区分用于展现它在展示刑法的结构性原则中的阐释性价值，这将是一个很大的问题。该章描述了为了消除刑法课程中被发现的缺陷而对其所做的改进。其中主要是在整个课程中嵌入覆盖各种犯罪意图的标准，使用不同的犯罪来说明这些标准，而不是预先覆盖这些标准。尽管预期和期望的结果是"迟来的"，但最终的结果则是"更全面和综合的理解"。而且唐森和奥沙利文的研究结果表明，将对各种犯罪意图标准的学习与具体的犯罪结合起来，可以用不太抽象的方式解决政策问题。例如，唐森和奥沙利文指出，法律的"延展性"是学生们尤其难以接受的一个重要阈值概念，并指出建立"对不确定性的容忍"的重要性。他们还表示，重组后的课程的一个附带好处是增加了课程的广度。

在"讲授犯罪要素"一章中，约翰·希尔德探讨了通过使用组织原则来讲授刑法的方式。希尔德指出刑法教师角色的两个最重要方面是："讲授［一小部分］犯罪，以便为学生提供对刑法一般的广泛的和背景性的理解，并提供一种未来理解和分析其他具体犯罪的机制。"第一个目标包括本卷后面几章的主题，但希尔德关注的是第二个目标：设计一种机制以便学生们能够理解刑事犯罪及其构成和解释方式。他建议采用"要素分析法"（element analysis），而不是英国法学院更为常见的"犯罪分析法"（offence analysis），后面这种分析法是根据犯罪构成是否包括犯罪意图或犯罪行为来对其进行分类的。与前一章中唐森和奥沙利文的做法一样，希尔德认为这种分类容易造成混乱，特别是当涉及对某些犯罪的评价时，教学大纲必然会偏离这种严格的区分。尽管这种批评可以类推到其他一系列的犯罪，但是希尔德引用过失杀人罪和盗窃罪来说明这方面的问题。为了解决这个问题，希尔德提出了一种能够普遍适用于刑事犯罪的要素分析形式，并将其作为一个模型提出。任何分析机制在理解刑法时都有缺点，因此希尔德并没有把要素分析作为"万能药"加以推广，但是他为在刑事犯罪构成的教学中采用他的要素分析模式提供了令人信服的理由。

凯文·J. 布朗和柯林·R. G. 默里在"加强刑法教学中的互动：在讲堂中使用回应技术"一章中建议采用互动技术，以便提高说教式的大班讲座的价值，尽管承认说教式的大班讲座的局限性，但是这种教学技术在法学学位课程教学中仍然很常见。布朗和默里介绍了他们称之为"行为研究计划"的项目，该项目试验了"实时课堂回应技术"的使用，并评估了其作为在讲堂上讲师和大群学生之间产生互动的一种手段的"优点和缺点"。研究的目的是高度以学生为中心，而且通过学生调查来检验结果，从而从学生的角度呈现结果。这些结果表明，学生对该技术的有用性有着高度的满意度。该研究特别注重提高学生的参与度，激发学生对资料的兴趣，并将研究结果置于布朗和默里所采用的其他教学研究的背景下，这些研究也有类似的结果。它有助于讨论，但也可能鼓励学生之间的竞争，这似乎得到了不同的反应。讲座仍然是许多刑法教学的核心，而且很可能继续如此，但它仍然可以成为主动学习技巧的场所。

该文集还展示了对刑法模块教学风格进行更全面修订的实例。在"利用基于问题的学习（Problem-Based Learning）加强刑法学习"一章中，本·菲茨帕特里克指出，刑法作为一个有可能吸引学生兴趣的学科，具有直观的吸引力。他写道，"作为刑法领域的一名学者而工作感到非常幸运"，但是他建议，这些固有的优势不应分散刑法教师对正在进行的教学方式评价过程的注意力。菲茨帕特里克指出了传统刑法教学方法中的一些“缺点”：传统教学方法往往过度强调某一较严重犯罪的狭窄范围，这不能反映现实情况，也不利于考虑与轻罪有关的程序；它过于教义化，更侧重于实质的法律规则，因此对刑法的描述是片面的；它与“哲学基础”和“政策背景”脱钩，这低估了刑法的政治性质。菲茨帕特里克提倡采用基于问题的学习（PBL）方法作为改善这些缺点的一种手段。他首先介绍了基于问题的学习方法的主要特点，他指出提出问题的“真实”的方式有助于解释实体法运作的程序框架。重要的是，这种方法所采用的场景用于子学科环境，这有助于灌输对不同法律领域之间存在的联系的理解。除此以外，菲茨帕特里克还指出了 PBL 可能提高教学和学习体验的其他方式，例如培养学习和解决问题的合作方式。

在“翻转刑法”一章中，乔・博伊兰-坎普和瑞贝卡・赫克斯利-宾斯介绍了一种刑法教学的教学方法，该方法与菲茨帕特里克倡导的 PBL 方法的某些方面很相似，这次是借鉴了美国物理学教授鲍勃・贝希纳（Bob Beichner）的实践。博伊兰-坎普和赫克斯利-宾斯在该章开始时描述了进行这种教学方法的教室，这种教室“不同于［学生］以前在……大学看到的任何研讨室”，其设计方式是为了在技术支持下促进和推动小组工作，在该课堂中教师并不处于核心地位。贝希纳和索尔（Saul）（2013）开发的 SCALE-UP* 方法依赖于学生的高度自治，学生自己在以学生为中心的方法中对学习负责，避免说教式演讲和“被动”学习。取而代之的是“以探究为基础的学习”，这包括学生使用各种媒体共同工作，以获取与分配给他们的问题相关的原始资料。博伊兰-坎普和赫克斯利-宾斯所描述的方法的特点是教师的不干涉主义方法，并鼓励学生使用书籍和互联网以及其他原始资料，以找到他们需要的信息。

在“刑法教学法和澳大利亚各州法典”一章中，托马斯・克罗夫茨和斯特拉・塔兰特研究了在澳大利亚州法典背景下的刑法教学，这些州实施了一部法典化的刑法，在某些方面与这里涵盖的其他司法管辖区的刑法有根本的不同。在解释为什么需要考虑课程设计时，克罗夫茨和塔兰特专注于昆士兰州司法管辖区，并主要讨论了西澳大利亚州司法管辖区，这两个州都有源自 19 世纪末制定的格里菲斯法典（Griffith Code）的成文法制度。这一章首先阐

* 即“以学生为中心的积极学习环境的翻转教学法”的英文“Student Centred Active Learning Environment with Upsidedown Pedagogies”表述的首字母缩写，见第 6 章。——译者注

述了法典司法管辖区与澳大利亚普通法司法管辖区的不同之处，然后转而讨论了这对教学法的影响。作者指出了刑法典的系统性本质及其对刑法的各方面的向心力，这也要求对法院的等级制度及其判决的判例价值有一个清晰的认识。从这里，克罗夫茨和塔兰特问道，在普通法司法管辖区教学的教育工作者是否能够从法典州采用的教学法中学习。他们指出，即使在名义上的普通法司法管辖区（特别是澳大利亚），甚至在那些没有澳大利亚普通法州所特有的“综合性法令”（consolidating acts）的司法管辖区，许多刑法教学都低估了刑法现在基本上是成文法的基础。正如作者所断言的，“除非作为一个重点问题，否则不可能强行明确区分法典司法管辖区法院和普通法司法管辖区法院之间的做法”。克罗夫茨和塔兰特建议，应该更多关注刑法日益增加的成文法基础。

杰里米·甘斯的投稿（将刑法作为成文法解释讲授）论述了与克罗夫茨和塔兰特探讨的类似的主题，承认成文法对于每个澳大利亚司法管辖区刑法的重要性。他的章节在某些方面也类似于唐森和奥沙利文所描述的综合方法，以及希尔德对要素分析的倡导。与希尔德一样，甘斯认为刑事律师的“关键技能”是“确定数以千计的刑事犯罪的含义”的能力；由于不可能希望刑法课程涵盖所有这些犯罪领域，因此所涵盖的资料应使学生具备确定犯罪含义的能力。通过成文法解释讲授刑法是一种独特的方法，甘斯已经编写了一本教科书以支持这种方法（甘斯，2012 年）。甘斯描述的课程和课本是按主题安排的，“现行示例”（running examples）提供了主题，通过这些主题结合各种概念，甘斯建议刑法具有大量成文法基础的所有司法管辖区都可以采用这种方法。甘斯将他讲授刑法的方法描述为“实体法……与核心概念之间的结合”，但是对刑法的一些看法并不容易适应。例如，甘斯承认，成文法解释方法与一些可能对刑法采取更具批判性的方法，诸如托尔米提供的方法，“并不自然契合”。

亚历克斯·斯蒂尔是另一位澳大利亚的学者，他（与几位共同作者）编写了一本偏离典型方法的教科书（布朗等人，2015 年）。在“动摇的基础：刑法作为批判法律中教义的核心地位假说的手段”一章中，斯蒂尔批评了传统的刑法教学模式，指出资料的标准安排呈现出一种“非历史性、永恒性和逻辑性划分”。这种划分的偶然性通过参考在布莱克斯通的《英国法律评论》中发现的非常不同的概念划分得到证明。斯蒂尔把布莱克斯通将法律“理想化为一个合理的体系”的努力作为一项构建计划开始的标志，在随后的几个世纪里，这个计划一直被许多有影响力的评论家所操纵。斯蒂尔的这一章开篇指出了刑法与整个法学课程中其他子学科的联系，并强调了这如何使封闭的刑法课程成为一种人为的构造。然后，他描述了如何通过提到犯罪的规范性理由和刑法运行的社会政治和制度背景，赋予实体刑法的抽象性以活力。尽管斯蒂尔指出他的方法对于实际的、职业性的理解刑法的运行是有用的，但重点并不在于明确地产生一种职业性的方法，而是要呈现一幅现实的刑事司法管理图景，使教义中更具技术性的方面能够融入其中。

另一个需要应对的不成体系的方面是将实体刑法置于更广泛的刑事司法体系中。在“一体化刑法、诉讼和证据的挑战和优势”一章中，亚当·杰克逊和凯文·克里根描述了诺桑比亚法学院将刑法、诉讼和证据作为向一年级本科生提供的一体化课程的一部分进行教学的经验。杰克逊和克里根指出了一种“更深层次的学习方法”，这有助于促进并表明它鼓励“去碎片化，鼓励学生思考教义法和程序规则的相互联系的性质以及普遍技能的相关性”。这一章首先描述了 20 世纪 90 年代发生在诺森比亚法学院的课程发展，其背景是英格兰法学教育的现代变革。从这里开始，这一章开始讨论一体化课程的运行方式，作者描述了一种“旨在向学生介绍体验式学习模式”的教学方法。为此，“该模块是通过现实的场景提供的，在该场景中出现了与三个要素相关的问题”，目的是让“教义性和程序性的理解”同时发展。自始至终，杰克逊和克里根强调了为学生提供的资料的“真实性”以及实践者在教学中的投入的重要性。作者最后反思了该方法的成功之处、必须克服的挑战以及可以改进该模式的方法。

菲尔·斯克拉顿和约翰·斯坦纳德也有着相似的目的，以避免将刑法置于孤立状态的任何问题。他们在“‘犯罪和刑事程序’：挑战传统，打破界限”一章开始时，描述了阿尔德里奇（Alldridge）于 1990 年针对刑法教学狭隘的关注点的批评，并指出“令人失望的是，阿尔德里奇呼吁对刑法教学进行重大的重新评价，但是却没有导致重大变化”。正如他们所指出的，学生们可能带着对刑法的热情来到这里，却被告知核心的学习机会将从“无犯罪意图，行为就不构成犯罪”（actus non facit reum nisi mens sit rea）这一课开始，而且他们将不得不处理一些令人震惊的问题，例如某人拿走事实上属于自己的雨伞，但以为雨伞属于他人，这是否构成盗窃罪。他们继续描述了贝尔法斯特女王大学（Queen’s University，Belfast）采用的方法，其中本科刑法课程是通过“融合”“批判性犯罪学和教义刑法”提供的。所描述的课程名为

“犯罪与刑事诉讼”，从2006年开始到2013年开设了这门课，旨在避免阿尔德里奇指出的一些缺陷。该课程的描述分为两部分，第一部分旨在向学生介绍“学术和流行话语中关于‘犯罪’和刑事司法的背景、情节和结果的基本争议和困境”。在这里，斯克拉顿和斯坦纳德试图超越将犯罪定义为“违反程序”的毫无助益的循环定义，鼓励对犯罪的“性质和病因”进行广泛的社会和政治理解，审视犯罪的历史影响和媒体表现，然后转向研究犯罪学的“理论传统”。为了促进更大程度的理解，学生们被问到他们对表面上轻微的违法行为的个人看法，以及刑法本身的作用和功能。课程的第二部分本身分为四个部分：作为国家对“犯罪问题”的反应的刑事司法制度，刑法运行的制度和程序背景，选定的实质性刑事犯罪和证据问题及举证责任，以及最后的审判程序、判决和上诉。

斯克拉顿和斯坦纳德采用的方法包括强调将实体刑法作为更广泛背景的一部分进行教学。其他文章也解释了在讲授刑法时着眼于更广泛的社会和法学背景的价值。在题为“背景和联系”的一章中，本·利文斯讨论了引入背景是如何提高学生的理解的。利文斯建议从法学教育课程中存在的其他子学科领域中汲取经验，以便找到既能为更全面地理解刑法的运行提供背景，又能实现培养理解超越表面上的学科界限的概念性和实践性联系的附带目标的资料。利文斯认为，法学学位典型的原子化方法可能导致学生对法律的碎片化理解，这妨碍了对法律和法律体系更全面和综合的观念的形成。这一章首先阐述了影响法学学位课程的某些力量，这些力量可能会影响到通过刑法课程能够和应该实现的目标。利文斯指出，对上诉判决的传统教义处理是一种边缘化刑法运行环境的方法的表征，如警察和检察官的自由裁量权，以及管理犯罪行为的替代方案的可能性。对原始资料采取更有想象力的方法可以促进与课程其他部分的联系，促进对刑法的深入理解，并促进对“在多元化的管理和法律背景下的犯罪化的合法范围”的讨论。

谈到其他背景问题，在“‘背景’下的刑法教与学：认真对待‘背景’”一章中，艾莉·拉夫南质疑当我们谈论“背景下的法律”时，我们究竟是什么意思。拉夫南描述了“背景下的法律”在澳大利亚“黑体字”教义教学和学习方法的背景下的成长和发展过程，并指出了其与“法律与社会”和“批判性法律学习”知识运动的紧密联系。然后，她概述了“背景下的法律”方法的四个关键特征：使用概念视角、历史敏感性、考虑刑法的制度背景和多学科性。在解释了这些概念的含义之后，拉夫南将它们分别应用于刑法对精神无行为能力的处理的"案例学习"中。拉夫南清楚地看到了在刑法教学中采用背景化方法的巨大价值，但她也意识到在"新自由主义大学的崛起"中这种方法的可行性和实践性面临着威胁，澳大利亚的大学（甚至更广泛地）普遍感受到的政治和财政压力威胁着"对'背景下的法律'教学方法的机构承诺"。虽然拉夫南承认"很难确定这个令人回味的具有神奇魔力的术语"，但她警告说"背景下的法律……似乎很容易被抽空所有实质性意义"，她的这一章提醒我们既要重视它所开启的可能性，又要注意它的含义。

凯莉·奎因斯也敦促必须将背景资料应用于刑法教学。在"教授土著和少数族裔学生与刑法观点"一章中，奎因斯关注的是两个方面：让土著和有少数族裔背景的学生参与进来，以及以灌输对土著和少数族裔刑法经验的理解的方式讲授刑法。奎因斯倡导的方法提供了"批判性地分析黑体字刑法（black-letter criminal law）的机会，黑体字刑法通常被认为是中立的和无争议的"，其实质性观点可以被视为适用于许多司法管辖区的少数族裔的经验。奎因斯描述了毛利人在刑事司法方面的地位，指出"作为犯罪人和受害人的代表人数过多"，"作为律师、法官、立法者和执法者的代表人数不足"。这些现象需要从毛利文化和作为殖民主义强加的法律实践之间的潜在不和谐来理解，奎因斯通过案例分析来说明这一点，这使她能够证明其他解释的可能性，这些解释可能不会反映在对刑法实践的正统理解中。奎因斯从一个毛利刑法教师的角度，作为一个拥有"内部特权"的人来写作，这既为本章所关注的问题提供了深入的知识，也为讨论这些问题提供了一个自然的平台。虽然主观经验有助于她所倡导的方法，但是奎因斯建议非少数族裔教师也应该参与"刑法中有关种族或少数族裔的争议性问题；在刑法教学中忽视这些问题相当于'不作为的犯罪'"。

在"通过刑法教学引入女权主义法学"一章中，朱莉亚·托尔米也举例说明了背景如何为刑法的运行提供有价值的见解。托尔米将对妇女的暴力作为女权主义法学学习的一个重要主题，指出刑法在犯罪人和受害人方面存在性别差异，这种情况因与"种族主义和社会边缘化"相关问题的交叉而变得更加复杂。托尔米用"亲密伴侣暴力"来说明男性暴力的模式，以及这种暴力如何影响妇女，特别是那些来自社会弱势背景的妇女。她接着探讨了表面上的客观标准的进一步例子，这些标准是重要的刑法教义的教义安排的基础，如"同意"（consent）、"强迫"（compulsion）［或"胁迫"（duress）］和"紧急避险"（necessity）。托尔米认为，从女权主义的角度理解这些现象，是对将刑法误导性地描述为“不偏不倚、平等地适用于所有个人的中性原则体系”的一种重要反驳，因为“形式上的平等”可能导致“实质上的不平等”。托尔米强调了向学生传达这些观点的重要性，认为“不解决对妇女的暴力问题并让学生了解专家对此的看法，就是推卸［刑法教师］的职业责任”。与拉夫南一样，托尔米也承认刑法教学的“对抗性要求”，她的这一章提出了一个重要的、已经讨论过的两难问题，即在评价刑法课程中的优先事项时，什么应该是第一位的：是“技术能力”，还是背景化的批判性理解，还是这些问题是否完全被认为是无法解决的，以及在拥挤的课程内容背景下如何解决这些问题。

克里斯·格莱德希尔在简单的题为“选择”的一章中也提出了后一个问题，该章的核心信息是认为，就实质性内容而言，刑法对暴力犯罪和财产犯罪的传统的和普遍的关注是一种不必要的限制。格莱德希尔建议，“刑法教师应该广撒网，并考虑使用一系列其他犯罪”，而且对刑法课程的内容采取更开放的态度会带来一些好处。格莱德希尔首先建议，关于刑法课程应选择涵盖哪些内容应以对其目标的考虑为基础并受该目标的影响，而且应该以对指向如何实现这一目标的研究的合理理解为基础。与此相一致，格莱德希尔建议将刑法中两个潜在的富有成效的领域包含在课程之内，这两个领域很少构成课程的重要部分：毒品法和驾驶法。将它们列入实质性学习课题的第一个理由是它们各自的实施频率，特别是在与相对罕见的杀人案相对照的情况下。第二个原因是，毒品法可以为理解和批判刑法的核心教义而不是政策要求提供一个“高级调色板”。驾驶罪也可以起到类似的作用，并提供“大多数人熟悉的背景，这可能有助于理解”。格莱德希尔的观点是这些主题未必一定被采用（尽管他为此提出了一个有说服力的理由），而是在前面概述的宽松的管理制度的背景下，几乎没有什么可以阻止刑法教师更富有想象力地构思他们的课程。

肖恩·基尔孔明斯、苏珊·莱伊和艾默尔·斯贝恩进一步呼吁采取比传统观点更广泛的视角，以此来结束本文集。他们在“刑法课程中行政犯的缺失”一文中，讲述了刑法中一个相对被忽视但却很重要的领域。他们主张改变刑法课程中所覆盖的内容以容纳“行政犯”。这一章侧重于爱尔兰，但选取了所有司法管辖区都认可的主题。这一章对行政机构的历史地位和重要性进行了考察，描绘了在19世纪随着警察越来越关注“普通犯罪”，行政机构的数量不断增加。基尔孔明斯、莱伊和斯贝恩描绘了从流行的刑法教学方法中移除的管理问题，现行的刑法教学法“植根于对个人的伤害的‘街头犯罪’”，并且只根据“传统的将不法行为两分为民事伤害或刑事伤害的表述”对此提出质疑。这样一来，作者认为，刑法教学大纲有排除与违法行为的广泛和严重影响有关的重要资料的危险，这些违法行为如银行、公司和环境的违法行为经常引起管理反应。基尔孔明斯、莱伊和斯贝恩试图促进对这些问题的理解，并指出在这些情况下经常适用的不同优先事项和方法，例如考虑相对合规（而不是制裁）制度的优点。

总而言之，这本关于刑法教学法的资料集为如何确保法学学位课程的核心部分以一种不会把传统的做事方式提升到高于其他一切的方式讲授提供了一系列想法。它为那些希望回到基本原理并调整刑法模块的人展示了这样做的可能性，该模块反映了关于如何最好地讲授该学科的研究性课程，并鼓励得出可能有很多方法可以做到这一点的结论。

参考文献

[1] Alldridge, P. “What's Wrong with the Traditional Criminal Law Course?” (1990) *Legal Studies* 10 (1)38-62.

[2] Beichner, R. J. and Saul, J. M. *Introduction to the SCALE-UP (Student-Centered Activities for Large Enrolment Undergraduate Programs) Project* (2013) Proceedings of the International School of Physics, (Online) Available Via: North Carolina State University at https://www.ncsu.edu/per/Articles/Varenna_SCALEUP_Paper.pdf last accessed 02/12/2015.

[3] Blackstone, W. *Commentaries on the Laws of England* (University of Chicago Press, 1979).

[4] Blasi, G. L. “What Lawyers Know: Lawyering Expertise, Cognitive Science, and the Functions of Theory” (1995) 45 *J Legal Educ* 313.

[5] Cownie, F., “Searching for Theory in Teaching Law” in Cownie, Fiona (ed.), *The Law School-Global Issues, Local Questions* (Aldershot: Ashgate, 1999), pp. 41-61.

[6] Feinman, J. and Feldman, M., “Pedagogy and Politics” (1984) 73 *Geo L J* 875.

[7] James, N. “The Good Law Teacher: The Propagation of Pedagogicalism in Aus-

tralian Legal Education" (2004) 27 (1) *University of New South Wales Law Journal* 147.

[8] Sanders, A. "Poor Thinking, Poor Outcome? The Future of the Law Degree After the Legal Education and Training Review and the Case for Socio-Legalism" inSommerlad, H and others (eds.), *The Futures of Legal Education and the Legal Profession* (Oxford: Hart, 2015), pp. 139-168.

[9] Schwartz, M. H., "Teaching Law By Design: How Learning Theory and Instructional Design Can Inform and Reform Law Teaching" (2001) 38 *San Diego L Rev* 347.

[10] Simon, M., Ochialino, M. M., and Fried, R. L. "Herding Cats: Improving Law School Teaching"(1999) 49 *J Legal Educ* 256.

第2章　是积木还是绊脚石?
刑法中的犯罪行为和犯罪意图的教学

菲奥娜·唐森和凯瑟琳·奥沙利文

引言

典型的刑法教科书有三个主要部分：首先是一般原则，其次是专门讨论犯罪行为和犯罪意图的章节，最后是关于特定犯罪和辩护的章节。第二和第三部分的顺序因出版物而异；赋予一般原则的首要地位则不会变化［一个明显的例外是在威尔斯（Wells）和奎克（Quick）2010年的教科书中资料是按照主题安排的］。这种资料分类在普通法系国家的刑法课程中被复制，也反映了大多数学者过去是如何被教授和现在又如何讲授该学科的，从而实现了教学法实践中的“观察学徒制”［舒尔曼（Schulman），2005年，第57页］。

这种教科书和课程结构背后的教学理由是有道理的，其理论基础是，学生必须在一开始就掌握诸如犯罪行为和犯罪意图的基本概念，然后才能学习犯罪和辩护的实质性内容。这是因为传统刑法课程中讲授的犯罪是由犯罪行为和犯罪意图要素构成的，而辩护要么侧重于不能证明存在犯罪行为要素（例如，在神智正常情况下的无意识行为中缺乏意志控制），要么侧重于不能证明存在犯罪意图要素（例如，精神错乱），要么是在犯罪意图要素上增加额外的层次，以便为被告的（明显的）不法行为（如挑衅）进行辩护或（部分）辩解。不幸的是，除了忽视严格责任犯罪的存在和运行之外，这种搭积木式的方法并没有建立在学生获得了对刑法的理解的经验证据之上。

在本章中，我们质疑传统的方法通常是否是教授学生犯罪行为和犯罪意图概念或刑法的最佳方法，并认为它可能通过模糊公共政策对明显的中立性原则的影响，从而阻碍了学生对刑法的真正理解的发展。我们将介绍并区分核心概念和阈值概念，并认为教师对它们所发挥的不同功能的认识将增强学生对法律的理解。然后，我们将解释对这些概念的理解是如何影响我们的模块设计的，概述我们用来实证检验我们的模块修改是否能增进学生的理解的方法，并展示该研究的结果。

对传统方法的质疑

一般在刑法模块一开始就讲授犯罪行为和犯罪意图，而且这基本上与判例法探讨的犯罪和辩护相分离，这意味着假如在向学生介绍谋杀罪的构成要素或谋杀罪与过失杀人罪之间的区别之前，就开始讲授意图（intention）这一犯罪意图（mens rea）的要素，这时学生会沉浸在谋杀罪中。这样是有问题的，因为谋杀罪和过失杀人罪之间区别的象征性和实践性意义在于，为司法实践经常对意图、间接故意和轻率之间的界限的冗长而繁复的讨论奠定了基础。

我们对刑法教学的共同印象是，直到第二学期甚至往往迟至复习阶段，学生们才能够真正理解犯罪行为和犯罪意图之间的关系，而这是在假定学生已经理解这些基本概念很久之后的事情了。令人担忧的是，特别是在批改成绩较差的学生的试卷时，我们发现一些学生人为地将犯罪行为和犯罪意图与犯罪和辩护分开，意味着他们无法全面地理解刑法，而是机械地关注独立的要素，并不理解这些要素之间以及与其他犯罪/辩护之间的联系。中等水平的学生可能会通过模仿［库辛（Cousin），2006 年 a，第 5 页］他们认为需要掌握的东西，来掩盖他们不完全理解的事实。因此，他们可以通过理解的常规表现回答考试问题，但是事实上他们并没有获得真正的理解，因为他们无法“使他们的学习适应新的背景或环境……”［威尔逊（Wilson）等，2010 年，第 98 页］。

我们希望确定我们的印象是否正确，如果是正确的，那么接下来的问题是将如何最好地修改我们的教学方法，为此我们思考了怎样通过对阈值和核心概念的研究来了解我们的学生所面临的困难。

犯罪行为和犯罪意图：是阈值概念还是核心概念？

阈值概念

迈尔（Meyer）和兰德（Land）在其开创性著作中，将阈值概念定义为“类似于一个门户，它开辟了一种全新的、以前无法获得的思考问题的方法。它代表了一种理解、解释或观察事物的变革方法，没有这种方法学习者就无法进步”（迈尔和兰德，2003 年，第 1 页）。阈值概念有五个特点，本文对其中四个特征感兴趣。它们是变革性、不可逆转性、一体化性和麻烦性。一个阈值概念具有变革性，因为学生经历了对某一学科整体或部分的认知转变，“这可能导致个人身份的转变，［甚至］是主体性的重建”（迈尔和兰德，2003 年，第 1 页）。一个有力的例子是通过讨论强奸法接触到女权主义理论。为应对引起的这种转变，学生会采用与特定学科或实践共同体有关的新词汇（兰德等，2005 年，第 58 页）。阈值概念的话语效果包括在刑法背景下使用诸如“犯罪行为”和“犯罪意图”这样的术语。

这种概念的不可逆转性意味着，一旦理解了这些概念，就很难在不了解这些知识的情况下查看相同或类似的资料。例如，一旦掌握了像法治（rule of law）这样的基本概念，就很难想象放弃“像律师一样思考”的观念。阈值概念的一体化性使学习者能够在以前“隐藏”的概念之间建立联系（库辛，2006 年 a，第 4 页）。最后，阈值概念具有麻烦性，因为它们的变革性和不可逆转性的效果挑战或违背了“根深蒂固甚至被珍爱的信仰体系”［里基茨（Ricketts），2004 年，第 4 页］。

阈值概念麻烦性的一面意味着学生们可能会陷入困境，无法或不愿意前进。兰德等人把这描述为一种阈限状态，在这种状态下，学生“在对某个概念的初期的、不太复杂的理解和他们的导师要求他们更全面理解概念之间摇摆不定”（2005 年，第 55 页）。一些学生将永远无法掌握阈值概念以使他们能够离开这个阈限空间，但可能会获得一种肤浅的理解，这使他们能够进行前面提到的模仿和/或表达学生的默认立场，“准剽窃……从书本上抄下来，然后塞进试题里去……”（库辛，2006 年 a，第 139 页）。其他人则干脆放弃课程。尽管理解力最好的学生在阈限范围内花费的时间可能不同［卡博（Kabo）和贝利（Baillie），2010 年，第 308 页］，而且这个过程并不简单，随着学生们理解的发展，他们经常在不同的状态之间前后移动［韦氏（Weresh），2014 年，第 698 页］，但是他们最终会从阈前状态发展到阈后的状态。

法律中的阈值概念

像律师一样思考或进行法律推理已被确定为法律中的一个关键的阈值概念［科林德（Åkerlind）等，2010 年，第 3 页］。它具有变革性和不可逆转性，因为“能够从事法律推理为学生提供了作为律师的一种自我认同感”，这一点是不可忽视的。它具有一体化性，因为它“向学生灌输法律论证文化的一体化性质以及权威和证据对法律论证效力的重要性”。它具有麻烦性，因为“它迫使学生重新考虑，并可能改变他们对什么是法律和法律能实现什么的先入之见”。

然而，由于像律师一样思考是“法学教育梦寐以求的目标，或者说是毕业生品质”（韦氏，2014 年，第 708 页），它是法律学科的一个阈值概念，而不是法律学科中的某一门特定科目的概念［麦克迪亚美德（McDiarmaid）和韦伯斯特（Webster），2010 年，在线］。因此，它是通过获取其他阈值概念而发展起来的。戴维斯（Davies）和曼根（Mangan）把重点放在科目而不是学科的层面上，他们很有帮助地建议“从一整套阈值概念角度思考可能是合适的”，阈值概念可能会定性并改变后续阈值概念的获取（2007 年，第 722 页）。

因此，有必要考虑在一般的法学学习中特别是在刑法学习中，还需要哪些先导性的阈值概念。韦氏将可塑性/偶然性确定为这样一个概念，她将其定义为“对律师在流利地表达法律原则时的自由度或灵活性的理解”（2014 年，第 719 页）。她的可塑性概念中必不可少的是对法律确定性的确信；她假设有一套明确定义的规则，这些规则可以通过法律推理的实践来预测，然后学生可以通过多种不同但是受法律约束的方式来适用这些规则。也就是说，法律是确定的，但学生不确定如何使用它。类似地，尽管麦克迪亚美德和韦伯斯特承认法律是一个有争议的叙述，但是他们认为法律存在一定的不确定性：“通过［偶然性］的阈值使学生们同时认识到法律的确定性——法律的持续可信性要求它具备的品质——以及它的基本可塑性”（2010 年，在线）。

然而，我们拒绝法律是确定的这一主张。例如，在刑法的不确定性问题上有着重要的学术研究。尼尔森（Nelson）在谈到强奸和自卫案件中，恐惧是如何被以性别化和种族化的方式构想为合理的或不合理的时，指出“在没有批评、解释、评论和调查的情况下，法律实际上可能毫无意义。与刑法大部分内容相一致的一点是它的不一致性”（2004 年，第 1282 页）。事实上，韦氏所指出的法律的可塑性部分地是由于法律缺乏确定性——这种不一致主要源于法官在多大程度上“用听起来像教义的语言掩盖了基于政策的推理”，导致他们对“相同案件进行不同的处理，不同案件进行相同的处理”［米德森（Midson），2010 年，第 123 页］。迈尔强调了这对法律工作者的不同影响：

> 现在，法学理论家们不安地、一年级的法学学生充满着恐惧和困惑地，而律师们则平淡无奇地平静地承认，对于每一个法律问题

> 可能没有一个正确的答案。两个有理智的人在分析同一套法律资料时，在正确适用法律方面可能有所不同（1996 年，第 1468 页）。

不确定性在学生中造成恐惧是因为这与学生们的预期背道而驰，即他们预期法律是一套明确定义的规则的应用。艾伦指出，商科学生“经常告诉我，他们认为法律是一套必须‘服从’和遵守的规则”（2007 年，在线）。这种错误的认知会因为法学教育而变得更加复杂，因为法学教育经常评价法律的这种规则约束的构造。舒格曼（Sugarman）写道，“普通法的思维框架”是“尽管法律可能看起来是不合理的、混乱的和特殊的，但如果人们挖掘得足够深，并知道自己在寻找什么，那么很快就会发现，法律是一个内部连贯和统一的规则体系”（1986 年，第 26 页）。然而，这并不是法律在实践中的现实，因为“原则与解释和理论密不可分，而解释和理论是由价值决定的”（米德森，2010 年，第 128 页）。理论与实践之间的这种脱节引起了学生的疑惑：“什么时候她/他应该谈论‘法律’？什么时候她/他可以谈论‘政策’？”（舒格曼，1986 年，第 27 页）。我们在学生身上也看到了同样的焦虑，他们会问：“但什么是法律/规则/原则/标准呢？”通常的回答是——“这要视情况而定”，或者从学生的角度来看更糟糕的是，“这是一个由政策决定”的问题——这些都不是学生所期待的黑白分明的回答。

因此，容忍不确定性是一个阈值概念，学生必须将其内化为像律师一样思考的更高级技能的一部分。而且，我们会认为这在刑法中显然是可操作的。鉴于刑法随着司法判决和立法变化而不断变化，并且不断受到政策制定者和其他人的审查的事实，容忍不确定性对于定位学生分析和批判法律至关重要。而且，更重要的是不确定性成为一整套阈值概念的一个重要组成部分，这些概念构成了像律师一样思考的学科阈值概念。这一点很重要，因为正如里基茨（Ricketts）所指出的：

> 假设阈值和知识在本质上是中性的……即使是肤浅的分析也会揭示出，法律是关于权力和政治的规则，而法律真理所依据的假设在文化上和政治上都是不确定的。学生们可能有非常充分的理由来抵制对这种信仰体系的灌输（2004 年，第 7、8 页）。

里基茨特别关注的是，法律知识的变革性可能会导致学生“失去或无法产生对法律基本观点的批评能力”（2010 年，第 45 页）。詹姆斯同意当前对“像律师一样思考”的理解是有问题的说法，并建议将其重新表述为“包括对道德实践和社会正义的评价批判”（2007 年，第 33 页）。他指出，在大多数法学课程中，阈值概念的隐含性质会导致“缺乏对所讲授的阈值概念的确切性质的批判性思考……”（2007 年，第 35 页）。

在我们对不确定性的理解中明确地强调了法律背后往往隐藏的政策原理，因此，当学生形成他们像律师一样思考的能力时，这种感知世界的方式就不会被具体化。对政策原理的关注还能帮助学生理解法律中不确定性的来源，并揭示了刑法中与人格、自治、主体性和合理性有关的一些默示假设。事实上，我们今天所理解的整个犯罪意图的概念都充满着对理性的启蒙理解。因此，它不是一个中性的哲学法律概念，而是一个文化内涵丰富的概念。

核心概念

核心概念是将学生带到阈值概念的必要条件。“核心概念是一个概念性的‘积木’，它能促进对主题的理解；它必须被理解，但它不一定会导致对主题的质的不同的看法”（迈尔和兰德，2003 年，第 4 页）。它们在本质上不是变革性的，但对于学生理解一门学科和更广泛的学科的阈值概念来说是必不可少的。

犯罪行为和犯罪意图是刑法中的关键原则，反映了对刑法应如何发挥作用的概念性理解。特别是，这包括奠定了责任基础的危害行为要件和责任要素要件。尽管理解犯罪行为和犯罪意图在刑法中所扮演的角色对于学生整体理解该主题至关重要，但我们的观点是，它们不具备成为阈值概念的足够的必要特征。虽然阈值概念并非要求概念具有所有的特征（迈尔和兰德，2006 年，第 6、7 页），但是至少概念的麻烦性、变革性和一体化性特征“必然交织在一起”（戴维斯和曼根，2007 年，第 712 页）。正如学生最终掌握概念所需的时间长度所示，犯罪行为和犯罪意图可能是麻烦性的概念，特别是各种犯罪意图状态之间的界限。然而，它们既不是一体化性的概念，也不是变革性的概念。犯罪行为和犯罪意图这两个独立的概念本身不是一体化性的，而是在它们结合在一起的方式下是一体化性的，这种结合反映了对确立犯罪罪过的更广泛的理解。学生需要理解这些更广泛的概念，然后以一种更结构化的方式将其作为本学科的基本组成部分。然而，如果学生坚持把它们看作独立的模块，他们将看不到更大的图景，包括公共政策在运行过程中经常扮演的角色。只有当学生意识到如何以及为何通过应用各种原则和政策获得特定的结果时，他们对刑法运行的认识和理解才会真正具有变革性。

阈值概念在课程设计中的应用

接触阈值概念研究导致我们决定修改课程的模块结构。我们认为，对传统的授课模式进行一些微小但重要的改变，可以减少学生将犯罪行为和犯罪意图视为不相关的主题的倾向，并使他们更全面地理解这两个概念。

第一，我们通过一个“定义性”的介绍性讲座来介绍犯罪行为。我们选择了一项公共秩序罪（公共场所的扰乱秩序行为：1994 年《刑事司法（公共秩序）》第 5 条）来向学生说明成文法背景下的犯罪行为，因为这是一种严格责任犯罪，这使我们能够直接关注犯罪行为要素。

第二，我们没有详细介绍犯罪意图，而是在介绍性讲座中简要描述了每一种犯罪意图状态，并承诺在讨论具体犯罪时将有机地处理每一种犯罪意图状态的具体细节。相应地，谋杀罪中涵盖了意图，非故意杀人/刑事损害中包括了轻率，重大过失杀人中涵盖了疏忽，公共秩序罪中涵盖了严格责任。这样一来，犯罪意图状态和/或其缺失就被具体化了，并纳入了犯罪，而不是被分割成抽象的犯罪意图“块”（blocks）。

第三，我们改变了一些要素的教学顺序。例如，将对“犯罪行为”和“犯罪意图”同时发生的讨论移到“犯罪行为”一般性讨论的开头，以使学生们深刻认识到，尽管这两个概念在许多犯罪中是独立的要素，但当两者都存在时，需要将其理解为在共同发挥作用。

第四，通过在第一学期纳入公共秩序罪，我们向学生提供了一个更全面、更细致的刑法概述。将谋杀/过失杀人罪与公共秩序法并列起来，不仅有助于更深入地理解犯罪意图，而且还为质疑主观犯罪意图是理解整个刑法的关键这一观念创造了空间。

我们希望这一微妙的重点转移有助于学习犯罪行为和犯罪意图这些核心概念。通过把它们的教学内容转移到实质性犯罪中，我们预计，虽然对它们的整体运行的理解可能会有延迟，但当这种理解真的到来时，它将以对刑法的更完整和综合理解的形式出现。在我们应用这些变化后，我们开始测试它们是否事实上改善了学生学习这些核心概念的体验，并在这样做的过程中开始纠正对学生学习犯罪行为和犯罪意图的体验缺乏实证研究的问题。

研究模块变化与学生学习

我们与正在学习修改后的刑法模块的学生（一年级）和在旧模块结构下

学习的学生（二年级）进行了接触。在一年级学生的模块结束时，我们向他们分发了一份简短的匿名调查问卷。有些问题要求回答“是”/“否”，有些问题则需要解释和说明。应答率为25%~30%（来自140名学生群组）。我们为一个更深入的焦点小组招募了八名志愿者，该小组由七名二年级学生作为补充，他们自愿分享了上一年的经验。两年后，新的课程模块结构建立起来后，我们又成立了一个由5名学生组成的新的一年级焦点小组。焦点小组的讨论是以开放性的问题为基础，这些问题隐藏了已经与学生团体分享的匿名问卷。尽管志愿者人数不多，但我们还是实现了性别平衡以及年轻和成熟学生的混合。研究没有设置任何外部限制；所有参与者都同意并确保匿名。焦点小组使我们能够更详细地探讨学生对其理解水平的看法以及他们在实现这一目标时面临的挑战。我们这样做是因为认识到学生可能不愿意承认他们在学习/理解过程中遇到的困难，特别是在同学面前。因此，焦点小组讨论对这个问题很敏感。

复杂性/不确定性

如前所述，学生很少承认自己缺乏理解，尤其是在学习过程中。我们的调查结果也证实了这一点。尽管我们努力明确地提出不确定性的概念，但学生们还是抗拒以这种方式谈论他们的经历。相反，他们更喜欢复杂性的概念。在填写调查问卷的学生中，有60%以上的学生表示，课程比他们预期的要复杂（25/40）。评论中强调了这样一个事实，即复杂性是形成清晰理解的挑战的一部分。因此，学生们指出，他们“认为这会更简单”，他们“没有设想到课堂上涉及的一些概念的复杂性”。典型的例子是，一个学生说：“我没有意识到它会如此复杂，以为它会更加明确。”另一名学生指出，更广泛的法律/政策框架是一个意想不到的挑战，他说：“我知道这将是一个有趣的话题，因为案例会比其他模块更多，但我没有意识到我将学习围绕这些主题的法律框架。”

学生们在匿名问卷中把不确定性重新定义为复杂性，这一点在焦点小组中得到了回应。当被直接问及不确定性时，一个学生竟然说：“我没有处在那种处境下。我没有感到不确定。我很有条理……”复杂性这个术语似乎是一种更为恰当地表达不确定性想法的方式，因为这并不意味着同学们缺乏能力：

> 我想总是有两种解决方案。任何事情都有两面性。所以我不认为你可以百分之百地确定任何事情。但是你也必须在一定程度上相

> 信自己的直觉，并按照你的想法行事……但是如果有什么概念上我不理解的东西，我会回来说我真的不明白这一点，我需要理解它，以便找到自己的直觉。但是，如果有一块大石头放在那里，我就无法克服，你知道的，救命啊。

这段话出自一名二年级的学生，她已经完成了这个模块，但仍然对不确定性表示担忧。这名学生还以一种有趣的方式提出了阈值概念：石头挡住了她的路，阻碍了她更好地理解这个主题。

一位尚未完成该模块的一年级学生指出，需要从法律是明确的这种观念转向主题存在不同答案空间的理解。在谈到谋杀犯罪法和一个备受瞩目的案件（这起案件涉及一名21岁的男子，该男子被有争议地判定犯有杀人罪）时，他说：

> 每个人都有自己的看法，该看法未必正确。但是每个人都有自己的看法，每个人都在谈论这个案件，这让每个人都有点像是意识到这个案件有一点问题。不管是黑是白，你认为他杀了他，他是有罪的，但你知道还有其他问题需要解决，所以，我认为就整个社会对刑法的看法而言，它应该是黑白分明的。你认为有人被杀了，有人有罪。就是这样。但你不了解这两者之间的关系。

最后，值得注意的是，有时学生对自己的理解水平的看法可能是错误的。学生们在调查问卷中自我报告说，他们对犯罪行为和犯罪意图的理解程度很高，90%的学生表示他们理解第一个核心概念，80%的学生报告他们理解第二个概念。然而，特别是在描述犯罪意图时，学生们却陷入了相当简单的描述，强调“认识到行为”“有意识地实施行为”的观念。因此，学生对犯罪意图（mens rea）的“理解”主要集中在意图（intention）上，而缺乏对轻率和过失的关注，“犯罪意图对刑事责任至关重要，因为必须有计划地、有意识地去实施犯罪”。相比之下，来自同一组群的焦点小组的学生更清楚他们在理解上的差距，这一点将在下一个标题下详述。这证实了我们的预期，即从阈前状态到阈后状态的转变经常发生在复习阶段，而这正是焦点小组出现的时间。

阈限范围

在讨论形成理解的过程中，学生们认识到这是一个过程而不是一个瞬间。回顾过去，他们更愿意说：“我认为你一开始没有理解力”，“所有东西都是并排的，都列出来了。”然而，他们也注意到，随着模块的发展，理解开始逐渐“渗透”；经历过教学方法改革的学生特别强调了这一点。

学生们承认他们进行了一定程度的模仿，即使他们并没有意识到这一点。他们报告说，在模块的开始阶段，有一种学习和重复他们认为需要的东西的要素：“一开始我确实牢记了很多东西，但到了课程结束时，我开始把它结合在一起。”这是一个从寻求看似理解的状态转变为学生已经形成了自己的理解状态的过程。当被直接问到他们是否认为这门课程可以在没有完全理解的情况下通过时，许多学生说可以。但他们也表示，这对他们的学习来说是不够的；从某种意义上说，模仿是他们学习的一个并不令人满意的结果。

然而，当被问到法律如何不确定时，例如，随着法院正在制定不同的因果关系处理方法，一名学生指出，这可能特别具有挑战性，因为当你坐在课堂上时听到没有明确的规则，但是“当你开始进行复习时……，你只是有点学会了接受它的不确定性。我会把它放在我的考试中，看看它能把我带到哪里！”

事后看来，学生们可以认识到，在形成清晰的理解方面往往存在延迟。“关于刑法的一个大问题是，每个人都认为他们的理解比自己真实的理解更好。随着时间的推移，你会想，哦，是的，我真的理解刑法。然后你开始学习一个月，你会意识到，哇！我根本不理解刑法。”学生们报告了理解的来龙去脉。“当我回来学习的时候，我知道自己被犯罪意图淹没了，我只是以上帝的名义说了些什么——圣诞节后当我们做这些事情的时候，我终于明白了，但与此同时，当我重新考虑犯罪意图时，犯罪意图的范围太大了，它们的范围太广了——我发现这真的非常非常艰难。”

学习的变革性

如前所述，学生们报告说模仿是一种选择，尽管是一种不令人满意的选择。我们敦促他们描述当他们完全理解这个主题时是什么感觉。正是在这一点上，他们强调了他们学习的不可逆转的变革性。“你开始有不同的想法，完全不同。每天的事情，你知道。你看到的任何地方都像在发生犯罪。我迷惑了。”这不一定是由不确定性的阈值概念带来的变革，但它确实表明了学生所经历的变化过程。也许这是迈向“像律师一样思考”这一阈值概念的第一步：踏入知识和认知的新领域，看到曾经只有日常行为的地方的犯罪。

学生们还注意到，接触政策和理论改变了他们对法律的认知，增强了他们的理解。“通过理解什么是错的，你可以明白什么是对的……通过听取不同的意见，他们不一定会相互同意对方的意见，甚至会发生冲突……但是这很好。”这种对不确定性的明确参与使学生认识到，不确定性是刑法的重要组成部分，为了形成他们的理解，他们需要接受并参与更广泛的辩论。

改变核心概念的教学

焦点小组有明确的证据表明，改变的模块结构有可能促进改进对犯罪行为和犯罪意图的学习。采用传统方法学习的学生发现，他们在这一领域的理解有所延迟：

> 我认为很难将犯罪意图的分类与实际［犯罪］分开。我知道有一些案例可以用来解释它们，但当犯罪意图在第二学期变得更加清晰时……当你真的将意图（intention）与犯罪行为联系起来时。因为当你只是在这样做的时候，你知道轻率和所有不同形式的犯罪意图相互孤立，你就很难在自己的内心中区分它们，特别是如果你只有犯罪行为而没有坚实的基础。

一位大一学生指出，新的课程模块结构将防止把犯罪意图和犯罪行为隔离成无关联主题的倾向。“如果你把犯罪意图作为一个大的主题来做，人们倾向于认为，一个主题是犯罪意图，另一个主题是谋杀，还有一个主题是性犯罪，如此等等。但是把它作为一个较小的主题来做，并将其纳入其他所有的事情中，这是一种进步。”

我们认为，在我们的研究结果的支持下，将犯罪意图纳入实体性犯罪可以让学生理解模块不同部分的相互联系性，并使他们对刑法有一个更实际的理解，而不是给予他们一种人为构建的方法。

结语

这项研究特别是焦点小组讨论（对焦点小组我们要感谢参与者的开放态度）使我们意识到，即使在我们改进的、以阈值概念为基础的教学结构下，犯罪行为和犯罪意图的一体化也需要时间来适应。然而，意识到阈限状态的存在，意味着我们可以让学生知道他们需要时间来理解核心概念和阈值概念，从而使从阈前到阈后的过渡更加容易。就主题中固有的动态的不确定性/复杂性而言，情况尤其如此。通过预先提醒学生这些资料是不确定的，并提请他们注意法院和政策制定者在制定法律时采用的多条线索，可以使学生更容易处理不确定性的阈值概念。因此，人们对承认不确定性的恐惧有望减少。这并不意味着消除了困惑和困难。事实远非如此。相反，我们承认，学生的困惑经历是意料之中的，这是正常的，而且这是他们将经历的一个过程。正如奥斯蒙（Osmond）和特纳（Turner）所指出的，“通过使‘陷入泡沫’的时刻合法化，学生有可能在更早的阶段对这个时刻感到更舒适”（2010 年，第 359 页）。这反过来又意味着，学生不会放弃这个模块或学科，相反，他们可以找出不确定性的原因，并提出解决或适应不确定性的方案。此外，这可以使他们树立信心，相信他们最终会跨过这个阈值，正如我们绝大多数焦点小组参与者所报告的那样，即使这段旅程可能只发生在考试前的学习阶段。

我们已经解释了学生在理解法律，特别是刑法方面所面临的挑战，这在很大程度上是因为他们对确定性的期望：

> 我想，在一般的法律中，你会惊讶于它的复杂性。我以为这就是法律。如果你这样做，就会发生这种情况……我真正感到惊讶的一件事是，在某些情况下它是多么不清楚。

认识到这种对确定性的期望和法律固有的不确定性的现实之间的不一致，对于确保学生不会徒劳地寻找能够有助于理解相互冲突的判例法、立法和更广泛的政策辩论的规则非常重要。此外，接受学生接触的各学科的阈值概念和核心概念的阈限性，可以确保课程设计在学习过程和评价时都能适应于促进学生的理解。正如詹姆斯所指出的，法学院一般不会在其课程设计中明确认识到阈值概念（2007 年，第 35 页），这种隐性的参与在模块层面上也是如此。通过确定阈值概念，我们可以允许发展教学，以更好地促进学生学习理解，也可以缓解学生在适应不确定性以及他们每天在演讲厅处理的核心概念和关键原则中的政策和务实决策的作用时可能体验到的一些焦虑。

参考文献

[1] Åkerlind, G., Carr-Gregg, S., Field, R., Houston, L., Lupton, M., McKenzie, J., & Treloar, C., “A Threshold Concepts Focus to First Year Law Curriculum Design: Supporting Student Learning Using Variation Theory” in *13th Pacific Rim First Year in Higher Education Conference* (Adelaide, Australia: June

2010).

[2] Allen, V., "A Critical Reflection on the Methodology of Teaching Law to Non-Law Students"(2007) 4 *Web JCLI*.

[3] Cousin, G., "An Introduction to Threshold Concepts" (2006a) 17 *Plant* 4-5.

[4] Cousin, G., "Threshold Concepts, Troublesome Knowledge and Emotional Capital: An ExplorationInto Learning About Others" in J. H. F. Meyer & R. Land, eds., *Overcoming Barriers to Student Understanding: Threshold Concepts and Troublesome Knowledge* (London: Routledge, 2006b) 134-147.

[5] Davies, P. & Mangan, J., "Threshold Concepts and the Integration of Understanding in Economics" (2007) 32(6) *Studies in Higher Education* 711-726.

[6] James, N., "Teaching First-Year Law Students to Think Like (Good) Lawyers" in L. Wolff & M. Nicolae, eds., *The First-Year Law Experience: A New Beginning* (Canberra: Halstead Press, 2007) 32-45.

[7] Kabo, J. & Baillie, C., "Engineering and Social Justice: Negotiating the Spectrum of Liminality" in J. H. F. Meyer, R. Land & C. Baillie, eds., *Threshold Concepts and Transformational Learning* (Rotterdam: Sense Publishers, 2010) 303-315.

[8] Land, R., Cousin, G., Meyer, J. H. F., & Davies, P., "Threshold Concepts and Troublesome Knowledge (3): Implications for Course Design and Evaluation" in C. Rust, ed., *Improving Student Learning Diverstiy and Inclusivity* (Oxford: Oxford Centre for Staff and Learning Development, 2005) 53-64.

[9] McDiarmaid, D. & Webster, E., "Contingency and Contested Narrative: A Threshold Concept in Legal Education" (2010) 20 *Directions in Legal Education, UCKLE Newsletter* (online).

[10] Meyer, J. & Land, R., *Threshold Concepts and Troublesome Knowledge (1): Linkages to ways of thinking andpractising within the disciplines* (ETL Project, Occasional Report 4, May 2003).

[11] Meyer, J. & Land, R., "Threshold Concepts and Troublesome Knowledge: An Introduction" in J. Meyer & R. Land, eds., *Overcoming Barriers to Student Understanding: Threshold Concepts and Troublesome Knowledge* (London: Routledge, 2006) 3-18.

[12] Meyer, L. R., "When Reasonable Minds Differ" (1996) 71 *NYUL Rev* 1467.

[13] Midson, B., "Teaching Causation in Criminal Law: Learning to Think Like Policy Analysts" (2010) 20 *Legal Education Review* 109–136.

[14] Nelson, C. A., "Consistently Revealing the Inconsistencies: The Construction of Fear in the Criminal Law" (2004) 48 *St. Louis U LJ* 1261–1283.

[15] Osmond, J. & Turner, A., "The Threshold Concept Journey in Design" in J. H. F. Meyer, R. Land & C. Baillie, eds., *Threshold Concepts and Transformational Learning* (Rotterdam: Sense Publishers, 2010) 347–363.

[16] Ricketts, A., "Threshold Concepts in Legal Education" (2004) 26(2) *Journal of Educational Studies* 2–12.

[17] Ricketts, A., "Threshold Concepts: 'Loaded' Knowledge or Critical Education?" in J. H. F. Meyer, R. Land & C. Baillie, eds., *Threshold Concepts and Transformational Learning* (Rotterdam: Sense Publishers, 2010) 45–60.

[18] Schulman, L. S., "Signature Pedagogies in the Professions" (2005) 134(3) *Daedalus* 52–59.

[19] Sugarman, D., "Legal Theory, the Common Law Mind and the Making of the Textbook Tradition" in W. Twining, ed., *Legal Theory and Common Law* (Oxford: Blackwell, 1986) 26–62.

[20] Wells, C. & Quick, O., *Lacey, Wells & Quick Reconstructing Criminal Law*, 4th ed. (Cambridge: CUP, 2010).

[21] Weresh, M. H., "Stargate: Malleability as a Threshold Concept in Legal Education" (2014) 63(4) *Journal of Legal Education* 689–728.

[22] Wilson, A., Åkerlind, G., Francis, P., Kirkup, L., McKenzie, J., Pearce, D., & Sharma, M. D., "Measurement Uncertainty as a Threshold Concept in Physics" in *Creating Active Minds in our Science and Mathematics Students: Proceedings of the* 16*th UniServe Annual Conference 2010* (Sydney: UniServe Science, University of Sydney, 2010) 98–103.

第3章　讲授犯罪要素

约翰·希尔德*

英格兰和威尔士的刑法与其他司法管辖区一样，由数千种犯罪构成。因此，在一个刑法模块中只能讲授一小部分样本。法学院的任务是讲授这一小部分犯罪，以便向学生提供对一般刑法的广泛和背景性理解，并提供一个以便在未来理解和分析其他具体犯罪的机制。这两个方面对于任何刑法模块都是至关重要的，但本章的重点是机制方面。

我们理解和分析的刑法的机制通常被称为犯罪要素（element）。我们的目标基本上是将整个刑事犯罪解构为其构成要素。这样做是为了确定犯罪之间的模式（通常称为一般原则），鼓励对犯罪进行一致性分析，提供对犯罪的具体部分进行评价的词汇，提供对未来犯罪进行独立分析的结构等。然而，正如菲奥娜·唐森和凯瑟琳·奥沙利文（第2章）所讨论的那样，在刑法中确定和使用要素也可能存在问题，可能会使分析和辩论复杂化而不是便利化。

本章分五个部分探讨了犯罪要素的教学。第一部分讨论了目前在教学、教科书和法院判决中的做法，突出了不一致和不连贯的问题。第二部分研究了要素分析通用结构的潜力以及如何将其用于教学。第三部分强调了这一做法的潜在优势。第四部分则强调了一些潜在的问题。最后，第五部分概述了其他普通法司法管辖区的要素分析，讨论利用法律和心理学文献来解释和支持所提出的一些观点。然而，应该承认的是本章的大部分内容是从经验和与同事的讨论中而产生的。

英格兰和威尔士的现行实践，当前关注的问题

通过（一种或另一种）要素来分析刑法完全是标准做法。在英格兰和威尔士，这主要集中在分离犯罪行为（犯罪的外部要素）和犯罪意图（犯罪的

* 我要感谢马克·沃尔特斯（Mark Walters）、谭雅·帕尔梅（Tanya Palmer）和科林·金（Colin King）对本文初稿的有益评论。适用一般的免责声明。

心理要素）上，这可以有效地称为“犯罪分析”［鲁滨逊（Robinson）和格拉尔（Grall），1983 年］。对犯罪分析的讨论通常发生在刑法模块的早期讲座中，并且几乎普遍出现在教科书的前面几章中。这样，学生们建立起一个分析工具箱和一个结构，通过它可以理解他们在学习期间所处理的每一项具体犯罪。与其将每个“新”犯罪视为独特的规则集合，不如鼓励学生找到规则：根据犯罪行为和犯罪意图来区分犯罪，澄清这两套要件（requirements），并通过这一点看到不同犯罪之间的共性和差异。具体而言，这些早期的授课/章节利用犯罪分析来确定和探索刑法的一般原则：行为要件（requirement）、不作为的规则、因果关系的规则、犯罪意图概念的定义等。

到目前为止，犯罪分析方法一切顺利。对于某项特定要件是否应归入犯罪行为或犯罪意图，偶尔会有一些争议［沙利文（Sullivan），1990 年］，这可能会导致一些不确定性，但犯罪分析在理论上通常都很有效。问题完全出现在实践中而不是在理论上。这是因为，我们通过犯罪分析机制探讨了一般原则，并将其应用于最初的犯罪（最常见的是谋杀罪），该机制并没有被一贯地适用于其他犯罪。相反，由于教学和教科书（理所当然地）反映了法院判决中不太一致的语言和分析，犯罪分析往往被忽视和/或被一种全新的机制所取代。

忽视（至少是部分忽视）犯罪行为/犯罪意图区别的例子包括过失杀人罪和盗窃罪等核心犯罪。例如，在分析重大过失杀人罪时，我们不确定外部或精神要素，而是关注注意义务、对这些义务的违反、死亡以及被告人的过失的严重性。在分析非法行为过失杀人时，我们确定了一个非法行为、危险性和死亡，尽管这些要件涉及犯罪行为和犯罪意图的混合。即使当我们分析盗窃等犯罪时，经常使用犯罪行为和犯罪意图这两个概念，但占有、财产、所有权、永久剥夺的意图和不诚实这五部分的分离往往作为我们的主要分析工具占据主导地位。这种对盗窃罪的分析方法是作为反犯罪分析提出的，因为即使对“不诚实”这一要素的简单的反思（而这一要素通常被毫无疑问地视为犯罪意图），也揭示了犯罪行为和犯罪意图的结合。被告人的行为根据诚实和理性人的标准（外部评价）必须是不诚实的，而且被告人必须意识到这是事实（心理评价）。即使被告人相信她的行为是不诚实的，但如果陪审团不相信，那么不诚实的要件就没有得到满足。

对于这些犯罪，不使用犯罪行为和犯罪意图并不影响法律的实质内容，重要的是要记住，犯罪分析只不过是一种分析工具。然而，犯罪分析对学生来说也有负面的影响。首先，由于没有一个共同的结构来学习这些犯罪，这些要件被孤立地记忆，使得它们更容易被混淆或遗忘［鲍尔（Bower），1970年］。其次，由于一般原则是通过犯罪分析来学习的，学生往往不能将其应用于这些犯罪，或者需要具体的额外提示才能做到这一点。

同样有问题的是，犯罪分析被选择性或附加性的机制所取代的情况。这方面最明显的例子来自一般的未完成犯罪（inchoate offences）和共犯以及区分行为、情节和结果的分析机制。这里通常采取的方法被称为“要素分析法”（鲁滨逊和格拉尔，1983年）。这种方法通常用于审查共犯和共谋，它对于犯罪未遂（《1981年犯罪未遂法》第1条）和未完成的帮助或教唆的适用（《2007年重大犯罪法》第2部分）至关重要。它对后面这些犯罪至关重要，因为未遂和帮助或教唆的犯罪意图要件明确与受到企划、帮助或教唆的犯罪的要素有关。例如，在被告人协助某甲实施刑事损害罪的情况下，《2007年重大犯罪法》第45条要求被告人相信某甲会完成刑事损害罪的行为要素，而被告人只需要轻率地让某甲完成其他要素即可［希尔德（Child），2012年］。这样一来，学生就必须理解要素分析，以便适用帮助或教唆犯罪，如我们的示例中所示，将刑事损害罪的行为要素与其他要素区分开来。此外，由于这些未完成犯罪在整个刑法中普遍适用（例如谋杀未遂、强奸未遂、盗窃未遂等），如果这些犯罪受到企划、帮助或教唆，学生必须能够使用要素分析法重新分析他们所学习的所有犯罪。不足为奇的是，学生通常难以应付这项挑战，而同样不足为奇的是，大学教师可能试图从教学大纲中排除这些犯罪以避免这项挑战。

应该强调的是，本部分中提出的关切一般与法律的实质内容无关。尽管分析方法不一致，但实质性规则保持不变。在这种情况下，我们可以简单地告诉学生接受这种作为普通法分析的发展和动态本质的示例的不一致，然而，要做到这一点，我们还必须接受这给学生带来的突出困难，也许我们应该质疑究竟是否应该把犯罪分析作为入门方法讲授。我相信，我们可以立即向学生介绍刑法中复杂的不一致之处，同时向他们提供一个通用的讨论工具：要素分析。

要素分析教学

本章的核心建议是，我们应该在整个教学过程中使用单一的分析机制。首选要素分析，因为它对某些犯罪的适用至关重要，而且它提供了比犯罪分析更精确的结构。这种方法贯穿于笔者的整个教学过程中，也贯穿于笔者与他人合著的教科书Ⅰ中［希尔德和奥默罗德（Ormerod），2015 年］。为了便于参考，表 3.1 中以图表形式列出了通过首选要素分析方法确定的七个要素。

如表 3.1 所示，这种要素分析方法仍然区分了犯罪行为/犯罪意图，但又补充了行为、情节和结果的进一步区分。我们以刑事损害罪为例（《1971 年刑事损害罪法》，第 1 条）。犯罪行为的行为要素是犯罪所需的身体动作（例如，扔一块石头），结果要素是该动作所需的后果（例如损坏财产，砸碎窗户），而情节要素与任何周围的必要事实有关［例如，被损坏的财产（窗户）不属于被告人］。除了相应的犯罪意图外，每一个要素都是责任的必要条件。最后一个间接犯罪意图要素（要素 7）是笔者对该机制的补充（希尔德，2014 年），指的是与犯罪行为中的要素不一致的犯罪意图要件（例如，对于严重的刑事损害罪，轻率对待生命危险）。

每个刑事犯罪都可以用这种要素分析方法进行分解和讨论。某些犯罪如严重的刑事损害罪包括了所有七个要素中的要件。然而，情况并非总是如此：大多数犯罪不包括间接犯罪意图要件（要素 7），而行为犯（conduct crime）不包括结果要件（要素 3 和要素 6）。因此，该表可用于探讨所有犯罪，但这并不意味着所有犯罪都必须包括与所有要素有关的要件。如果所分析的犯罪一般不使用要素分析甚至犯罪分析来讨论（例如，过失杀人罪、盗窃罪等），为了保持一致性，则仍可先使用要素分析来介绍这类犯罪，然后再继续解释该犯罪在法庭上是如何被选择性讨论的，以便于在解释案例时，学生不会感到困惑。通过这种方式，为学生提供了一种通用的分析工具，但他们也被教导要处理实践中法律的不一致性。

表 3.1　要素分析法下的犯罪要素

	犯罪行为	犯罪意图
行为要素	1	4
情节要素	2	5
结果要素	3	6
间接犯罪意图要素		7

要素分析教学的优势

将要素分析作为一种通用工具进行教学有四个主要优势：在讲授一般原

则时更精确，在作为分析工具进行教学时更一致，作为帮助记忆的结构进行教学更有效，以及在讲授未完成犯罪和共犯时更容易管理。下面依次呈现每个优势。

讲授一般原则

在首次介绍刑法的一般原则时，要素分析的精确性非常有用。例如，在讨论行为要件时，可以专门针对行为要素（要素 1 和要素 4）进行讨论，避免普通学生通常将行为要件（act requirement）和犯罪行为（actus reus）混为一谈。同时发生的要件也可以更准确地表述为犯罪意图（mens rea）与犯罪的行为要素（要素 1）同时发生，而不是与犯罪行为（actus reus）同时发生。在讨论因果关系时，可以将其表述为犯罪行为（actus reus）中的行为和结果要素（要素 1 和要素 3）之间的必然联系，明确说明其在结果犯的结构中的作用。特别重要的是，要素分析也使我们更容易向学生解释，犯罪意图不一定是由单一的概念定义的，而是在不同的要素之间可能有所不同（例如，对结果要素的故意，对情节要素的轻率等）。事实上，该机制甚至促进了犯罪意图概念的教学，使教师能够清楚地展示特定概念仅与犯罪行为的特定要素相关的情况［例如，故意（voluntariness）和行为要素］，以及某个概念在不同要件之间定义不同的情况（例如，对情节或结果的认识）。

讲授分析工具

要素分析为学生提供了一个工具箱，以帮助他们进行学习。在任务是简单理解的情况下，要素分析允许学生将复杂的整体分解为更容易理解的部分，这对于许多复杂的现代法规来说是必不可少的。该机制还有助于对个别要素进行重点分析，突出不确定性，允许对不同犯罪进行精确的比较，并提供必要的语言以便向读者传达这种分析。正如鲁滨逊对法典编纂更概括的评论，他认为要素分析是其中的一个核心组成部分，对法律规则的结构化分析往往会暴露出本来会遗漏的一些问题：

> 案例意见和学术文献的漫无边际的段落……为模糊的规则提供了一个永久的庇护所。把法律的规则留给判例法和学术文献的阴影，在判例法和学术文献的阴影下，那里永远没有一个明确的目标，这就意味着发现和纠正法律缺陷的可能性更小（鲁滨逊，1998 年）。

要素分析还提供了一种通用的分析方法，可供学生在今后讨论其他犯罪时使用。通过这种方法，要素分析可以帮助避免刑法模块成为记忆一套可能随时间变化的犯罪的练习，而是使学生能够培养贯穿他们当前和未来的刑法分析的能够（重新）应用的技能。

讲授结构以帮助记忆

虽然说刑法模块应该避免成为维持记忆力的练习，但还是应该承认，记住犯罪细节在提高考试成绩方面发挥着重要作用。在这方面，心理学文献中有明确的证据，即记忆在与分析框架相关联的情况下能更有效地储存和回忆［鲍尔，1970 年；里德（Reed），2012 年］。要素分析提供了这一框架。例如，与其简单地试图记住谋杀罪的所有要件，学生们不如在他们的头脑中逻辑性地处理该犯罪：是否有任何必要的情节？这些情节需要什么犯罪意图？是否有任何必要的结果？这些结果都需要什么犯罪意图？以此类推。这个过程可以帮助学生记住他们所学到的知识，也可以暴露出他们知识的漏洞（希望在考试前!），这个漏洞需要他们进一步调查。

讲授未完成犯罪和共犯

随着时间的推移，关于一般的未完成犯罪和共犯的学术讨论已经越来越依赖于要素分析，而要素分析是分解这些犯罪的复杂性和描述它们如何运行所必需的。例如，我们在英格兰和威尔士法律委员会最近在该领域开展的一系列项目中看到了这一点（法律委员会，2006 年，2007 年 a，2007 年 b，2009 年），委员会在对法律的讨论中以及在法律改革的建议中都采用了要素分析。为了让学生接触到这些资料，重要的是让他们了解如何使用要素分析。

除此之外，正如前面所讨论的，在犯罪未遂和帮助或教唆罪中使用要素分析并不是简单的分析。相反，为了在实践中适用这些犯罪，必须使用要素分析：我们必须区分受到企划、帮助或教唆的主犯罪行的要素，以便知道与之相关的所需要的犯罪意图是什么。这种必要性是通过未遂罪的判例法（Khan［1990］2 All ER 783）建立起来的，在该判例法中，法院将主犯的情节要素分离出来单独处理。这种必要性也是通过帮助和教唆罪的法规（《2007 年重大犯罪法》第 2 部分）建立起来的，其中必须区分行为要素。

鉴于要素分析在这些犯罪中的作用，该机制对于该领域的任何教学都是至关重要的。当然，要素分析的教学有可能被限制在未完成刑事责任和共犯的授课中，我相信这也是英格兰和威尔士许多机构的普遍做法。然而，这种方法的问题是，一般的未完成犯罪和共犯适用于整个刑法（例如，谋杀未遂、帮助盗窃、性犯罪的共犯等）。因此，将要素分析的教学与这些主题隔离开来，可以有效地要求学生使用这种新的分析机制重新学习他们在刑法课程中遇到的所有犯罪，并学习这种机制本身如何运行。如果从一开始就引入要素分析，并在分析每个实质性犯罪时持续使用要素分析，那么学生在学习未完成犯罪和共犯时面临的挑战就变得更加容易应对。

要素分析教学中的问题

尽管要素分析有很多优点，但必须认识到文献中强调的几个问题；这些问题可以得到缓解但不能完全得以解决。我想在这里讨论的两个主要问题是与法律渊源之间的一致性和要素分析的内部连贯性有关的问题。

一致性问题

在英格兰和威尔士，法院或评论者在讨论大多数刑事犯罪时并没有标准地使用要素分析。虽然在美国和澳大利亚等法典化程度较高的普通法司法管辖区经常使用要素分析（美国模范刑法典；澳大利亚刑法典），但英格兰和威尔士对要素分析作用的怀疑态度严重限制了其应用。因此，如前所述，仅仅使用要素分析来教授学生刑法是不合适的。相反，为了保持内部一致性的好处（即，使用要素分析来讨论每个犯罪），同时也使学生能够参与法院和学术评论的分析（即，很少使用要素分析的分析），有必要在讲授每个新犯罪时讨论两种分析机制（即，要素分析和最常用于特定犯罪的任何分析形式）。

这种方法带来了不少挑战。对学生来说，为每项犯罪学习两种机制意味着他们要学习的内容大大增加，而且是基于形式而非实质内容的增加。因此，在分析机制上花费更多的时间是否有损于其他的讨论是值得怀疑的，因为这些讨论可以更直接地关注这些犯罪的实质内容和作为其基础的规范性问题。此外，如果学生在学习和讨论中把他们在犯罪分析中使用的不同机制混淆或者合并，就会出现问题。对于讲授刑法的学者来说，由于额外的资料和时间限制也会出现类似的问题，这意味着在考虑包括或排除哪些资料时总是需要妥协。特别是在较大的教学团队中，确保教师之间的一致性也是一个挑战。

虽然这些一致性问题很重要，但不应该夸大这个问题，也可以将其最小化。首先，如果要讲授未完成犯罪和/或共犯（这是必然的），那么讲授包括要素分析在内的多种机制，已经很重要了：问题很简单，就是这种教学应该在课程中的什么地方开始。其次，即使不讲授这些一般犯罪，讲授多种机制也可能具有教学价值。这种价值表现在许多方面。要素分析作为一种附加的机制，其主要优势在于它提供了一个一致性要点和一个详细的分析工具（前面讨论过的要点），而且它有助于说明这种机制的作用（包括其灵活性）与实体性法律规则截然不同。例如，如果学生在对某一特定犯罪进行要素分析时遇到困难，将其与其他机制混淆或合并，则有必要提醒他们（除一般犯罪外）并非在所有情况下都必须使用多种机制。事实上，在应用或讨论犯罪时，应鼓励学生选择他们认为最合适的机制，并决定要素分析的附加细节是会促进还是会混淆他们的论点。

连贯性问题

要素分析作为一种分析形式，因其被认为是不连贯的，而遭受了大量持续的批评，评论家们强调了客观区分要素的困难。这种批评已经在整个普通法世界得到讨论，但在英格兰和威尔士产生了特别的影响［巴克斯顿（Buxton），1984 年；达夫（Duff），1996 年］。以刑事损害罪为例，由于缺乏区分要素的精确规则，很难说该罪的结果要素是否仅仅是“损害”，而“所有权”问题被列为一种情节；结果要素是否是没有独立情节的“对他人财产的损害”；甚至结果是否可以是“被告人对他人财产造成的损害”。这些混淆在适用依靠这种区分来确定犯罪意图的一般未完成犯罪时特别重要，但对于任何使用要素分析来讨论犯罪的任何方面的人来说，这些混淆也是有问题的。这种批评一直是英格兰和威尔士未充分使用要素分析的核心原因，而且它仍然是反对在教学中使用要素分析的有力理由。简言之，该机制可能提出的问题多于它的答案。

对于这种批评路线，人们可以而且也已经做出了一些回应。从早期否认问题的存在［威廉姆斯（Williams），1983 年］，到部分接受批评（法律委员会，2006，2007 年 a，2007 年 b），到更普遍地接受批评，再到详细地重新构建要素分析（希尔德，2014 年；鲁滨逊和格拉尔，1983 年）。然而，所有这些方法都没有完全削弱批评，当然也没有导致额外的复杂性。

然而，这种批评对要素分析的有用性并非致命性的。这是因为，尽管任何要素分析的支持者都必须承认在区分要素时存在一定程度的不确定性，但消除这种不确定性对于分析机制来说并非必不可少。仅凭这种不确定性就足以破坏在一般未完成犯罪和共犯中对要素分析的更严格和更实质性的使用(这是另一场辩论)，这是有争议的，但分析机制通常用于帮助讨论，而不是创造僵硬的区分。事实上，正如本章第一节所指出的，在区分犯罪行为和犯罪意图时，更传统的犯罪分析机制也缺乏完全的客观性。

还应强调的是，即使是目前与要素分析有关的不确定性所引发的争论并不总是无关紧要的，这些争论本身往往证明在开辟重要规范调查领域方面是有用的。例如，如果我们需要识别和区分犯罪的行为要素，那么这就会导致我们质疑“行为”的含义，包括行为在犯罪构成和刑事责任分配中的作用，刑法中行为要件的作用（如果有的话）等［穆尔（Moore)，1993 年］。同样，如果我们将犯罪的结果要素区分为由被告人的行为所引起的，那么这往往会导致责任和道德运气的问题（即，如果被告人企图的伤害已经发生，法律是否应该分配额外的谴责，如果他们无论出于什么原因被挫败，是否应该给予相应的宽大处理）［亚历山大（Alexander）等，2009 年］。通过这些方式，以及通过许多其他的例子，注重要素分析和它所得出的区别似乎是适当的，即使在出现不确定性的情况下，这种不确定性也往往源于并代表着一个重要而有趣的规范问题，否则该问题可能会被忽略。

要素分析和其他普通法司法管辖区

本章的重点是英格兰和威尔士的刑法教学，但许多争论同样适用于其他普通法司法管辖区。本节提供了一个简短的概述，详细介绍了要素分析在其他选定司法管辖区的作用。尽管要素分析在许多这样的司法管辖区通常发挥着更大的作用（或者更成熟的作用)，但是类似的批评也经常出现。

在某些司法管辖区，我们看到要素分析被用于分析目的，或在法律改革建议中被使用，但在法律中却没有一贯的应用。这在加拿大和中国香港地区是很明显的，例如，法律改革委员会建议在未完成犯罪和/或犯罪意图的定义中使用要素分析，但没有取得立法成功（加拿大法律改革委员会，1987 年；中国香港法律改革委员会，1994 年)。

在其他司法管辖区，如澳大利亚、新西兰和美国，要素分析的使用相对先进。在澳大利亚，《模范刑法典》（MCC）使用要素分析来定义过错条款(第 5 部分）和过错推定（第 5. 6 部分)，并且法院已经使用它来定义未完成犯罪责任（伊文斯（Evans)［1987］48 SASR 35)。在新西兰，《1989 年犯罪法案》使用要素分析来定义未完成犯罪责任，这种方法后来被最高法院在 L

[2006] 3 NZLR 291 案中采用。然而，也许在美国可以找到对要素分析最根深蒂固的使用。《美国模范刑法典》使用要素分析来定义所有的过错条款（第2.02条）以及未遂（第5.01条）。除了两个已经进行改革的美国司法管辖区外，其他所有司法管辖区都采用了这种结构，而且这种结构被描述为“法典作者最重要和最持久的成就”（鲁滨逊和格拉尔，1983年）。

然而，这些司法管辖区中每一个也都发现了要素分析的问题，并明确质疑要素分析的有用性。例如，在澳大利亚，《模范刑法典》评注描述了界定要素分析的问题（评注第202条），尽管在伊文斯案中初步接受了对未完成犯罪责任的处理方法，但是仅在五年后，在（Knight）（1992）175 CLR 495 案中该案就被有效地推翻。在新西兰，尽管在L案中得到了司法认可，但对《1989年犯罪法案》的评论强调了对要素分析的客观和连贯应用的一些关注，咨询委员会最终建议只进行犯罪分析（1991年）。即使在美国，尽管“显著”接受要素分析［盖纳（Gainer），1987年］，但是仍然有人提出了特别是关于行为要素定义的“模糊性”的问题（穆尔，1993年；鲁滨逊和格拉尔，1983年）。这些问题反映了本章上一节中所确定的问题。

结语

本章主张在刑法教学中采用要素分析法。特别是在英格兰和威尔士流行的做法方面，这意味着我们分析和讲授分析这种法律的方式发生了重大变化。将要素分析作为一种一致的分析工具进行教学充满了挑战性，这既体现在机制本身内部的一致性方面，也体现在周围的法院判决和其他学术资料中缺乏类似的分析和辩论（对于许多犯罪）方面。然而，其潜在的好处是显而易见的。要素分析为学生提供了一个理解、记忆和处理现行法律中许多各种各样的不一致的工具；提供了一个一致和精确分析的工具。

通过阐述要素分析的优点和缺点，我们的目的不是简单地说一种方法比另一种方法更重要。本章所概述的要素分析机制显然需要进一步的工作，并且可以加以改进。然而，我认为前面强调的问题（包括在英格兰和威尔士以及其他地区）并不是要素分析的终点，它们所引发的争论一般都活跃了法学学术活动，而不是扼杀或混淆了法学学术活动。这里的想法是选择一个最有希望改善学生学习的机制，并且进一步研究该机制以改进它，既作为分析的一般工具，也作为教学的辅助工具。

教授法学学生（我猜想更普遍的教学）的最大挑战之一是防止这门课程

成为单纯记忆一套枯燥乏味的法律规则，甚至是记忆和重复他人的分析。相反，我们希望法学学生能够积极地参与法律以及作为法律基础的规范性问题。我认为，当前法学教学中缺乏一致性分析，这给这一努力造成了障碍，造成了混乱，并鼓励了条块分割。本章提出的论点是要素分析的一致性教学提供了打破这种障碍的一种手段。

参考文献

[1] Alexander, Kessler and Morse, *Crime and Culpability: A Theory of Criminal Law* (CUP, 2009).

[2] Bower, 'Organizational factors in memory' (1970) *Cognitive Psychology* 18.

[3] Buxton, 'Circumstances, consequences and attempted rape' (1984) *Criminal Law Review* 25.

[4] Child, 'Exploring the mens rea requirements of the Serious Crime Act 2007 assisting and encouraging offences' (2012) *Journal of Criminal Law* 220.

[5] Child, 'The structure, coherence and limits of inchoate liability: The new ulterior element' (2014) *Legal Studies* 537.

[6] Child and Ormerod, *Smith and Hogan's Essentials of Criminal Law* (OUP, 2015).

[7] Duff, *Criminal Attempts* (OUP, 1996).

[8] Gainer, 'The culpability provisions of the MPC' (1987) *Rutgers Law Journal* 575.

[9] Law Commission, *Conspiracy and Attempts* (Law Com No 318, 2009).

[10] Law Commission, *Participating in Crime* (Law Com No 305, 2007a).

[11] Law Commission, *Conspiracy and Attempts* (Consultation No 183, 2007b).

[12] Law Commission, *Inchoate Liability for Assisting and Encouraging Crime* (Law Com No 300, 2006).

[13] Law Reform Commission of Canada, *Re-Codifying Criminal Law* (Report 30, 1987).

[14] Law Reform Commission of Hong Kong, *Report on Codification* (Topic 26, 1994).

[15] Moore, *Act and Crime: The Philosophy of Action and Its Implications for Crimi-*

nal Law (OUP, 1993).

[16] New Zealand Crimes Consultative Committee, *Crimes Bill 1989*: *Report of the Crimes Consultative Committee* (Wellington, 1991).

[17] Reed, *Cognition: Theories and Applications* (CENGAGE learning, 2012).

[18] Robinson, ' In defence of the Model Penal Code: A reply to Professor Fletcher' (1998) *Buffalo Criminal Law Review* 25.

[19] Robinson and Grall, ' Element analysis in defining liability: The Model Penal Code and beyond' (1983) *Stanford Law Review* 681.

[20] Sullivan, ' Bad thoughts and bad acts' (1990) *Criminal Law Review* 559.

[21] Williams, ' The problem of reckless attempts' (1983) *Criminal Law Review* 365.

第 4 章 加强刑法教学中的互动：在讲堂中使用回应技术

凯文·J. 布朗和柯林·R. G. 默里*

引言

在过去的二十年里，数字技术在塑造英国（UK）法学院的制度方面发挥了有影响力的作用。互联网访问、电子邮件通信、电子研究数据库和在线学习平台正在塑造学生的学习方式以及教职员工的教学和研究方式。尽管发生了这些变化，但在许多英国法学院，尤其是在本科课程的核心模块中，说教式的大群体讲座仍然是主要的授课方式。随着近年来英国学习法律的本科生人数迅速增加［斯宾塞（Spencer），2013 年］，这种对讲座的依赖不太可能改变。虽然至少从大学资源管理的角度来看，这些传统的授课是传递信息的有效手段，但它们对激发学生的独立思考能力或培养他们处理这些信息的技能却没有什么作用［比尔德（Beard），1970 年，第 104—110 页］。技术已经对典型的大班法律讲座产生了一些影响。PowerPoint 等演示软件已经变得很流行，并且，根据某些研究，它可以提高学生在授课中的参与度和热情［关于调查研究的总结，请参见萨斯坎德（Susskind），2005 年］。此外，讲座录制和回放设施也变得越来越普遍，其倡导者认为该技术可以让学生重新播放他们在课堂上难以处理的复杂资料，从而提高了一些学生的考试成绩［泰丽（Terry），2015 年］。然而，这两种发展都没有从根本上改变讲座形式中固有的说教模式的授课［贝尔（Baer），1997 年，第 128 页］。

本章研究了实时课堂回应技术的优势和劣势，该技术是教师与讲堂内大群学生之间互动的一种手段。研究发现，由于一系列的社会、心理和后勤因素，教师和学生都发现在这种教学环境中建立真正的互动是很困难的［布莱

---

* 本研究所依据的项目是由纽卡斯尔大学创新基金资助的。我们感谢本·米德尔顿（Ben Middleton）（桑德兰大学）和克里斯·格莱德希尔（奥克兰理工大学法学院）对本章早期初稿的建议和鼓励。

克（Black），2005 年]。我们首先探讨了互动式授课在法学教育，特别是苏格拉底式的授课方法中的作用。本章接着考察了越来越多的文献，包括一般文献［辛普森（Simpson）和奥利弗（Oliver），2007 年］和专门针对法学教育［伊斯顿（Easton），2012 年］的文献，这些文献认为课堂回应系统（Classroom Response Systems，CRS）［俗称“点击器”（clickers）］可以在大班教学中产生互动。本章其余部分探讨了在纽卡斯尔法学院（Newcastle Law School）（英国）进行的一个行为研究项目［祖伯-斯凯里特（Zuber-Skerritt），1992 年，第 1—2 页］，该项目将教育技术一体化到刑法和公法的核心本科法学课程中，以努力提高学生群体的课堂参与度。根据这一经验，我们评估了 CRS 技术的应用是否提供了一种替代传统的鼓励课堂参与的大班授课的方法，以及这种方法的缺点。

生成交互式法律讲座

在英国法学院本科生核心课授课中，无论让学生在授课中磨炼并发表自己观点的意图多么值得称赞，向大批学生提出的开放性问题却很少得到快速或直接的回答。当有人给出答案时——如果教师坚持要求回答的话通常会有人回答（没有回答的问题所带来的受伤的沉默只能被忍受这么久），个别学生往往会垄断这种交流，这可能会使其他人疏远这个过程。在这样的经历的磨炼下，许多大学教师不情愿地选择了说教式的授课模式，尽管随之而来的问题是学生只是被动接受并退出参与讲座［加赛德（Garside），1996 年］。传统的讲授模式得到了学生在随后的小组会议上积极讨论课程资料的承诺的支持。这些教职人员密集型、小组会议（研讨会或辅导班）的使用因机构而异，但总体而言，它们比大班授课的使用频率要低得多。

解决这些问题的一个由来已久的方法，尤其在美国的法学院，是在课堂上采用苏格拉底式教学法，通过这种方法，所有学生都将参加为讨论争论的主题而准备的课堂，教师会要求特定的学生参与一系列的问题和回答，为课堂的其余部分引出问题［克尔（Kerr），1999 年，第 118 页］。在苏格拉底式教学法的传统形式下，被选中在全体学生面前回答问题的风险，以及学生知道一些人会被选中回答问题，激励了整个学生群体参加准备进行辩论的课堂，促使授课超越了基本概念和关键事实的阐述。将学生培养成能够在法庭上与法官讨论法律的专业人员的迫切需要，使苏格拉底式教学法在美国的法学研究生教育中得以持续使用（沙利文等，2007 年，第 3 页）。如果这种方法是有效的，苏格拉底式教学法将会使学生加强课前准备，同时问答式讨论则磨炼了学生的法律推理能力和参与法律问题学术辩论的能力。然而，这种方法可能依靠潜在的羞辱来鼓励学生的准备和辩论，让学生相互竞争，并可能破坏合作学习的发展［马歇尔（Marshall），2005 年，第 14—15 页］。因此，苏格拉底式教学法有可能冒着这样的风险，即迫使学生把他们的教育当作一个学习足够的法律琐事来避开问题的过程，而不是培养他们积极辩论和批判能力的过程（克尔，1999 年，第 125 页）。苏格拉底式教学法在英国法学院的课堂上并没有得到太多的关注。这种方法背后的大部分动力都因英国将法律的本科大学学习与随后的专业教育相分离而被削弱。与美国的法学学位不同，英国的法学学位不一定是准备在法庭上与法官来回对话。此外，在英国法学主要是作为本科课程讲授的，这意味着与美国学生相比，这些学生更年轻、更不成熟，而且更不熟悉大学生活［克莱茵（Klein），1991 年，第 635 页］。因此，许多教师认为苏格拉底式教学法在英国法学院的背景下不是一种合适的学习工具。

CRS 为寻找替代或补充方法让学生参与互动式授课的教师提供了一个机会。Turning Technology 是这种技术一个版本的生产商，他们声称他们的 CRS 系统“旨在通过令人信服的教学，让学生获得更高水平的参与度，在课堂内外留下持久的印象”（https://www.turningtechnologies.com/Higher-education）。小型无线手机和后来的智能手机应用程序［劳（Law）和德文（Devon），2014 年］允许学生表达对某一命题的同意或反对意见，或者选择他们认为正确的课堂幻灯片上列举的多项选择的选项。每个回应设备都有条形码，可以在一段时间内（从讲座的持续时间到整个学年）注册给单个或一组学生。

作为一门学科，法律的“传统重点在于分析性问题的解决，应该……［把它放在］‘点击器’使用和实验的最前沿”（伊斯顿，2009 年，第 4 节）。然而，尽管互动教育技术带来了很多机会，但通过让学生群体参与法律改革和发展方面的讨论来提高法律讲座的反思性的努力仍然面临持续的困难。凯瑟琳·伊斯顿（Catherine Easton）列出了阻碍互动教育技术在法律讲座中使用的因素。她特别指出了对 CRS 的使用会减少用于讲授课程内容的时间的担忧（伊斯顿，2009 年，第 2.3.1 节），在互动环节中对课堂控制的担忧（伊斯顿，2009 年，第 2.3.2 节），以及对适应新技术挑战的担忧（伊斯顿，2009 年，第 2.3.3 节）。除了这些不可忽视的障碍之外，我们还担心“点击器”会复制苏格拉底式教学法的一些缺点，即对事实的回忆（例如，案例名称或法规的相关条文）优先于对资料的解释［奥斯特尔（Auster）和麦克隆（MacRone），1994 年］，并使学习环境更具竞争性。在我们的"行为研究"的学习中，我们希望与我们的学生一起探讨 CRS 所报告的优势是否超过了已经认识到的负面因素。

我们的课堂回应系统项目

在 2011/2012 学年，我们将 TurningPoint CRS 一体化到公法和刑法的授课中，这两门课程是纽卡斯尔大学法律本科学位的核心模块，分别在第一阶段和第二阶段授课。这两个模块的班级规模都是 150 人。在每个模块主题结束时，多项选择题的幻灯片被纳入这些模块的 PowerPoint 演示文稿。一旦学生用他们的回应手机选择了他们认为正确的选项，教师就可以在屏幕上显示整个组群的结果。通过使教师们以这种方式监测群组的回应，CRS 技术使他们能够立即处理常见的误解。在测验结束时，该系统还可以根据正确答案的比例对手机进行排名，并允许教师选择显示高分团队的排行榜。这一设施使教师们能够识别和赞扬出色的表现。在启用 CRS 的授课之后，教师可以保存测验结果，并生成含有问题答案的详细报告，从而跟踪始终不能正确回答问题的个人或小组学生，并指导他们获得进一步的支持。

对于所有将教学效益归功于 CRS 支持的授课的研究而言［丹可（Denker），2013 年；伊文斯，2012 年；克鲁姆斯维克（Krumsvik），2012 年］，很少有研究考虑如何最好地运用这种教育技术。在我们的项目中，我们在各自的授课中采用了不同的应用模式。公法授课采用了一种个性化的模式，每个同意参加 TurningPoint 练习的学生都通过他们个人注册的手机进行练习。相比之下，刑法授课中的 TurningPoint 练习采用的是小组模式，由四到六名学生组成的"律师事务所"作为一个团队在讨论后回答问题。我们的目的是评估支持合作学习的小组模式相对于更具竞争性的个人模式的相对优势。从理论上讲，这些方法不仅会形成不同的学习过程，而且还会产生不同的学习结果。我们研究的问题是：

1）学生对在大班法律授课中使用 CRS 的反应如何？

2）采用 CRS 的方法是否改变了学生对授课的理解？

3）如果引入了 CRS，学生希望在未来的课堂上使用 CRS 的频率有多高？

我们通过定性和定量分析来评估学生的意见。在学年结束时，向学生发放调查问卷，以评估他们对 TurningPoint 手机作为学习辅助工具激发课堂讨论以及作为反馈机制的有用性的印象。此外，调查问卷还询问了他们对 CRS 在多大程度上应继续作为这些模块的教学特色的意见。在整个刑法和公法课程中，有 173 名学生作了回应：其中刑法学生 68 名（回应率 48%），公法学生 105 名（回应率 70%）。这些回应是匿名的，并使用社会科学统计软件包（SPSS）软件对定性数据进行分析。为了获得进一步的信息，随机选择的学生被邀请参加焦点小组［克鲁格（Krueger），2009 年］，每个群组邀请一人。焦点小组的问题沿用了群组调查问卷中列出的模式。应答被记录和整理、匿名化，并使用 Nvivo 软件进行分析。在整个试验过程中，我们还定期会面，分享我们使用 CRS 的经验，包括我们遇到的任何技术或实际困难，讨论不同类型的多项选择题的有效性，并报告我们对学生如何使用 CRS 技术的印象。

项目成果：易用性

我们问的第一个问题是学生在多大程度上同意“TurningPoint 设备易于使用”。尽管在只有最低限度的 CRS 使用指导的情况下，参与的学生有 95% 同意或非常同意这个说法（表 4.1）。只有一名学生强烈反对，另有七名学生不同意。除了一名学生外，所有报告对技术有困难的学生都来自公法组，在该组中给每位学生都配发了手机。

焦点小组的参与者一致认为，这些设备一般都很容易使用，尽管有些人提出了很容易将设备“敲击”到不同的无线电频率的问题，这意味着接收器不会接收到来自手机的响应。虽然重置设备很简单，但在会话的最终结果得到处理之前，这种通信失败不能显现出来。基于这些结果，我们在任何支持 CRS 的授课中引入了信息幻灯片，建议学生将无线电信号设置到正确的频道。在随后的几年里，这项测试允许学生检查特定手机的电池是否用完。

在这两组学生中，没有人有任何可能会影响到他们参与支持 CRS 课程的视力或听力障碍。

表 4.1　TurningPoint 设备易于使用

	强烈不同意	不同意	同意	强烈同意
公法（$n=105$）	0	7	43	55
刑法（$n=68$）	1	0	17	50

尽管如此，作为教师，我们还是对未注册的学生的授课进行了调整。支持 CRS 的设备在中央有一个凸起的按钮，便于通过触摸进行导航。每个问题和可能的答案都被大声朗读出来，并在幻灯片上直观地呈现。每个测验的结果也由教师向全班宣读。

至于课程的准备工作，通过一些基本的培训，利用 TurningPoint 设计幻灯片和在讲课中使用手机两种方式都是很简单的。该技术偶尔会导致课堂的电脑暂时锁定（但不会崩溃）。主要的后勤问题是在课堂开始和结束时分发和收集设备所需的时间，特别是在公法课中，所有学生都有各自的手机。我们不能让学生在课间保留手机，因为在法学院的其他 CRS 课程中需要使用这些手机。即使有更多的设备可用，它们也可能被遗忘，因为并非所有讲座都以 TurningPoint 练习为特色，这会阻止我们长期向学生分发设备。手机偶尔也会丢失：在刑法学课程的一学年中，有六部手机丢失，但在公法学课程中没有一部手机丢失，因为手机是按名字分配给学生的。偶尔地，特别是当 CRS 课程在课堂中间时，学生会在授课结束时忘记归还手机，但几乎总是会在下次上课时带来。

在研究期间，我们是 25 名授课人员中唯一两名在授课中经常使用 CRS 的人。然而，随着项目的进展，学生们相互之间以及与其他工作人员讨论了 CRS 的使用。因此，一些同事寻求有关使用 CRS 的信息和培训。在一年内，五个模块中使用该技术的教师数量已经增加到六人。

项目成果：加强参与

调查问卷随后要求学生表明，他们在多大程度上同意“使用 TurningPoint 使授课更有趣”。37% 的参与者强烈同意，还有 60% 的人同意这一说法（表 4.2），只有 3% 的人不同意*。这似乎是学生对使用该技术的强烈认可。

表 4.2　使用 TurningPoint 使授课更有趣

	强烈不同意	不同意	同意	强烈同意
公法（$n=105$）	0	3	58	44
刑法（$n=67$）	0	2	45	20

焦点小组提供了进一步的证据，表明学生认为 CRS 的使用使授课更具吸

* 原书中数据计算有误，此处进行了修改。——编辑注

引力，而且 TurningPoint 练习所产生的讨论与争论的问题相关［关于对教师不直接监督的课堂讨论表示的担忧；比格斯（Biggs），2002年，第65页］：

> 我倾向于坐在讲堂比较靠后的地方，因为总是有一种危险，那就是有些人坐在我们后面，在整个讲课过程中都在说话，但当凯文（Kevin）一拿出 TurningPoint，所有类似的事情都停止了。每个人都很专注，真的很高兴在讲课时没有人说话，当他们说话时，他们是在谈论与主题有关的资料。
>
> 刑法焦点小组

> 我认为互动性更强的东西值得两次［传统］授课，因为你更有可能记住它们，而且你更有可能参与到问题中去，而不是仅仅让他们对你说话，如果你愿意的话。
>
> 刑法焦点小组

一名学生强调了她和她的朋友对涉及 CRS 授课的重视：

> 我认为这使讲座更加重要。很多人跳过了几节课，因为他们只是说，哦，我能得到幻灯片，我会看书，我会自己做。所以这并不是很糟糕。但是，当你错过这样的讲座时，你就无法挽回。
>
> 刑法焦点小组

其他研究也发现，在授课中使用 CRS 可以明显提高各学科的兴趣和参与度［奥拉斯（Auras）和比克斯（Bix），2007年；贝茨（Bates）、豪伊（Howie）和墨菲（Murphy），2006年；科尔（Cole）和科斯克（Kosc），2010年；萨莱米（Salemi），2009年］。在这个时代，无线设备上的社交媒体和互联网的可用性可能会分散学生上课的注意力，而支持 CRS 的课程可以将学生的注意力集中到主题上（科尔和科斯克，2010年，第397页）。

项目成果：参与合作式学习方法

调查还询问了学生对“使用 TurningPoint 使我更愿意与其他学生讨论这个主题”的认同程度。作为回应，80%的学生同意或强烈同意这一说法，然而20%的学生不同意或强烈不同意（表4.3）。

表 4.3 使用 TurningPoint 使我更愿意与其他学生讨论这个话题

	强烈不同意	不同意	同意	强烈同意
公法（$n=105$）	3	24	59	19
刑法（$n=67$）	4	2	36	25

刑法焦点小组强调了 CRS 对于引发讨论的价值：

我真的很喜欢和我所有的朋友讨论，因为我知道我在考试中会记得这些，因为我记得关于它的对话。因此，我更有可能记住它而不是阅读它。

刑法焦点小组

一个典型的刑法模块会包含诸如性犯罪等具有争议性和敏感性的主题。一些学生往往对表达他们对这些问题的看法持谨慎态度，特别是在一大群同龄人面前。使用 CRS 可以让学生在课堂上更自如地表达意见，正如刑法焦点小组的以下陈述所强调的：

我个人对举手发言并不感到困扰，但我知道有些人会举手发言，他们对某些事情感到有点不确定，也许他们对大胆地表达自己的意见感到不舒服，但匿名发言是一个好方式，因为人们不会特别注意你按下按钮，你可以说出你的真实想法。特别是对于刑法中的一些事情，人们确实有非常有争议的观点，也许他们不想公开表达他们的观点，因为这些观点对他们来说是非常个人的。

刑法焦点小组

在一次研究醉酒和强奸问题的刑法课中，学生们使用 CRS，教师询问他们是否同意如果醉酒妇女被强奸该妇女至少要承担部分责任。许多国内和国际的调查都提出了这一问题（例如，见大赦国际，2005 年）。当问题的结果被展示出来，却显示出明显的意见分歧时，同学们发出了惊呼。随后是几分钟的课堂辩论，有相当多的学生参与其中。这一结果与之前关于使用 CRS 的研究相一致，这些研究也发现 CRS 可以在学生中引起课堂讨论［奥拉斯斯和比克斯，2007 年；坎贝尔（Campbell）和蒙克（Monk），2012 年；莫尔伯恩（Mollborn）和霍克斯特拉（Hoekstra），2010 年］。

然而，我们的项目表明，在公法课中体验过 CRS 个人模式的学生和在刑法课中体验过小组模式的学生之间存在明显的分歧。在大部分不相信 CRS 课程使他们更愿意与其他学生讨论该主题的学生中，少数是公法学生。正如一位学生所总结的：

> 最后，你是在为自己攻读学位，你攻读学位并不是为了比别人更好……如果我想说这项技术的一个缺点的话，那就是它引入了人与人之间的竞争感，而这肯定不是学位的意义所在。
>
> 公法焦点小组

在公法授课中使用 CRS 支持的授课来生成一种个性化的标准参照的形成性评估形式，该评估形式利用了学生的成就动机，但随之而来的是“扼杀协作学习”的风险（比格斯，2002 年，第 62 页）。虽然许多学生重视课堂练习的过程，但有些学生不喜欢由此产生的竞争性学习环境。刑法课采用的方法是将学生分成小组，更强调学习的合作驱动力而不是竞争驱动力。这并不是说后者在教学过程中被取消了；在每次测验结束时，通过使用记分牌显示哪个小组表现最好来鼓励学生参与，但在测验中获得高分需要学生合作。这种竞争和合作元素的混合似乎至少在一些学生中引起了共鸣：

> 我想，作为一个法学院或其他什么地方，每个人都有一点竞争性。因此，提前知道题目是什么，知道有奖品或其他什么……我在上课前做了复习。而在以前，如果是复习课，而且正在进行，我就会把笔记带进去，但我不会那么投入。所以这很好。
>
> 刑法焦点小组

只有前五名的表现被确定下来，这意味着这些记分牌并不作为点名羞辱个人或那些在问题上有困难的小组的工具。

项目成果：增强学生的信心

学生们还被邀请就 CRS 在多大程度上影响了他们对自己知识和对学科理解的信心发表意见，其结果是好坏参半（表 4.4）。71% 的学生同意或强烈同意“使用 TurningPoint 提高了我对该学科的信心”，29% 的学生不同意或强烈不同意*。

---

* 原书中数据计算有误，此处进行了修改。——编辑注

表 4.4　使用 TurningPoint 提高了我对该学科的信心

	强烈不同意	不同意	同意	强烈同意
公法（$n=102$）	0	38	55	9
刑法（$n=66$）	1	9	40	16

再次，在个人模式的 CRS（公法）下不同意的学生的比例远远高于团体模式的 CRS（刑法）。

当在焦点小组中进一步探讨信心问题时，学生们解释说，使用 TurningPoint 有时会使他们发现自己在知识或理解方面的差距：

> 它帮助你练习对资料的回忆，因为你只有有限的时间去做，而且如果你做得好，显然你有那种……成功的感觉。
>
> 公法焦点小组

> 如果我得到了一个糟糕的分数，那么这让我下定决心是时候尝试得到一个好分数了，并尝试进入前五名［排行榜］。所以我认为这很好。
>
> 公法焦点小组

在 TurningPoint 测验中，两位教师的做法是提供一个解释，说明为什么某个特定的答案是正确的。这使那些选择了错误答案的学生能够理解他们错在哪里。以下是调查问卷中的一个自由文本评论：

> TurningPoint 测试是一种有用的方法，可以显示出我没有理解或混淆的关键点，我发现之后对答案的讨论真的很有帮助。
>
> 调查问卷中的自由文本评论

换句话说，大多数学生都认为，CRS 支持的课程提供了一个机会，让他们可以在主题仍在教授时就获得了关于核心概念的知识和理解的形成性反馈，从而产生一个“可教的时刻”，教师可以在这个时刻进行干预以纠正错误的观念（伊斯顿，2009 年，第 2.2.3 节）。然而，一些学生指出，由于测验的刺激性；在答案揭晓的那一刻学生们往往会特别健谈，这意味着有时听解释可能很困难：

> 如果在老师解释答案的时候大家能保持安静那就更有益了，因为很难集中注意力！
>
> 问卷中的自由文本评论

在随后的几年里，我们在向全班同学作解释之前，给了大家更多的时间来平息回应引起的骚动，从而解决了这个问题。

项目成果：使用 CRS 的水平

虽然对在授课中使用 TurningPoint 的普遍反应是积极的，但在两个学生群体中，对使用 CRS 授课的限制却没有达成共识。学生们被问到他们是否愿意看到 TurningPoint 在纽卡斯尔法学院不超过 12 名学生的常规研讨会上使用，这些研讨会需要提前准备对预先设定的问题的回答。两群组学生在回答这个问题时分歧较大，完成调查问卷的 59% 的学生强烈同意或同意“希望看到 TurningPoint 在研讨会上使用”，而 41% 的学生不同意或强烈不同意。

来自焦点小组的数据以及自由文本的评论表明，这种意见分歧与学生是否认为 CRS 对于产生讨论是必要的，或者讨论是否在研讨会形式中自然产生有关：

> TurningPoint 对于在研讨会上引发讨论是非常好的。我认为这将是一个非常好的主意。
>
> 调查问卷中的自由文本评论

> 在我看来，就我而言，研讨会的全部意义在于促进小组之间的讨论。我肯定认为，如果你要实施 TurningPoint……这将有损于我认为研讨会教学的关键所在。
>
> 刑法焦点小组

尽管几乎所有的学生都喜欢使用 CRS 来评估课堂上对某一问题的看法，或者在某一主题结束时进行课堂测试，但当被问到他们是否愿意看到在每堂课上使用该技术时，65% 的问卷调查对象表示他们不愿意，这证明了对“点击器疲劳”的担忧（伊斯顿，2009 年，第 3.3 节）。一份后续声明询问学生他们是否同意如果“TurningPoint 被用于所有的课程，我就会厌倦它”的说法。对此学生们的意见不一，48% 的学生同意或强烈同意，52% 的学生不同意或强烈不同意这一说法。焦点小组和问卷调查中的一些自由评论证实，至少对一些学生来说提供一些 CRS 支持的课程加强了授课和研讨会的混合，但并没有取代两者：

> 这有一点新奇，不是吗？使用 CRS 支持的课程偶尔会把事情搞得有点糟糕，而不是每堂课都这样。
>
> 公法焦点小组

> 如果在每个讲座和每个模块中都使用 CRS 支持的课程，会变得很乏味。
>
> 调查问卷中的自由文本评论

这些评论显示了过度使用 CRS 具有这样的风险，即可能削弱其刺激学习的能力［希斯利普（Heaslip）等，2014 年，第 22 页］。根据我们的试验经验，如果测验总共持续 15 分钟以上（6 个多项选择题，允许有时间讨论和对回应模式作出反馈），学生就会开始脱离课堂。

结语

任何一种教学方法都不足以始终吸引所有学生。大群体学习方法的广泛性要求教师利用各种方法来支持尽可能多的学生［波义耳（Boyle）等，2009 年；德格拉夫（De Groff）和麦基（McKee），2006 年；哈尔（Haar）和霍尔（Hall），2002 年］。尽管如此，在法律授课中系统地应用 CRS 技术对学生学习的潜在影响的原理包括三个方面：首先，与之前的研究一致，我们发现通过增加“授课演示的多样性”（伊斯顿，2009 年，第 2. 1. 4 节），CRS 的使用可以使授课对更大范围的学生群体更有吸引力，从而提高学生的注意力和出勤率。其次，作为一种形成性评估技术，教师将能够在几堂课的过程中评估学生的答案，并确定那些经常疲于应付关键概念的学生，使教师能够调查这些错误概念的原因，并在必要时指导学生获得额外的支持。特别是 CRS 的个人回应模式使教师能够评估学生的出勤率，并有可能识别出那些在某个模块中可能遇到困难的学生。最后，如果采用 CRS 的团队回应模式，教师可以通过激发学生合作讨论基础概念和与同伴一起解决问题，以鼓励学生对法律问题的批判性参与，从而利用合作驱动力进行学习。尽管 CRS 技术并不是解决作为学习环境的大班授课的所有问题的灵丹妙药（我们在本章中已经概述了我们遇到的一些限制），但我们仍然鼓励所有想在刑法授课中摆脱说教模式的教师尝试使用这种技术。

参考文献

[1] Amnesty International (2005). ' UK: New poll finds a third of people believe women who flirt partially responsible for being raped' Available at: http://www. amnesty. org. uk/pressreleases/uk-new-poll-finds-third-people-believe-women-who-flirt-partially-responsible-being.

[2] Auras, R., & Bix, L. (2007). ' Wake up! The Effectiveness of a Student Response System in Large Packaging Classes'. *Packaging Technology and Science* 20: 183-195.

[3] Auster, C. J., & MacRone, M. (1994). ' The Classroom as a Negotiated Social Setting: An Empirical Study of the Effects of Faculty Members' Behavior on Students' Participation'. *Teaching Sociology* 22: 289-300.

[4] Baer, W. (1997). ' Teaching Strategies and Accommodations for Students with Learning Disabilities. In Hodge, B. M. and Preston-Sabin, J., eds., *Accommodations or Just Good Teaching?* (pp. 126-131). Praeger.

[5] Bates, S. P., et al. (2006). ' The Use of Electronic Voting Systems in Large Group Lectures: Challenges and Opportunities'. *New Directions in the Teaching of Physical Sciences* 2: 1-8.

[6] Beard, R. (1970). *Teaching and Learning in Higher Education*. Penguin.

[7] Biggs, J. (2002). *Teaching for Quality Learning at University*. Open UP.

[8] Black, L. W. (2005). ' Dialogue in the Lecture Hall: Teacher-Student Communication and Students' Perceptions of Their Learning'. *Qualitative Research Reports in Communication* 6(1): 31-40.

[9] Boyle, R., et al. (2009). ' Law Students are Different from the General Population: Empirical Findings Regarding Learning Styles'. *Perspectives: Teaching Legal Research and Writing* 17: 153.

[10] Campbell, C., & Monk, S. (2012). ' How do we get Students Talking in First Year Courses?Engaging Students using Learner Response Systems'. *Society for Information Technology & Teacher Education International Conference*, 3541-3546.

[11] Cole, S., &Kosc, G. (2010). ' Quit Surfing and Start "Clicking": One Professor's

Effort to Combat the Problems of Teaching the US Survey in a Large Lecture Hall'. *The History Teacher* 43(3): 397-410.

[12] DeGeest, G., & Dari-Mattiacci, G. (2013). 'The Rise of Carrots and the Decline of Sticks'. *The University of Chicago Law Review* 80: 341-393.

[13] De Groff, E. A., & McKee, K. A. (2006). 'Learning Like Lawyers: Addressing the Differences in Law Student Learning Styles'. *Brigham Young University Education and Law Journal*, 499.

[14] Denker, K. J. (2013). 'Student Response Systems and Facilitating the Large Lecture Basic Communication Course: Assessing Engagement and Learning'. *Communication Teacher* 27: 50-69.

[15] Easton, C. (2009). 'An Examination of Clicker Technology Use in Legal Education'. *Journal of Information, Law and Technology*, 3.

[16] ———. (2012). 'Employing a Classroom Response System to Teach Law: A Case Study'. *European Journal of Law and Technology*, 3.

[17] Evans, H. K. (2012). 'Making Politics "Click": The Costs and Benefits of Using Clickers in an Introductory Political Science Course'. *Journal of Political Science Education* 8: 85-93.

[18] Garside, C. (1996). 'Look Who's Talking: A Comparison of Lecture and Group Discussion Teaching Strategies in developing Critical Thinking Skills'. *Communication Education* 45: 212-227.

[19] Heaslip, G., et al. (2014). 'Student Response Systems and Learner Engagement in Large Classes'. *Active Learning in Higher Education* 15: 11-24.

[20] Kerr, O. (1999). 'The Decline of the Socratic Method at Harvard'. *Nebraska Law Review* 78: 113.

[21] Klein, S. R. (1991). 'Legal Education in the United States and England: A Comparative Analysis'. *Loyola LA International & Comparative Law Review* 13: 601-641.

[22] Krueger, R. A. (2009). *Focus Groups: A Practical Guide for Applied Research*. Sage.

[23] Krumsvik, R. (2012). 'Feedback Clickers in Plenary Lectures: A New Tool for Formative Assessment?'. In Rowan, L. and Bigum, C. eds., *Transformative Approaches to New Technologies and Student Diversity in Futures Oriented Classro-*

oms (pp. 191–216). Dordrecht: Springer.

[24] Law, R., & Devon, J. (2014). 'The Use of Smartphone Technologies by Students in the Education Environment'. *EDULEARN14 Proceedings*, 3948–3957.

[25] Marshall, D. G. (2005). 'Socratic Method and the Irreducible Core of Legal Education'. *Minnesota Law Review* 90: 1–17.

[26] Mollborn, S., & Hoekstra, A. (2010). ' "A Meeting of Minds": Using Clickers for Critical Thinking and Discussion in Large Sociology Classes'. *Teaching Sociology* 38: 18–27.

[27] Salemi, M. K. (2009). 'Clickenomics: Using a Classroom Response System to Increase Student Engagement in a Large-Enrolment Principles of Economics Course'. *Journal of Economic Education* 40: 385–404.

[28] Simpson, V., & Oliver, M. (2007). 'Electronic Voting Systems for Lectures Then and Now: A Comparison of Research and Practice'. *Australasian Journal of Educational Technology* 23: 187–208.

[29] Spencer, B. J. (19 Dec 2013). 'While the US Law School Bubble Bursts, the UK Law School Bubble Grows'. *Huffington Post*. Available at: http://www.huffingtonpost.co.uk/brian-johnspencer/uk-law-school_b_4473341.html.

[30] Susskind, J. E. (2005). 'PowerPoint's Power in the Classroom: Enhancing Students' Self-Efficacy and Attitudes'. *Computers and Education* 45(2): 203–215.

[31] Terry, N., et al. (2015). 'The Impact of Lecture Capture on Student Performance in Business Courses'. *Journal of College Teaching & Learning* 12(1): 65–74.

[32] Zuber-Skerritt, O. (1992). *Action Research in Higher Education: Examples and Reflections*. Kogan Page.

第5章　利用基于问题的学习加强刑法学习

本·菲茨帕特里克

引言

能够成为刑法领域的一名学者我感到非常幸运。这个主题是一个有保障的话题开端，这是一个每个人都可以有见解的事情。同样，要说服学生参与到刑法中来并不难，因为这个学科本身就很有趣。很少有人抱怨说刑法是“枯燥无味的”。在这种情况下，人们很容易变得满足。学生们明显地参与到这一学科中来，并认为它很有趣，这一事实当然是积极的，但它不应该妨碍我们提出这一学科是否具有最佳的结构以及学生是否有最合适的学习机会的问题。

我将在本章中论证，在“刑法”中以及在更广泛的法学教育中，传统的学习方法存在一些缺陷，在法学教学中还有其他替代性结构，以及基于问题的学习（Problem-based learning，PBL）适合作为法学课程和刑法教学的一般基础，因为它是一种在实体法和不同领域的调查之间建立联系的方法。

“刑法”的规模和形态

为了证明尽管传统的方法十分重要，但是仍有可能对“刑法”进行一系列不同的合法解释，包括一种广泛构想的方法，最初的主张是课程/大纲/模块不是独立于如何填充它的选择的客观存在。它是“被构建”的，而且不是以纯粹的“学术”方式构建的。用一位同事的话说，模块是“学分的容器”：模块和大纲在某种程度上是一种机构性和管理性机制，用于包装和标示某些学习机会和经验。“课程”和“学科”很可能具有更多的“学术”色彩，而不是行政色彩，但它们仍然是一种结构。

因此，课程、大纲、模块和学科的内容是可选择的，而不是一成不变的。在考虑刑法时，你不一定会知道这一点。刑法作为一门学科，以及许多法律大纲中的“刑法模块”，往往需要一个相当标准的叙述。这个过程将学习者从所谓的总论部分——那些适用于所有或相当一部分犯罪的规则和原则（例如，关于犯罪行为和犯罪意图的一般规则）——带到“分论部分”（那些表示和确定具体犯罪和辩护内容的规则和原则）。

这种叙述方式的主导地位表明，不能轻易地忽视它。它是许多为刑法学习者设计的教科书结构的基础。然而，它也不是没有受到挑战（参见阿尔德里奇，1990 年的一个特别广泛的批评，以及菲茨帕特里克，2014 年）。无论是从广度还是深度来看，总论部分的范围都不是绝对清楚的。因此，舒特（Shute）和西梅斯特（Simester）（2002）似乎支持与威廉姆斯（Williams）（1961 年）不同的范围。我们也可能会质疑总论部分的原则在多大程度上真正具有普遍适用性［例如，见法默（Farmer），1995 年，第 765—766 页］。例如，有一种似乎有道理的观点认为，“因果关系”（可能在总论部分，也可能不在总论部分）在不同的背景下意味着不同的事情，而不是具有适用于所有结果犯的真正统一的含义［诺里（Norrie），2001 年，第 7 章；帕德菲尔德（Padfield），1995 年］。除了基于一致性的挑战之外，我们还可以确定对标准“刑法”叙述的其他合理批评，以及暗示可能影响学科的其他概念的一些因素。

第一，它似乎过度强调了某些更严重的犯罪行为。这在一定程度上是一种实证批评，即对刑法的学习并没有捕捉到世界上的犯罪的“真相”。在更具意识形态层面的批评上，强调严重犯罪而忽视轻罪的做法，既转移了人们对司法机构处理轻罪方式的程序性缺陷的关注［关于这一点，见麦克巴奈特（McBarnet），1981 年］，也转移了人们对在正式称之为“轻罪”的犯罪背景下被害者可能受到的严重影响的关注。

第二，标准行程可能具有严重的教义性，并且从法理学的角度来看，具有不成比例的实证主义性。虽然法律教义完全符合学术的严谨性和对刑法强有力的一致性检验，但法律教义只讲述了事情的一部分。可以说，我们通过讨论刑法与其他法律领域以及其他学科和法理学看待法律和世界的方式的关系，可能最有效地展现了刑法的完整的丰富性。

第三，与第二个批评相联系的是，标准方法优先考虑刑法的实体规则，而不是它们与其他相关法律领域的联系。因此，尽管关键的程序性概念（如举证责任和标准）对于理解如何赋予实体规则以现实世界的效力是不可或缺的，但是在刑法模块中，可能很少有对刑事程序或证据规则的持续参与。同样，也可能很少涉及处理检察机关制定判决意见方面的内容，这可能会对刑法的实体规则在实践中受到检验甚至被维持或者破坏的方式产生重大影响。在这些程序性忽视的实例下，还有一个更深层次的概念性问题：实体和程序可以说是并非完全分开的［弗莱彻（Fletcher），1998 年，第 1 章］，就像把它们放在不同的模块里可能意味着的那样。

第四，标准方法可能会使刑法的实体规则与它们的哲学基础和它们的运行所处的政策背景脱钩。例如，通过哈特-德夫林之间［德夫林（Devlin），1959 年；哈特（Hart），1963 年］关于这些重要内容的辩论，以及刑法应在多大程度上介入乍看之下属于私人行为的领域这样的问题进行相对粗略的探讨，可以很好地解决什么使犯罪成为犯罪以及犯罪化的正当理由的问题。然而，我们可能会错过更多的东西。例如，对刑事司法政策的研究可以帮助我们了解刑法中的某些哲学优先事项是如何以及为什么会凌驾于其他优先事项之上的。此外，在刑事司法政策这一广泛问题的背后是权力问题：谁有机会定义什么是犯罪，什么不是犯罪。过分关注实体规则可能会转移人们对尖锐的政治问题的注意力，这些问题包括：刑法是如何、为什么以及通过谁的选择来维持现状的。

类似地，标准行程也可能在实体规则和有时相互竞争的基本原理之间人为地制造一个楔子，这些基本原理决定了当违反这些规则时社会和机构的反应。因此，一个典型的刑法模块可能与量刑程序几乎没有关系，同样也与影响量刑的重要基本原理没有什么关系，而且这些基本原理进一步地也必然影响刑法本身的内容［例如，见贾尔斯（Giles），1991 年，第 216 页］。

标准行程也可能将刑法设想为一个相对明确的限定的范围。这可能会掩盖一些可以在刑法的边界上进行的调查，以及我们如何区分“刑法”和“非刑法”的问题。因此，刑法的“底端”和“反社会行为”之间的关系存在着一些问题，这就可能使即使没有严格意义上的所谓犯罪也进行强制干预正当化，并且使不合规行为卷入刑事处罚。在刑法的“顶端”，我们可能会对刑法领域在哪里结束、反恐怖法领域在哪里开始产生疑问，但国家试图维持一个独特的反恐怖法领域，在这个领域中，实施着通常与刑法相关联的侵犯和剥夺自由的措施。这种独特性是为了便于规避一些限制，特别是常规刑事司法中对嫌疑人的正当程序保护的限制。

当涉及刑法的定义界限时，我们可能希望设计一个独特的标识，使我们能够断然地说，这是（或不是）一个“刑法”问题。也许我们可以指出国家的参与是其特征。但是，我们将如何看待恢复性程序将刑事问题的解决或管理委任给当事人本身的趋势？也许我们可以指出，惩罚的存在或可能性是刑法的决定性特征。但是，我们又应该如何看待其他法律领域的惩罚性特征，例如侵权行为中的惩戒性损害赔偿呢？

本节的关键信息是，“刑法”可以用一系列不同的方式构建，最令人满意的是那些构思广泛、探索不同领域之间联系的方式。基于问题的学习是一个很好的教学手段，这种教学手段有助于解释刑法，而且可以在法学课程中建立进一步的知识联系，并为刑法学习者提供其他优势。

基于问题的学习，法学课程和“刑法”

正如对“刑法”的广泛描述可以通过更正统的方法中可能忽视的联系和关系的参与，这会导致对“学科”或“模块”的富有成效的重新构想，所以围绕着基于问题的学习（PBL）设计的课程可以为探索广义的“刑法”与其他“学科”（也是广义的）之间的联系提供可能性。基于问题的学习方法还可能给刑法学习者带来一系列其他的好处，这些好处涉及动机、基于问题的学习支持的学习本质、公民身份和一般的就业能力以及有效的刑事法律实践。同时我们还指出了它所面临的挑战。

有各种不同的概念和一系列不同的学习活动和方法，可以对“基于问题的学习”标签提出可信的要求［一般来说，见鲍德（Boud）和费拉提（Feletti），1997 年］。我们与其详述围绕什么“算作”基于问题的学习的分界争议［见巴罗斯（Barrows）和韦·肯尼·奥（Wee Keng Neo），2007 年］，不如通过将其与学习法律（和其他学科）的传统方法进行对比来确定它的某些核心特征。学习法律的传统方法把讲座作为学习周期的起点（也可能是核心）。讲座包括将学生引入并开始他们的第一次正式学习，接触一些重要的内容——也许是核心原则、一系列关键的案例和法规，以及对这些原则和资料的一些批评性评论。通常情况下，学生会进行进一步的研究，如阅读规定的或更广泛的其他法规和案例以及期刊文章等二手资料。学习周期通常会以一个较小的小组活动结束——通常是一个辅导课或研讨会，其中可以测试相关法律原则和相关论点在问题场景和更开放的讨论型问题中的应用。

尽管传统方法具有重要的历史渊源，但其仍有以下风险：第一，该模式是建立在传递的基础上的，教师在讲座中向学生提供内容。对学生来说，从信息接受者的角色转变为积极的、独立的学习者角色（许多大学老师都声称致力于这种立场）可能很困难，对大学老师来说，也很难以允许发生这种角色转变的方式发展自己的实践。第二，这种模式没有为学生提供合作的内在动机；一个人可以（至少在正式意义上）不必与他人有效合作而“成功”。传统方法的第三个问题是，它导致并强化了不同模块之间的人为区别，因此也引起了课程的不同领域之间的人为区别，所以它包含了对法律作为一门学科的性质的限制性观点。第四个问题源于课程的人为分割，即学生在小组活动中所使用的场景可能缺乏真实性。为了把它们“限制”在其模块背景下，场景经过格式化和专门设计。从场景到现实世界的距离可能会让学生和教师感到恼怒。而且，每一个不真实的和令人沮丧的学习活动都使学生错失了更丰富地参与到法律问题在现实世界中是如何解决的机会。

另一方面，基于问题的学习的起点不是一次讲座而是一个场景［“学习”（Learning）是“基于”（Based）“问题”（Problem）］。场景可以采取多种形式：一组事实（在这方面，看起来与传统的研讨会问题没有什么不同）、一捆信件、一篇新闻报道、一段音频、一张图片或一份政策文件的摘要。无论“场景”是什么，它都旨在激发学生的兴趣，并作为他们讨论的焦点。学生们以小组为单位在导师帮助下的会议上考虑该场景。学生们的讨论在内容上可能非常开放，但它有明确规定的步骤［穆斯特（Moust）、布惠斯（Bouhuijs）和施密特（Schmidt），2007年］。约克大学法学院使用的基于问题的学习流程［见菲茨帕特里克和亨特（Hunter），2011年；格里姆斯（Grimes），2014年；约克大学法学院，未注明日期］是以赫尔约克医学院（Hull York Medical School）使用的流程为模型，并借鉴了马斯特里赫特大学（Maastricht University）的流程（例如，见穆斯特，1998年）。简言之，PBL过程要求学生按以下步骤进行：

1. 确保小组对场景的条款有共同的理解；
2. 以一种能够为其余讨论提供框架的方式来定义该场景；
3. 尽可能广泛地收集关于该场景可能引起的问题的各种想法；
4. 系统地安排这些想法，以确定关键主题；
5. 从这些主题中总结出一套问题——有时在此背景下被称为学习成果或学习目标——这些问题将构成小组在当前学习周期内开展工作的议程。

在这一点上，导师的作用不是向学生提供“正确的答案”，而是帮助学生完成过程的各个阶段，使他们获得自己适当的学习结果。

PBL 过程的第 6 步包括学生在学习周期中获取学习资源或活动，以支持他们的调查。他们可能会参加讲座，获取读物和其他资料，并相互合作。学习周期结束时，小组与导师重新聚集在一起（例如，在进行了第 1~5 步的首次会议后一周），召开一次会议，其中的关键任务（过程的第 7 步）是向彼此和导师报告他们在周期开始时制订的学习成果议程的进展。这一讨论可以用来确定继续学习的需求和适当的后续任务。然后，小组转到一个新的场景，开始下一个学习周期。还有定期的机会让小组的学生们评估他们的进展，反思他们个人和集体学习策略和方法的有效性。

PBL 过程可以用图 5.1 所示的简略形式表示。例如，一个场景可能包括一对（真实的或构想的）新闻报纸报道或摘录，第一个是关于议会通过帮助自杀法案的摘录，第二个是关于一个英国公民从另一个司法管辖区的提供者那里为自杀寻求帮助的旅程摘录。也许这些摘录还提到了上议院的辩论，在这些辩论中该法案受到了审查，并提到了帮助自杀争论中各方面的活动家们的观点。由一组学生使用基于问题的学习过程来考虑这样的场景，可能会导致一系列的学习成果，比如（i）涉及帮助自杀的刑事犯罪的当前范围；（ii）有关此类案件的起诉政策和实践；（iii）与不同法定的帮助自杀模式有关的政策和道德论点；（iv）法律制定过程以及是否特殊考虑可能适用于有道德争议的领域；以及（v）议会的作用，更具体地说，上议院的作用——以及延伸至一般的第二议院——在法律制定中的作用。

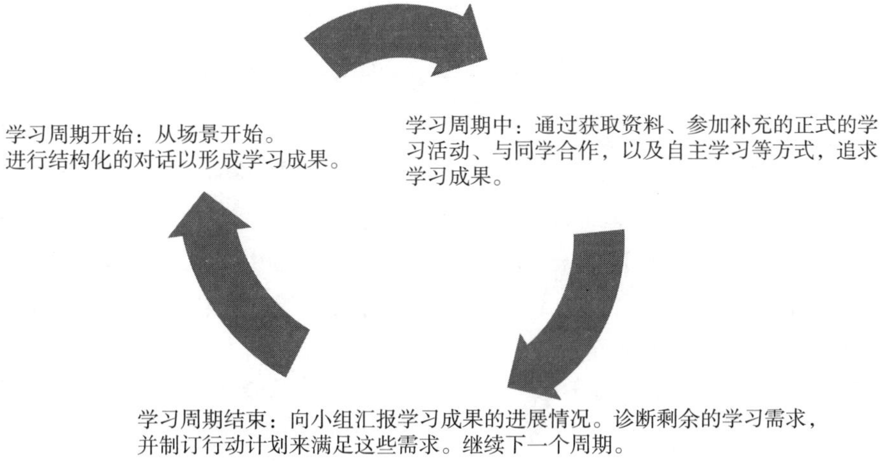

图 5.1　PBL 过程

一个精心设计的以小组认为合适的方式进行构思的场景，可以让这些问题通过基于问题的学习过程合理地、自然而然地显现（这取决于在导师的帮助下，小组可以“不偏离轨道”，并提出问题，以使他们能够解决课程的相关问题）。然后，小组将使用学习成果作为他们的工作议程，然后在周期结束时相互汇报。

那么，为什么这是对传统方法的一种改进呢？

从场景的内容开始，一些学习成果与广义的“刑法”概念有关。这包含实体法的问题——具体犯罪的定义，以及“刑事程序”的成果，即起诉政策和实践。另一项成果是针对关于刑法范围的政策和道德争论。

其他成果即与立法和第二议院的作用有关的成果，与通常会被“包含”在其他模块中的问题例如“公法”有关。这个场景提供了一个真实的工具，将刑法和公法模块在一个共同的活动中结合在一起，这个想法并非基于问题的学习所独有（见贾尔斯，1991 年，第 223 页），而是通过基于问题的学习有效地实施［翁（Wong），2003 年，第 165—166 页，提供了一个例子］。

真实性是指精心设计的基于问题的学习场景的“混乱状态”（Messiness）［例如，见杜赫（Duch），2001 年］，这反映了法律问题在世界上出现的方式：它们不尊重学术上构建的模块化边界。有机会看到来自课程的不同领域的问题在同一背景下出现是很好的，这对从事法律实践的学生来说最为明显：重要的是“刑法”从业者可以看到例如刑事指控和侵权请求权之间的联系，或停止和搜查政策与人权请求权之间的联系。例如，通过模拟文件构建的场景可能在这方面有所帮助。此外，无论他们未来的实践意图如何，我们都不应该以明示或暗示的方式不合理地要求学生尊重模块的界限。学生们把他们先前关于世界的经验运用到他们的学习中，并没有像教员那样被所谓的程序和内容或侵权和合同之间的区别所困扰。对于提出有趣和有见地的观点的学生来说，如果被告知他们必须把兴趣推迟到下一学期不同模块的讲座上，或者被告知他们的观点是有趣和有见地的，但是并不“相关”，这一定很令人沮丧。真实性可以减少学生在一个更传统的研讨会场景中可能体验到的挫折感；简言之，真实性支持积极性。

通过围绕一系列的场景构建学习活动，课程设计者可以摆脱标准的教科书对学科——包括刑法——的叙述，并从不同的知识块中构建课程。对刑法的标准叙述持怀疑态度并不意味着什么都可以做。例如，“混乱”的场景给设计者提供了一个机会，例如可以确定超越个别模块的关键主题，在这种背景下，场景及其相关的学习成果可以变得最有意义。也许关于帮助自杀法的场景可能属于关于权利或利益冲突的更广泛的主题。在这种情况下，对个人自治的要求在某些情况下可能与假定的更广泛的社会利益或者其他人的需要保护的利益（在这种情况下是弱势群体的利益）相权衡。

主题刑法模块的想法显然是合理的。贾尔斯（1991 年）讨论了这种模块的实施，而围绕雷斯（Lacey）和威尔斯（1998 年）或诺里（2001 年）的工作建立的模块可以有理由地宣称具有主题性。下一步将是主题大纲或课程。在参与帮助自杀的场景的学习的同时，学生们参与学习的其他场景也可以支持利益冲突的主题：下一个有关刑法的场景可能涉及恐惧的证人的证词在证人缺席审判的情况下被采纳的可能性。也许这种恐惧可能出现在关于噪声污染的邻里纠纷中，这种纠纷已经升级为更严重的事情。这样的场景为通过证据法工具进一步探索广义的刑法打开了大门，证据法管理着刑事程序中各方之间的关系。例如，这可以以一个有主题联系的妨害请求权为背景（通过该妨害请求权，学习者在一个共同的学习活动中遇到了刑法和侵权/财产法），其中甲方试图限制乙方在他们（乙方）自己的财产上或者对他们的财产做他们（乙方）想做的事的权利。主题本身的内容和抽象程度可能有待把握——权利、责任、权力、平等——无论什么——但它们可能会被选择和部署，以便在任何时候学生的大部分学习活动都与该主题相关。

因此，基于问题的学习是一种描述刑法的工具，当然其他的工具也可以同样地发挥作用。对于一个被认为是广义的“刑法”进行解释来说，基于问题的学习与传统语境中的解释具有同等的知识有效性。而且，我敢说它比传统背景下的解释更有趣。它还促进了刑法与课程的其他领域之间的联系。它也可能对课程和模块设计的不良倾向之一——默认情况下的增长——发挥有效制动器的作用。逐年增加模块、增加案例清单和“有趣的问题清单”，比系统地处理和控制该模块的参数要容易得多。对学习者来说，结果是学习内容的增加，学习的“东西”越来越多，深度却越来越浅。以这种解释里暗含的方式设计基于问题的学习课程，需要对内容进行无情的处理，这意味着在对一个领域进行“篡改”之前必须非常谨慎，因为这可能会对其他领域产生潜在的严重影响。这可能会使连贯的课程开发特别耗费资源，但这个问题必须与它在防止不受约束和不加考虑的增长方面的价值相权衡。

就某些方面而言，基于问题的学习的其他潜在优势远比仅仅针对刑法更广泛。通过包含一种学习方法，它可以真正以学生为中心［例如，见巴罗斯和坦布林（Tamblyn），1980 年］。这种学习方法并非（完全）将教学人员视为接受学习者的学习内容的专家提供者，而是作为共同工作者和共同学习者。在教员的支持下（而不仅仅是指导下），学生不仅可以研究有趣问题的答案，还可以自己识别这些问题。通常，最丰富的学习在于确定一个场景的有趣之处，并确定需要问哪些问题才能进一步了解该场景。基于问题的学习让学生有机会在一个过程的背景下做到这一点，这个过程本身足够明确，以帮助学生在必要时保持在课程要求的范围之内。

基于问题的学习以学生为中心的特点并没有消除对支架（scaffolding）的需求，特别是在正式学习活动以外的情况下。如果学生不知道他们在课外应该做什么，学习就会有风险。一方面，过多的指导会让人感到窒息和消极。另一方面，指导太少也会导致学生非常漫无目的。我在此处描述的模式 I 中，基于问题的学习可以提供一种“途径”，可以给学生提供足够的（但不是过度的）支持，例如通过基于问题的学习的周期的常规节奏，学生可以习惯于定期制定和完成自己的研究议程的理念。学习的核心是根据他们的研究议程和教员的规定制定的，这一事实不断提醒学生，他们对学习的过程和内容都有所有权。此外，我前面提到的构成课程概念基础的主题，可以为学生提供锚定点，这样就可以打消对某一特定场景“适合”课程的任何担忧。如果不能从教科书驱动的行程中获得对某一科目或某些科目的舒适体验，那么这一点就特别有用。

在基于问题的学习中对学生的支持程度和性质，以及对学习如何发生（或不是如何发生）进行定期反思的机会，可以帮助学生培养独立学习的积极倾向，并可以培养与富有成效的自主的终身学习一致的习惯和态度。在广义的刑法背景下，这些习惯有助于培养积极的公民意识（了解国家的强制力及其所谓的理由是很好的），而且，我认为也有助于有效的、反思性的职业实践。许多刑事律师都是“在职”学习的；基于问题的学习的经验可以为刑事律师提供一个模板，支持他们作为从业者坦率的自我反思和发展。此外，刑法实践可能并不涉及对实体法的大量密切关注。这应该可以消除人们对基于问题的学习课程的“覆盖面”可能有限的担忧［绍博（Szabo），1993 年暗示了这种担忧］。我认为更好的是新兴的从业者拥有发现和解释法律的技能以及从各种批判性视角观察法律，而不仅仅是知道广泛的法律规则。

基于问题的学习的另一个潜在好处是它对合作的依赖。小组的中心地位，定期举行正式会议——并且可以想象在其他时间以各种方式进行非正式互动——将学生的成功表现与有效的合作联系起来。基于问题的学习以学生为中心，也意味着学生和教员之间广泛的平等安排。显然，机构的性质和评估的必要性意味着等级制度在各种形式和背景下持续存在。然而，教职员工作为促进者而不是内容传播者的角色，可以为学生与学生之间合作提供动力，也可以培养一种文化，在这种文化背景下学生可以作为同一个学者和实践者社区的成员与教职员工积极互动。合作本身的价值可能也存在于它所能够支持的学习的道德方法中；合作学习要求持续承认他人的角色，以及他们与自己的角色的关系。合作还能培养工作场所所需要的技能；如果一个学生能够成功地与一系列的人合作完成复杂的项目，那么他就有一个很好的就业前景。此外，承认他人的角色和经验的能力在刑法实践中可能会产生特别的道德共鸣，在刑法实践中，从业者可能与处于严重不利地位、困难或痛苦的人一起工作。

对于基于问题的学习，不要太过天真。对于它是否有效存在着各种不同的观点——对于它“有效”意味着什么也有不同的观点。我认为，仅仅对比传统课程的传统结果来“衡量”基于问题的学习，可能没有抓住重点，因为基于问题的学习不仅仅是一个到达同一地点的不同工具。相反，它是一种不同的教育理念，需要不同的衡量成功与否的标准。但是，就像对刑法的传统描述一样，我们不能仅仅忽视传统的教育指标，重要的是不要把基于问题的学习的所谓好处当作不可避免的既定事实。施特罗贝尔（Strobel）和范·巴内费尔特（van Barneveld）（2009 年）研究了围绕基于问题的学习有效性的辩论的各个方面，他们认为基于问题的学习与传统指标如知识记忆和表现以及基于技能的活动相比可以宣称取得了一些成功。当然，重要的是要对背景以及将另一种情况或机构的成功“解读”到自己的实践中所伴随的困难保持敏感。

基于问题的学习可以挑战学生和教员对他们在学习过程中的角色和责任的期望。学生可能会发现以学生为中心的生活体验具有挑战性。教职员工可能难以按照基于问题的学习所要求的那样“靠边站”。从作为内容传递的学科专家的学习体验的焦点，到强调与他人合作以促进学习的另一个地方，这个转变的过程是令人不安的［见萨文-巴登（Savin-Baden），2003 年］。

通过重新评估基于问题的学习所设想的不同学科之间的关系，对教员提出了进一步的挑战。基于问题的学习推动的不同课程领域之间的联系可以激发活力，并可以刺激员工之间的合作。同时，“传统的”大学工作文化可能抵制这种发展。这种抵制可能会因为比如模块化结构的机构安排而变得更加糟糕，模块化结构可能阻碍基于问题的学习所建议的知识跨界类型。强调通过单个模块的评估来获得大学学分也会妨碍知识跨界类型，机构的内部资助模式也是如此，在这种模式下部门资助可能与模块级别的学生入学率挂钩。按照上述模式，基于问题的学习的成功取决于能否克服封闭性和“门阀主义”的力量，这些力量会抑制合作，而这种合作应该是这种背景下学习设计的基础。如果在模块层面上个人和团队愿意对“他们自己的”学科充满想象力，那么开发一个跨界的基于问题的学习大纲或课程就会更容易。我建议，具有本章所概述的性质的广义“刑法”的概念可以成为跨界的基于问题的学习大纲或课程的一部分。

参考文献

[1] Alldridge, P. (1990) ‘What's wrong with the traditional criminal law course?’, *Legal Studies*, vol. 10, no. 1, pp. 38-62.

[2] Barrows, H. S., and Tamblyn, R. M. (1980) *Problem-Based Learning: An Approach to Medical Education*, New York, Springer.

[3] Barrows, H. S., and WeeKeng Neo, L. (2007) *Principles and Practice of a PBL*, Singapore, Pearson.

[4] Boud, D., and Feletti, G. I. (eds.) (1997) *The Challenge of Problem-Based Learning*, 2nd edn, London, Kogan Page.

[5] Devlin, P. (1959) *The Enforcement of Morals*, London, Oxford University Press.

[6] Duch, B. J. (2001) ‘Writing Problems for Deeper Understanding’ in Duch, B. J., Groh, S. E., and Allen, D. E. (eds.) *The Power of Problem-Based Learning: A Practical “How To” for Teaching Undergraduate Courses in any discipline*, pp. 47-58.

[7] Farmer, L. (1995) ‘Bringing Cinderella to the ball: Teaching criminal law in context’, *Modern Law Review*, vol. 58, no. 5, pp. 756-766.

[8] Fitzpatrick, B. (2014) ‘The place of criminal law in contemporary legal education Part 1: Thoughts from a CEPLER workshop’, *Ed Lines*, 30 September [Blog]. Available at https://benfitzpatrick1.wordpress.com/2014/09/30/the-place-of-criminal-law-in-contemporary-legal-education-part-1-

thoughts-from-a-cepler-workshop/ (Accessed 4 November 2015).

[9] Fitzpatrick, B., and Hunter, C. (2011) 'Problem-based learning in a new law school', *Directions* (UK Centre for Legal Education Newsletter), no. 22 (Spring).

[10] Fletcher, G. P. (1998) *Basic Concepts of Criminal Law*, New York, Oxford University Press.

[11] Giles, M. (1991) 'Teaching criminal law', *The Law Teacher*, vol. 25, no. 3, pp. 214-226.

[12] Grimes, R. (2014) 'Delivering legal education through an integrated problem-based learning model-the nuts and bolts', *International Journal of Clinical Legal Education*, vol. 21, no. 2, pp. 1-26.

[13] Hart, H. L. A. (1963) *Law, Liberty and Morality*, London, Oxford University Press.

[14] Lacey, N., and Wells, C. (1998) *Reconstructing Criminal Law: Critical Perspectives on Crime and the Criminal Process*, 2nd edn, London, Butterworths.

[15] McBarnet, D. (1981) 'Magistrates' courts and the ideology of justice', *British Journal of Law and Society*, vol. 8, pp. 181-197.

[16] Moust, J. H. C. (1998) 'The problem-based education approach at the Maastricht Law School', *The Law Teacher*, vol. 32, no. 1, pp. 5-36.

[17] Moust, J. H. C., Bouhuijs, P. A. J., and Schmidt, H. G. (2007) *Introduction to Problem-Based Learning: A Guide for Students*, Groningen, Wolters-Noordhoff.

[18] Norrie, A. (2001) *Crime, Reason and History: A Critical Introduction to Criminal Law*, 2nd edn, London, Butterworths.

[19] Padfield, N. (1995) 'Clean water and muddy causation: Is causation a question of law or fact, or just a way of allocating blame?', *Criminal Law Review*, pp. 683-694.

[20] Savin-Baden, M. (2003) *Facilitating Problem-Based Learning: Illuminating Perspectives*, Maidenhead, SRHE and Open University Press.

[21] Shute, S., and Simester, A. P. (eds.) (2002) *Criminal Law Theory: Doctrines of the General Part*, Oxford, Oxford University Press.

[22] Strobel, J., and van Barneveld, A. (2009) 'When is PBL more effective? A

meta-synthesis of meta-analyses comparing PBL to conventional classrooms', *Interdisciplinary Journal of Problem-Based Learning*, vol. 3, no. 1 [online]. Available at http://dx. doi. org/10. 7771/1541-5015. 1046 (Accessed 2 November 2015).

[23] Szabo, A. B. (1993) 'Teaching substantive law through problem based learning in Hong Kong', *Journal of Professional Legal Education*, vol. 11, no. 2, pp. 195-210.

[24] Williams, G. (1961) *Criminal Law: The General Part*, 2ndedn, London, Stevens and Sons Limited.

[25] Wong, Y. J. (2003) 'Harnessing the potential of problem-based learning in legal education', *The Law Teacher*, vol. 37, no. 2, pp. 157-173.

[26] York Law School. (undated) *York Law School Guide to Problem-Based Learning* [Online], UK, University of York. Available at https://www. york. ac. uk/media/law/documents/pbl_guide. pdf (Accessed 4 November 2015).

第6章　翻转刑法

乔·博伊兰–坎普和瑞贝卡·赫克斯利–宾斯

亲爱的读者，想象一下，你是一名法律专业的大学二年级学生，距离学年开学还有几个星期。你被要求学习为期半年的刑法课程，而且之前对这个主题没有任何了解。你收到了刑法老师（你还没有见过他们）的电子邮件，他们要求你观看一些简短的视频，这些视频是他们录制并上传到网络上的：

1. 对共同不法行为的基本法律的解释（2：30分钟）
2. 对盗窃罪的介绍（6分钟）
3. 有关侵占的法律（9分钟）
4. 对定义不诚实的法律的探讨（7：30分钟）

当你第一次参加刑法讲习班时，你走进一个房间，这个房间的布局与你以前在大学里见过的任何研讨室都不同；房间内有四张圆桌，每张桌子周围可以坐九个人，每张桌子中间都有电源插座和网线。你找了个位置坐下，希望能认识上一年级的人，但却发现自己在一个全是新面孔的桌子旁，你的导师给你一个短篇故事让你读。这是迄今为止你在法学教育环境中见过的最短的问题。两个小时后，你非常兴奋，因为你在没有停止在谷歌、维基百科以及（最终）律商联讯（LexisNexis）和万律（Westlaw）网上的聊天的情况下，就破解了关于盗窃和共同不法行为的法律难题。你依靠同龄人的意见和批评，对法律和事实做了假设，你不得不纠正这些假设，而且你已经开始批判性地思考刑法中的侵占和不诚实这两个概念。这就是您在过去两个小时里一直关注的问题：

博斯韦尔两姐妹切沃恩·博斯韦尔（Chevorne Boswell）和香特尔·博斯韦尔（Shantelle Boswell）在她们所在的勒克斯波特（Lexport）市的克莱尔首饰店。切沃恩挑选了一些金耳环。香特尔告诉切沃恩把它们放在她的口袋里。切沃恩正准备把金耳环放进口袋时，她发现店员已经注意到了她。然后，切沃恩把金耳环放了回去。切沃恩和香特尔都跑出了商店。

要说真有什么犯罪的话，切沃恩和香特尔会受到什么指控呢？

现在，请重新回过头来，让我们解释一下 2013 年在诺丁汉法学院讲授刑法模块时我们所做的事情和为什么要这样做。

我们大学的一些高级管理人员为了追求创新的教学方法，参观了北美的一些大学之后，有机会在本科生法学院开展一项试点计划。在其中一所大学，他们被介绍给一位名叫鲍勃·贝希纳的物理学教授。在 20 世纪 90 年代中期，贝希纳决定尝试一种新的教学方法。这种方法与传统的、司空见惯的对被动听众进行说教式讲授的教学实践直接相悖，将注意力从教师身上转移到学生身上，将学生直接置于他们的学习体验的核心。贝希纳结合了许多尝试和测试过的教学实践，如小组工作、同行评议、基于问题的学习和翻转学习，以这样一种方式创造了一个合作和协作的学习环境，这种学习环境鼓励学生对他们的学习承担自主责任。贝希纳将这种新的教学方法称为“SCALE-UP”，它现在代表着“以学生为中心的积极学习环境的翻转教学法”（Student Centred Active Learning Environment with Upsidedown Pedagogies）（这个首字母缩略词还充满其他含义，但这是目前最受欢迎的一种说法）。它已被世界上许多大学成功采用。我们的高级管理人员对这种以学生为中心的学习方法印象深刻，因此他们召集了一个由学者、图书管理员、技术人员和房地产经理组成的团队，并在大学的两个校区都找到了空间，以便重新设计成 SCALE-UP 教室。

如前所述，专门建造的 SCALE-UP 教室中的学习环境与大多数大学中建造的标准教室布局不同。除了圆桌、电源插座和网络连接，每面墙都有一个安装好的屏幕，这些屏幕可以连接起来，这样所有的学生都可以看到投影在屏幕上的内容而不必移动；教室里有可移动的白板；有笔记本电脑供学生使用（三个学生共用一台），以防学生不能使用自己合适的设备；而且也许最重要的是，没有专门的导师讲台或桌子作为房间的焦点。我们鼓励学生合作和团队合作。

学习环境的设置很重要；就像在晚宴上，圆桌允许你与坐在桌边的任何其他人交谈，而长方形的桌子则将你的谈话限制在坐在你旁边或对面的人。哪种摆设能使晚餐谈话更具有互动性和刺激性？我们猜测，你会同意圆桌会议能够鼓励更多的包容性对话和辩论。因此，SCALE-UP 教室的布置是为了鼓励和促进学生与同伴的互动和参与。然而，即使没有配备圆桌的专用学习室，您仍然可以利用这种教学方法，使传统的教室布置适用于 SCALE-UP 学习方法。

通过让学生参与积极的探究和发现过程，一种更深层次的学习形式就会出现，因为在通过问题寻找答案的过程中，所使用的思维过程和发挥作用的技能意味着学生不仅理解问题的最终答案（如果有的话，或者可能有其他的答案），而且还理解答案背后的推理；他们在工作中经历了试验和错误的过程，发现了通往结果的路径，因此，他们完全理解获得答案所需的过程。

当面对切沃恩和香特尔的问题时（如前所述），大多数学生能立即得出结论，由于姐妹俩都没有带着耳环离开商店，所以没有发生盗窃事件。他们向导师求证他们的结论是正确的，当导师拒绝确认或否认这个结论的准确性时，他们感到很惊讶。事实上，当导师回答“如果你确定是正确的话，请随意离开”时，学生们感到很不安。幸运的是（因为我们不知道如果他们离开，我们会怎么做），没有学生这样做。相反，学生们从直觉出发，开始研究法律，并更深入地探究问题。我们意识到，我们已经通过要求他们观看上面列出的视频为他们打下了基础，所以学生依靠他们的准备工作，使用他们的教科书来定义并开始分析盗窃罪（有些人只是在谷歌上搜索它，这作为一个起点也很好）。他们开始意识到，他们确实必须剖析该犯罪的要素，这使他们找到了 1968 年《盗窃罪法》（英国）第 3 条的主要来源以及戈麦斯（Gomez）（［1993］AC 442）和亨克斯（Hinks）（［2001］2 AC 241）的权威案例。因此，在几乎没有任何提示的情况下，学生们在寻找一个法律问题的答案的过程中自愿地寻找主要来源资料。从导师的角度来看，最棒的是房间里那些修过 A 级（A-level）法学的学生慷慨地与那些没有修过的学生分享他们的知识和理解。我们无法在纸上记录的是，当学生们讨论这个问题时，教室里是多么活跃和热闹。然而，当学生们意识到切沃恩侵占了属于他人的财产——耳环，而且她是不诚实地故意这样做，从技术上讲这是一种盗窃时，他们才真正安静下来。他们知道这感觉不太像盗窃，所以他们怀疑自己是否把法律搞错了。有趣的是，导师发现他们并不想质疑法律，而是想质疑他们自己对法律的理解。在这一点上，导师主持了一个简短的全组讨论，讨论亨克斯案判决的正确性，由于学生们已经开始对法律进行批判性的思考，他们都认为他们已经准备好结束研讨会了。令学生们吃惊和沮丧的是，导师接着问香特尔是否有任何刑事责任。长话短说，在第一个两小时的研讨会结束时，学生们对盗窃罪和共犯有了基本的理解和认识，分析了问题，评价了法律，在智力上既受到了刺激又感到疲惫。

在SCALE-UP课堂上，学生接触时间的目的是专注于基于探究的学习，这意味着我们必须“翻转”课堂。这就是在课堂外在线讲授传统讲座，因此课堂内的学习活动更加活跃，包括那些我们可能称之为“家庭作业”的活动。导师在研讨会之前如何传授信息，完全取决于导师的个人偏好。有些导师会录制短小精悍的视频，正确记录某一特定原则或案例的基本原理（我们最终向网站上上传了30多个短视频）；有些导师会制作播客；有些导师会制作带有嵌入式录音的PowerPoint演示文稿。这种翻转学习方法的好处是，学生可以选择在何时何地获取这些信息，这意味着他们可以控制自己的学习，从而以适合自己个人风格的方式进行。一个学生可能会选择在早上第一件事就是在还穿着睡衣时看视频；另一个学生可能会决定在他或她一结束工作或拜访朋友后观看相同的视频。通过为学生提供不同的学习方式供选择，他们更有可能参与到学习过程中来，并比所有被要求在规定的时间内坐在讲堂上学习的学生记得更多［伯格曼（Bergmann）和萨姆斯（Sams）2012年］。以这种方式提供资料的另一个好处是，学生可以根据他们的需要经常观看和重播视频（或其他媒体），因此如果他们不确定某一点，或第一次错过了某些内容，那么他们就有机会一遍一遍地观看。

SCALE-UP课堂的基本特征之一是将导师的角色定位为促进者。传统上，教师在讲台上占据中心位置，而导师也同样控制和领导研讨会，指导学生讨论，回答学生的问题，并提供正确的答案，以便学生记录在课堂笔记中。然而，在SCALE-UP课堂上，导师只是学生之间讨论的促进者，并不控制接触时间。在SCALE-UP环境中，导师的实际工作是准备在线讲座和研讨会（见下文），这是相当重要的。因为学生们在研讨会环境中协作工作，导师在正确的方向上点拨他们，并提醒他们法律数据库的存在以及其超越谷歌和维基百科的重要性，所以最占用时间的是导师在设计研讨会活动时的想象和创造活动。研讨会中的学习是如此活跃，学生之间的关系也是如此充满活力，以至于导师真正地退居幕后，直到最后给出充分的总结性评论。起初，有些学生不愿意控制他们自己的学习，一有问题就会举手问导师。因此，作为一个原则问题，我们决定在确信他们已经做出了足够的努力来自己找出答案之前，我们不回答学生的问题；当然，除非需要我们的干预来纠正对任务或法律的根本误解。因此，对学生问题的一个常见回应类似于：“好问题；如果你在八分钟内仍然不知道答案，那就给我回电话，告诉我你做了哪些努力来找出答案。我保证，如果你还没有想出来，我会告诉你答案。”懒惰的学生对这种回应特别不安，但总的来说，学生们明白为什么知道答案如何得出的对他们来说很重要，而不仅仅是告诉他们答案；而且我们最终不得不提供答案的情况也很少见。

SCALE-UP 课堂的另一个不同之处在于，学生们在教室里有课本、移动设备和联网的笔记本电脑，我们积极鼓励他们使用这些设备。我们从与同事的讨论中了解到，高等教育机构的一些导师禁止学生在课堂上使用此类技术，这意味着学生无法访问可以用来研究特定问题的法律答案的在线资源。相反，学生通常被要求提前独立调查，包括网上和纸质教科书，对大量的信息做笔记，并带着完全准备好的答案来上课，但不带教科书和设备。然后，传统的接触时间是用于剖析学生在所需准备工作中对其调查知识的应用。当然，这种应用和分析是学习过程的一个基本组成部分，对此我们没有异议。然而，SCALE-UP 方法挑战着这是否是对课堂接触时间的最佳利用，是否是确保学生有一个积极的、动态的和有效的学习环境的最佳方式——特别是在有些学生只是拿着一张白纸来上课，记下导师说的东西，也许很少理解其含义时。

贝希纳（Beichner）在 2014 年诺丁汉特伦特大学的主旨会议演讲中所引用的 2011 年进行的研究［斯帕罗（Sparrow）、刘（Liu）和韦格纳（Wegner）］表明，人类的大脑正在进化以考虑容易访问的外部信息数据库（即万维网），因为人们似乎越来越不擅长记忆信息，但是相反却有更发达的能力来寻找他们所需要的知识。在讲授 SCALE-UP 时，导师必须接受这样一个事实，即包括法律在内的信息是转瞬即逝的、一次性的，而且适合于可能是暂时的目的，但学生需要发展的是识别问题、寻找法律、准确应用法律、评估法律，然后得出一个基于事实的结论的能力。SCALE-UP 方法通过发展对技术的依赖，鼓励学生在课堂上使用在线和其他来源的资料，来接受这一点。

这对一些导师来说可能是一个重大的转变，因为他们可能已经花了很多年告诉学生把手机拿开，注意听讲，但 SCALE-UP 方法鼓励学生停止听从（依赖）导师，“走出去”（比喻性地），通过使用所有可用的资源找到问题的答案；这种方法也更符合当前学生的行为和他们对技术的日益增长的依赖。在课堂上，技术不一定总是产生负面的、破坏性影响。

大多数学生使用大学提供的笔记本电脑（不使用时放在上锁的柜子里），或者带着自己的笔记本电脑或数字设备，既可以记录笔记，又可以上网做调查（我们很少要求他们注销脸书账号）。每个耗时两小时的研讨会以 20 分钟的学生主导的全体会议结束，在全体会议上活动的结果被反馈给小组的其他成员。我们使用了几块 A1 尺寸的便携式白板，许多小组喜欢在白板上记录他们的结构和推理，然后给白板拍照，供他们以后考虑或修改时使用。

贝希纳对 SCALE-UP 教室的建议是将学生按三人一组进行分组，其中一名学生承担“抄写员”的角色（负责记录小组的讨论和调查结果），第二名学生担任“组织者”（负责制定执行任务的策略），第三名学生充当“批评者”（任务是充当诡辩律师，质疑所决定的策略、发现的信息、做出的决定和得出的结论）。然而，经过仔细考虑之后，我们决定允许学生自主决定他们坐在哪里、与谁坐在一起以及如何参加这些活动。我们根据活动的性质将学生小组划分为不同的角色，因此在一个研讨会上，他们可能需要就一项指控向警方提出建议；在另一个研讨会上，他们必须准备一份初级律师关于法律问题的报告，或者向被告人分析辩护策略，或者作为控方或辩方向陪审团作结案陈词，或者向法官作概要辩论。

诺丁汉法学院的刑法 SCALE-UP 课程不仅翻转了学习并将导师的角色重塑为促进者，还颠覆了传统的教学大纲。正如本论文集的其他章节所显示的那样，除了例外情况，刑法模块通常以看似合乎逻辑的方式构建学习；大多数以介绍刑法的一般原则或理论开始，这可能包括，例如危害原则或公平标签原则，然后介绍犯罪行为、犯罪意图和严格责任。此后是对一系列严重犯罪的研究，接着是对一般辩护的研究，然后是对共同不法行为的研究。这种结构的问题在于，它鼓励学生孤立地思考刑法。也就是说，犯罪与辩护分开存在，辩护与犯罪分开存在，共同责任与个人责任分开存在。这是不现实的，因为犯罪和辩护以及各种责任形式当然是同时出现的，它们之间的相互作用需要由有能力的法学学生和律师自信地处理。

我们还主张，这种课程设计使刑法的学习远比它所需要的更复杂，技术性更强，并给学生学习法律带来不必要的挑战。尽管可能有强烈的观点认为，学生需要能够将分开识别犯罪行为的要素与犯罪意图的要素，并且需要掌握犯罪意图讨论中的主观性和客观性的概念，以便更高层次地理解犯罪理论。很明显，一个有能力的法学本科生，如果能够准确识别任何特定刑事犯罪的要素，就应该能够将这些要素（无论是犯罪行为还是犯罪意图）应用于一系列复杂的事实，使用准确的先例，从而就犯罪人的刑事责任得出合理和基于事实的结论，这将满足大多数刑法模块的学习成果。我们并不是说掌握深入的刑事理论没有价值，但我们认为，对刑法的这种深入的理论研究往往有一定的风险，即学生在完成一个模块后，在面对他们不熟悉的刑事犯罪时，没有实际能力应用现有知识和理解。这一点非常重要，因为刑法模块通常最多研究30种刑事犯罪（如果我们包括对人身的非致命犯罪、所有类型的杀人罪和财产犯罪的所有变化，或者包括未完成犯罪，可能会有更多的刑事犯罪），而英格兰和威尔士可能有超过10000种刑事犯罪。许多学生在刑法模块中取得的成功可能不是一般刑法能力的最佳描述。我们认为，与传统教学的学生相比，SCALE'd-UP刑法的学生能更自信地、轻松地应对未来未知的刑法。

传统的刑法结构还有一个更根本的问题；这与学生的期望有关。许多在本科阶段学习法律的学生以前没有学习过法律。然而，他们可能观看过以刑事犯罪为主题的电视节目，这些节目往往是最好的法律剧集，并且尽管视角有偏差，但是他们已经开始形成对刑法的一定程度的理解。这样一来，学生会带着与开始学习土地法或信托法时截然不同的期望来学习刑法，他们对土地法或信托法并不熟悉，对其没有期望或期望很低。学生们在前几堂犯罪课上所学到的东西完全不能满足他们（承认是不现实的）的期望。学习刑法的现实与新的刑法学生心目中的认知是多么的不同。如果这是以传统方式构建刑法的唯一问题（未能满足或处理学生的期望），可能就没有任何理由要求对刑法课程采取新的方法。然而，考虑到前面提出的其他论点，即孤立地讲授刑法，以及使法学学习变得不必要的技术性，显然，研究是否有更好的方法来学习刑法是有好处的。

2013年5月，我们留出了一个完整的工作周，开始计划用SCALE-UP方法讲授刑法。值得庆幸的是，我们已经熟悉了基于问题的学习（PBL）的观念。我们很早就认为，在SCALE-UP课堂上利用与学生接触的时间进行传统的讲座是对主动学习机会的极大浪费，因此，我们将把传统的讲座转为数字模式，学生可以在网站的一个私人频道上获取该数字模式的讲座。因此，我们知道，这意味着我们每周有四个小时的接触时间用于研讨会，学生们将在研讨会上合作回答基于问题的刑法问题。除了这些基本的框架界限外，课程是没有预定目标的。然而，所有这些知识并不妨碍我们从传统的起点开始，尝试创造基于犯罪行为的问题，如接触、结果或环境犯罪，以及涉及主观和客观心理状态的犯罪意图问题。但我们很快意识到，这些练习是人为的；我们牺牲了社会上犯罪行为的真实状况，却付出了使用一个在SCALE-UP课堂上根本行不通的理论模型的代价。因此，我们从零开始编写问题以反映生活中发生的现实，这意味着在讨论会的问题中犯罪不会被人为地区分开来，从第一个讨论班开始，将向学生介绍不同的犯罪和辩护以及共同责任，所有这些都共存于同一个讲习班问题中。

分析案例是学生们最喜欢的讨论会活动之一，不仅因为它的表现手段，而且还因为它通过确定（可能的）原告人、被告人和所实施的犯罪，有效地让学生关注法律（而不仅仅是事实）问题。

案例：黑泽（Blackpool）的一场男子聚会活动如何永远改变了我的生活……

绮丽（Cherry）（化名）是一名职业女孩，她的整个生活在一个男子社交聚会之后发生了变化。绮丽向《休息》杂志讲述了她永远无法忘记的周末。

我们在黑泽舞厅附近的一个酒吧见到了他们。他们一共有八个人；每个人都穿着一件明亮的粉红色 T 恤，上面写着“迪伦聚会——2013 年 7 月”。我和罗克西（Roxie）在一起，她通常和我一起工作。我们总是成双成对地工作只是为了确保彼此不会发生任何事情。我们认为他们看起来好像想找些女伴，所以我们走过去，问他们是否想请我们喝一两杯。他们说“是的，来加入我们”，于是我们就加入了。

过了一会儿，我们回到了他们的酒店。有几个小伙子收工了，最后只剩下我、罗克西和他们中的两个人——韦恩（Wayne）和凯尔（Kyle）。他们似乎都想继续玩，他们问我们是否想回到他们的房间去。我们说：“当然可以，但必须你们付费。”

当我们到达他们的房间时，韦恩拿出了一个盒子，里面有手铐、鞭子和几个眼罩等东西。罗克西和我说我们可以试试，但是如果他们想对我们使用这样的东西，就得再花 100 英镑。韦恩让罗克西脱光衣服，然后他把她绑在床上，开始抽打她。凯尔要求我把他绑起来，对他进行一些性行为，我做了。

然后我们轮流对对方进行各种性虐待行为——他们变得越来越奇怪——韦恩甚至要求我用剃刀在他的腿和背上划满小口子。

一会儿我结束了与凯尔性交。我们没有使用避孕套，因为他说他不喜欢那种感觉。我说好吧，但这又要花掉他 50 英镑。

第二天早上，当罗克西和我们离开时，我们看到几个小伙子在吃早餐。那个年轻的家伙比利（Billy）没有任何眉毛，罗克西问他发生了什么，他告诉我们，与他同住一个房间的迪伦（Dylan）和伊桑（Ethan）认为，在他睡觉的时候在他身上使用一些脱毛膏会非常有趣。对此他真的很不高兴，因为他说他看起来像个白痴——他确实有点像。

就在我们和比利谈话的时候，另一个小伙子对我说："我希望你昨晚没有好好照顾凯尔——他刚从医生那里得到了一些坏消息。"

我问他是什么意思，但他不肯多说。只有当我做性病的定期检查时，我才明白他在说什么——我从凯尔那里感染了艾滋病！

如果我知道他是艾滋病毒阳性患者，我就绝对不会和他发生无保护的性行为。他知道他是艾滋病毒阳性患者，但他没有告诉我——我无法相信有人会对另一个人做这种事。

他一定知道风险，只是他决定不告诉我这件事。我的余生都将与这种疾病纠缠在一起了，而这都是他的错！我不能再工作了。我恨他——他毁了我的生活！

《休息》杂志联系了凯尔，想听听他这一方对事情的说法，但他拒绝发表评论。

以下是播客的书面脚本，该播客是在学期的第五周（共12周）开始时播放给学生的。该播客向整个小组播放了一次，并在虚拟学习环境中根据需要可以回放。可怜的比利的故事是博斯韦尔家族（Boswell family）（前面提到的切沃恩和香特尔是他的姐妹）的一个更大的不幸故事的一部分，他们在整个刑法模块中都扮演着角色，参与了各种犯罪行为。对"比利"问题的指示只是简单地考虑：第一，是否有英国刑法中的任何犯罪；第二，是否有可争议的辩护（如果有，举证责任在谁身上）。请自由使用或改编比利的故事，但请注明出处。

警察刘易斯（LEWIS）：会见日期是2013年10月16日。时间是20：14。为了方便录音，会见室里有4607号警员刘易斯和3318号警员菲利普斯（Phillips）。同时在场的还有比利·博斯韦尔，18岁，以及值班律师克拉克内尔夫人（Mrs Cracknell）。

那么，比利，你为什么不告诉我们这一切呢？我们知道是你干的，所以如果你告诉我们到底发生了什么，对每个人来说都会更轻松些。

比利：我知道米尔德里德（Mildred）的事，也知道她有一些钱，因为我的姑姑杰德（Jade）谈到过她。我姑姑是个护士，她帮助别人，照顾他们。她真的很擅长这个。杰德姑姑喜欢米尔德里德，说她是个不错的老太太，只想给别人讲她的故事。

我知道米尔德里德是谁，因为我和杰德姑姑大概在一个星期六下午在市场上碰到了她。杰德姑姑要带我去为我的生日买一双训练鞋。我看到了一双非常漂亮的蓝色彪马鞋，她说她会给我买，因为我在学校表现得非常好，我应该在生日时得到一次款待。我们看到了米尔德里德，她正在从那个卖蔬菜的人那里买一些水果。杰德姑姑向她打招呼并挥手。她对杰德姑姑笑了笑，但我想她没有注意到我，因为我在另一个摊位上看了一些光盘，所以有点落后于杰德姑姑。

我感觉很糟糕。她看起来像个很好的老太太。我对她所做的事令我感到很难过。你能告诉她我很抱歉吗？求你了。

警察刘易斯：你对她做了什么，比利？星期天晚上发生了什么？

比利：我，我，跟踪了她，不是吗？看到她正走在去银行的路上，我就跟着她，因为我知道她有钱。杰德姑姑说她的房子非常漂亮，而且她丈夫死后，她显然得到了一些现金。所以我跟着她到了自动取款机旁，看着她取出一些纸币放进包里。她看起来取出了很多钱，所以，我就走过去了。我悄悄走到她身后，抓住她的肩膀，不是很粗暴，但只是为了让她知道我抓住了她，我说："请把你的包给我，米尔德里德？"

她很害怕。她问我怎么知道她的名字，我说这并不重要，但她只要把包给我，就不会有什么不好的事情发生。于是她把她的包给了我，我拿了包，以最快的速度跑开了。在我逃跑之前，我确实对她说了对不起，因为我很抱歉。我真的，真的很抱歉。我以前从来没有做过这样的事情，从来没有。

警察刘易斯：那为什么，比利？你为什么要拿米尔德里德的包？

比利：是凯尔。我是因为凯尔才这么做的。

警察刘易斯：凯尔是谁？

比利：凯尔是，凯尔是我爸爸。但我不叫他爸爸。他不配叫这个名字。

警察刘易斯：好吧，告诉我们凯尔做了什么，让你拿了米尔德里德的包。

比利：他说他欠夏洛克（Shylock）的钱，我必须帮他解决，给他 200 英镑，让他把钱还给夏洛克。我知道夏洛克是个放高利贷的，他是个很讨厌的人。住宅区里的每个人都知道这一点。所以凯尔说，如果我不在星期一之前给他 200 英镑，他就会伤害布鲁诺（Bruno）。我爱布鲁诺，所以我不得不这样做。

警察刘易斯：布鲁诺是谁？

比利：布鲁诺是我的狗。他是他们中唯一爱我的人。我愿意为他做任何事，我不能让爸爸伤害他，对吗？

警察刘易斯：凯尔还对你说了什么吗，比利？

比利：是的，他还说，如果我不给他钱，他就告诉我的哥哥伊森（Ethan）和迪伦（Dylan），说我喜欢男孩，你知道的，就像那样，我不是，我不是同性恋或什么，我喜欢女孩。但他们相信凯尔；无论我说什么，他们都不会相信我，如果他们认为我是同性恋，他们会讨厌我，因为他们憎恶同性恋。这就是为什么我这么做，因为凯尔说了什么。

警察刘易斯：好的，比利。你把一切都告诉我们了吗？还有什么我们可以知道的吗？

比利：没有了，就这些。你能告诉米尔德里德我真的非常非常抱歉吗？

简言之，这项练习给学生提供了一个机会，通过积极地参与本专题的一些重要的判例法，考虑抢劫罪和胁迫的辩护问题。

总之，SCALE-UP 学习模式对导师和学生来说都是非常有益的。我们有关于学生成绩的数据，与同一时期用“传统”方法学习的模块相比，效果非常好。通过各种媒体设置各种研讨任务，使学生的兴趣水平和出勤率都维持在较高水平；他们从来不知道会发生什么。事实上，学生的参与热情如此高，以至于我们经常被相邻教室的导师要求降低噪声水平。

参考文献

[1] Beichner, R. J. & Saul, J. M. , 2013, *Introduction to the SCALE-UP (Student-Centered Activities for Large Enrolment Undergraduate Programs) Project,* Proceedings of the International School of Physics, (Online) Available Via: North Carolina State University at https://www.ncsu.edu/per/Articles/Varenna_SCALEUP_Paper.pdf last accessed 02/12/2015.

[2] Bergmann, J. & Sams, A. , 2012, *Flip Your Classroom: Reach Every Student in Every Class Every Day*. International Society for Technology in Education.

[3] Burke, Debra D. , 2015, Scale-Up! Classroom Design and Use Can FacilitateLearning. 49(2) *The Law Teacher* 189-205.

[4] Sparrow, B. , Liu, J. , & Wegner, D. M. , 2011, Google Effects on Memory: Cognitive Consequences of Having Information at Our Fingertips. 333 *Science* 776-778.

第 7 章　刑法教学法和澳大利亚各州法典

托马斯·克罗夫茨和斯特拉·塔兰特

引言

在澳大利亚，有两种刑法传统：州刑法典和普通法。塞缪尔·格里菲斯爵士（Sir Samuel Griffith）于 1897 年为昆士兰州起草了第一部州刑法典，事实证明，这对其他州的发展产生了影响。该法典对刑法学做出了独特的贡献，尽管在许多方面《格里菲斯法典》可能被认为与澳大利亚普通法司法管辖区（和新西兰）建立的统一法没有什么不同，但还是有一些关键的区别。首先，该法典旨在有组织、系统地呈现刑法的主要方面，其中包括刑事责任的原则，而不仅仅是具体的犯罪。其次，《格里菲斯法典》使成文法成为西澳大利亚州犯罪责任的唯一渊源，也是昆士兰州可起诉犯罪责任的唯一渊源。本章将首先讨论《格里菲斯法典》的性质，然后研究这些不同的特征如何深刻地影响法典州的刑法教学。最后，本章将反思这些教学实践与普通法司法管辖区的相关性。

《格里菲斯法典》和普通法司法管辖区

虽然 19 世纪编纂英国刑法的努力并没有导致英国刑法典的通过，但它们在一些英国殖民地却取得了成功。在澳大利亚，这被解释为部分因为以下的事实，即“接受英国刑法的过程、滥用行政的影响以及不太发达的律师和法官制度，意味着法典化的障碍较少”［莱特（Wright），2008 年，第 20 页］。1896 年，昆士兰最高法院首席法官塞缪尔·格里菲斯爵士编写了《昆士兰刑法摘要》，一年后又编写了《刑法典草案》。他的草案受到詹姆斯·菲茨詹姆斯·斯蒂芬爵士（Sir James Fitzjames Stephen）编写的 1880 年英国刑法典草案、1881 年纽约刑法典和 1889 年意大利刑法典很大的影响；他将其中最后一部刑法典描述为“在许多方面是现存的最完整和最完美的刑法典”［格里菲斯，1897 年，第 vii 页；也见卡多皮（Cadoppi）和库利纳内（Cullinane），2000 年，第 116 页]。该法典草案于 1899 年作为《昆士兰刑法典》颁布，并在不久之后于 1902 年作为《西澳大利亚刑法典》获得通过。它在 1913 年被修订并重新颁布。该法典也对《塔斯马尼亚刑法典》（1924 年）产生了影响，在较小的程度上也对《北部地区刑法典》（1983 年）产生了影响，并且对一些非洲殖民地法典也有影响（见卡多皮和库利纳内，2000 年，第 116 页）。

该法典并非旨在汇集所有正在实施的刑法；正如格里菲斯所指出的，这样的任务是不可能完成的（1897 年，第 iv 页）。该法典的目的在很大程度上是使刑法合理化、简单化和系统化（格里菲斯，1897 年，第 iv、v 页）。该法典将刑法汇集在一起，在一部法规中"使之合理化"。在进一步讨论之前，应该注意到澳大利亚普通法各州确实有"统一法规"，如《1900 年犯罪法》（新南威尔士州）、《1958 年犯罪法》（维多利亚州）和《1935 年刑法统一法》（南澳大利亚州），这就要求对这两个传统之间是否存在重大差异进行调查。与法典一样，澳大利亚的统一法并不包含刑法的所有方面，但它们确实汇集了刑法的大部分内容，从这个意义上说，可以被视为类似于刑法典。毫无疑问，即使在"普通法"司法管辖区，"法院的大多数判例都是全部或大部分适用……法律的判例……其渊源是法规的文本"[盖格拉（Gagelar），2011 年，第 1 页]。因此，法典州与拥有统一法规的普通法司法管辖区之间的许多差异是程度上的差异。然而，我们发现，法典和普通法之间存在差异，这些差异影响了澳大利亚不同司法管辖区对刑法的构想，并影响了刑法教学法。我们将更详细地解释这两个重要的差异。首先，法典抽象的系统化使其区别于普通法。不熟悉法典的人往往忽视了这一特点。以《格里菲斯法典》为基础的刑法典有一个清晰的逻辑和进展，这在某种程度上是普通法州的统一法规所缺乏的。

《格里菲斯法典》的体制在结构上是显而易见的。尽管存在一些差异，但《刑法典》（昆士兰州）和《刑法典》（西澳大利亚州）遵循了相似的基本结构。第 1 部分（昆士兰州）/第 I 部分（西澳大利亚州）涉及与整个刑法相关的一般事项。这包括在整个法典中使用的术语的定义（法典，第 1 章），关于何时以及在何种程度上可以认定一个人为犯罪当事人的详情（法典，第 2 章），关于法典适用于何时何地的解释[刑法典（昆士兰州）第 4 章，刑法典（西澳大利亚州）第 3 章]，以及关于刑事责任的一般规定（法典，第 5 章）第 2~6 部分（昆士兰州）/法典第 Ⅱ ~ Ⅵ 部分（西澳大利亚州）部分包含了犯罪规定，因此详细说明了犯罪的要素，解释了需要哪些证明才能将一个人判定为相关犯罪。在每一部分中，都有一个明确的结构。例如，《刑法典》（西澳大利亚州）第 6 部分第 2 分部（损害财产）从第 45 章开始，界定了与该分部中的犯罪有关的术语（包括影响这些犯罪的具体责任的事项），然后进入包含犯罪定义的第 46 章。第 7 部分包含成立刑事责任的规定，其中包括虽然没有实际实施犯罪，但准备实施该犯罪的情况下，要承担犯罪责任的情形。《刑法典》（昆士兰州）第 8 部分包含与刑事诉讼有关的条款。2004 年，《西澳大利亚州法典》关于本部分的规定被转移到其他法规中，如《2004 年刑事诉讼法》（西澳大利亚州）和《2006 年刑事调查法》（西澳大利亚州）。《格里菲斯法典》的这种结构在很大程度上依赖于纳入关于刑事责任的一般规定。《格里菲斯法典》旨在为刑法的解释和适用提供一个体系，并在此过程中详细解释了作为刑法基础的、可适用于所有犯罪的基本原则，创造了一些可称之为刑法的总则部分和分则部分的内容。

《格里菲斯法典》与普通法司法管辖区之间的第二个重要区别是，根据《格里菲斯法典》，所有犯罪的刑事责任——或昆士兰州的可起诉的犯罪——（除了普通法中的藐视法庭罪之外）都是以一项法规作为其渊源。这种安排是由 1913 年《刑法典法案》（西澳大利亚州）第 4 条和第 7 条以及 1899 年《刑法典法案》（昆士兰州）第 5 条和第 8 条规定的，《刑法典》（西澳大利亚州）和《刑法典》（昆士兰州）作为附表附在这两部法案中。在西澳大利亚州，《刑法典》第 4 条规定："除非根据本法或西澳大利亚州的其他成文法的明确规定，否则任何人都不得在西澳大利亚州因犯罪而受到审判或处罚……"第 7 条规定，"本法或法典中的任何内容都不影响记录法院（courts of record）对通常被称为'藐视法庭'的犯罪进行简易惩罚的权力"。如前所述，这并不意味着法典涵盖了刑法的所有方面，但法典确定责任的唯一渊源是立法，所有立法都要遵守第 5 章（昆士兰州和西澳大利亚州刑法典第 36 条）所宣布的一般原则（尽管在昆士兰州，第 5 章的一些章节并不适用于行政犯）。因此，我们可以看到，该法典为确定适用于整个刑法的责任提供了一个明确的系统。相比之下，在普通法州，普通法作为确定责任的渊源，可以在立法留下的空白处"突显出来"。这方面最明显的例子是犯罪意图，即决定犯罪心理要素的普通法教义，是与成文法条款并列的默示规定。

如果我们更深入地挖掘这些理念，除非作为一个强调的问题，在法典和普通法司法管辖区内的法院所做的事情之间强加一个明确的区别是不成立的。

正如格里菲斯所指出的（格里菲斯，1897 年，第 iv 页），任何法典都不可能涵盖所有的刑法。而当法院对成文法条款进行解释时，他们实际上创制了真正意义上的法律，因为他们确定了不同可能性中的哪一种解释是法律（盖格拉，2011 年），这就是普通法司法管辖区的做法。尽管如此，在工作层面上，《格里菲斯法典》将犯罪责任的渊源限定为成文法这一事实确实影响了法典州的刑法学和教学法。

纳入有关刑事责任的规则是《格里菲斯法典》的一个关键特征。它在我们已经解释过的法典和普通法之间的区别中都发挥了作用：它是法典系统性本质的一部分，它使成文法对犯罪责任的限制更加全面。格里菲斯发现犯罪意图的概念并不明确，因此意图用一般原则取代它。在 He Kaw Teh v R［（1985）157 CLR 523］一案中发展起来的普通法的犯罪意图推定并没有被法典司法管辖区所采纳。《格里菲斯法典》规定了当时被认为是客观刑事责任的普通法立场，并将其作为一项一般主张一直忠实于该立场［古德（Goode），2002 年，第 157 页］。也就是说，在普通法中刑事责任的心理要素是通过犯罪意图构建的，并辅之以辩护和辩解，而在《格里菲斯法典》中，它是通过第 5 章的规定、法典中附加在具体犯罪上的具体“意图”要件以及任何具体犯罪的辩护和辩解来确立的。正如海恩 · J（Hayne J）（反对意见）在 DPP（NT）v WJI［（2004）219 CLR 43 at 82］案中所指出的那样，对格里菲斯来说，这种纳入刑事责任原则以及因此不需要证明犯罪意图的做法，是昆士兰州法典的一个关键特征（Widgee Shire Council v Bonney［（1907）4 CLR（Pt 2）977 at 981）］：

> 从来没有必要求助于犯罪意图的教义，该教义的确切含义一直是许多讨论的主题。现在要适用的检验标准是，这种被禁止的行为是否是意外的或独立于被告人行使意志而实施的。

法典州的教学法

我们已经强调，不应过分夸大法典和普通法司法管辖区之间的差异，但它们之间也有重要的不同：法典司法管辖区最引人注目的事情是系统化的成文法（法典），特别是《格里菲斯法典》包含了刑事责任的一般原则，而不仅仅是具体犯罪的行为要素，而且西澳大利亚州的整个实体刑法（以及在昆士兰州涉及可公诉犯罪）都是成文法，因此不会混淆法院是在解释立法还是在行使其普通法（作为法律渊源）的司法管辖权。

《格里菲斯法典》的显著特点已经影响了各法典州的法学院的教学方法。或者，可以更准确地说，他们正在塑造教育学。真正从法典的角度将刑法教义概念化需要花费惊人的时间（塔兰特，2013 年），刑法教学也是如此。我们的观察结果来自我们在西澳大利亚州的刑法教学。我们相信，我们已经根据该法典司法管辖区的性质制定出一种独特的教学方法，但是，即使在 21 世纪，这也包括实现和改变一些适合普通法框架的传统教学模式。长久以来，在西澳大利亚州有一种倾向，即采用源自普通法教学法的方法处理法典教学。例如，早在 21 世纪初，西澳大利亚州的刑法学生都是从一本教科书中学习的，该教科书详细解释了作为一个从案例中衍生出来的阈值概念的犯罪意图，并把犯罪意图的教义作为构建责任的导论。教科书没有进一步分析旨在取代犯罪意图概念的《刑法典》第 5 章。相反，教科书对 He Kaw Teh（1985）15 A Crim R 203 一案摘录了一定篇幅，该案是关于犯罪意图的一个基础性普通法案例［惠特尼（Whitney）、弗林（Flynn）和莫伊尔（Moyle），2000 年，第 9、13 页］。这表明，主要原则存在于高等法院声明中的观念非常根深蒂固［关于相反的方法，见爱德华兹（Edwards）、哈丁（Harding）和坎贝尔，1992 年，第 6 章］。

此外，正如我们所指出的，《格里菲斯法典》被低估为一种刑事责任的系统，因此，即使它被作为主要参考，教师们也倾向于将其作为一种可以机械处理的“犯罪集合”传达给学生，（见爱德华兹、哈丁和坎贝尔，1992 年，第 9 章，第 1、13 页）。我们认为，现在有更多的经过法典培训的学者可以在这些司法管辖区授课，这为进一步发展各州法典的刑法教学所必需的独特教学法提供了动力。它还得到了国家模范刑法典运动的支持，在 20 世纪 90 年代和 21 世纪初，该运动增强了人们对刑法作为成文法系统这一理念的兴趣。最近，澳大利亚对继续发展适当的法典教学法的支持来自确保法学学生在成文法解释方面得到充分培训的运动，因为现在所有司法管辖区的很多法律都是由立法制定的（见澳大利亚法学院院长委员会，2015 年）。

那么，讲授《格里菲斯法典》刑法的课程有什么独特之处呢？我们给出了三方面教学实践（和机会）的说明，这些教学实践产生于将系统性法规（法典）作为司法管辖权的核心，以及所有实体刑法都有其立法渊源这一事实。

首先，法典的全面性和系统性使其成为刑法课程的组织框架。它的系统是把每项犯罪的责任要素概念化的框架。此外，正如所讨论的那样，法典判例中的“犯罪要素”的概念被认为是一种包含了构成责任的全部要素的观点。例如，它不包括这样的观点，即认为立法创制的一系列的要素（行为或情况）必须以默示的心理要素（在没有明示的情况下）加以补充才能构成责任的观点。《格里菲斯法典》中的某个犯罪的“要素”均为责任所需要的要素。法典创立的每一个犯罪的所有要素（在这个广泛的意义上）都在这一个法律中明确地表述出来。

我们发现，这一框架有利于清晰地解释法律，并且是学生在学习实体法的过程中反复练习解读成文法的基础。对于每一项犯罪，都必须找到创设该犯罪的条款。然后，它必须被重构为一系列的要素，包括心理要素，该心理要素通常包含在创设犯罪的条款中的“非法性”的要素中。例如，《刑法典》（西澳大利亚州）第 313 条规定了“非法攻击”罪，第 222 条对“攻击”进行了定义，除非“被授权、有正当理由或有辩解理由”（第 223 条），否则攻击就是“非法的”。决定攻击是否被授权、有正当理由或有辩解理由的刑事责任原则可以在法典的后半部分［例如，自卫（第 248 条）和挑衅（第 246 条）］，以及第 5 章［例如，非故意行为（第 23A 条）、意外事件（第 23B 条）、错误（第 24 条）］中找到。

因此，对于课程中涉及的每一项犯罪，学生们都练习了解读法定术语，并对其进行重构，以获得他们必须以不改变含义的方式来表达的一系列要素。此外，第 5 章中的刑事责任原则清晰地表明它是法典的一部分，对每一项犯罪都具有法律效力（第 36 条）。因此，只能通过解读整个法规来构建某个犯罪的责任。

此外，尽管第 5 章几乎被坚定地称为包含“辩护”和“辩解”，建议在确立主要责任后（逻辑上）再考虑免责原则，但我们正朝着将第 5 章中的原则作为犯罪要素讲授的方向发展，也就是说，第 5 章中的相关要求是构成责任的必要条件。与举证责任有关的规则即证明性和说服力为将这些原则归类为“辩护”和“辩解”奠定了基础，被作为一个独特的知识层来讲授，而不是作为隐含地改变刑事责任结构的性质的东西。也就是说（正如前面引用的海恩 · J 的评论所反映的那样），第 5 章中的原则创制了基本的心理状态，如果要对某人施加刑事责任，就必须有这些心理状态。第 5 章中没有任何地方将刑事责任的原则描述为辩护或辩解。它们是刑事责任的主要结构的一部分。

其次，如果课程的全部内容都以立法为基础，那么课程中的每一次探究都是以定位主要的相关条款开始的，在任何时候都“依附”于该条款并以该条款结束。在对相关成文法语言的探究中，案例都占据着明确而具体的位置。这并不意味着所有的探究都是对成文法条款的明确讨论；对案件的分析往往是复杂的，我们虽然沉浸在这些分析中，但看不到任何法律规定。然而，总是有一条清晰的推理线索，使案例讨论与《法典》相联系。在整个课程中，我们持续地讲授这种关系，部分是通过教学结构（我们以法律规定开始每个主题、犯罪、问题等）讲授，但也偶然在课堂上讲授。例如，我们经常在辅导课上停止对案件的详细讨论（或在讲座中停止对案件的解释），问学生：“这些法官现在是在解释《法典》中的哪个词?”我们还使用了一个“跳跃点”的比喻来讲授法规的首要地位。总是有一个点，在这个点上法典的规定——创制犯罪、定义、周围的背景都用尽了，法院的作用开始了：适用，或者解释然后适用。当然，课程的这一方面是宪法原则在发挥作用：分权。在整个课程中，我们定期向学生提出这一观点。

最后，《格里菲斯法典》刑法课程的一个源于法律的完全成文法渊源的独特的组成部分，就是要求强调每个权威案例的地位。也就是说，强调法院的等级制度和说服性判决的相对权威。所有的刑法课程都必须讲授这一点，但我们发现在法典司法管辖区有一个特别的机会，因为所有判例法中的相对权威的“景观”是非常清晰的。从立法权的地域范围也界定了法院的司法权的限度的意义上讲，法典创造了非常明确的司法边界。相反，在适用普通法作为法律渊源的司法管辖区，存在着超越议会立法权的有约束力的司法权威［齐默尔曼（Zimmermann），1995年，第96、97页］。在不适用普通法（作为法律渊源）的地方，除了来自该地方司法管辖区的、由该司法管辖区法院等级制度内的法院（包括上诉法院）制定的案例权威外，没有具有约束力的案例权威。任何法规都是如此［见费恩（Finn），1992年，第7、8页］，不仅是法典。然而，在普通法不再是独立于立法的刑事责任渊源的情况下，我们就更容易看出约束性权威和说服性权威之间的区别，以及说服性权威的相对权重，也不容易将二者混淆。一个“普通法司法管辖区”的高等法院判决是否对另一个“普通法司法管辖区”有约束力，取决于高等法院是在裁决普通法问题还是在解释法规，这种区别有时非常复杂［例如，见 Babic v R（（2010）28 VR 297）］，并不总是能够明确地区分开来的。因此，虽然有约束力的判决和无约束力的判决之间的区别，以及无约束力的判决的相对权重之间的区别，可能会在法典司法管辖区内形成一个复杂的矩阵，但该矩阵本身似乎是一种明显的救济。

这意味着，我们讲授一些案例的目的与实体刑法一样，都是为了确定法律渊源和权威的地位。Bolitho v Western Australia（[2007] 34 WAR 215）一案是这方面一个很好的例子。上诉法院在该案中解释了《刑法典》(西澳大利亚州）第409条中“诈骗意图”这一要素的含义。上诉法院考虑的问题是，第409条规定的犯罪中的“诈骗意图”是否仅限于被告人有意剥夺他人在某种程度上与其财产或经济权利相关的利益，或者是否比这更广泛，包括有意剥夺他人的任何利益。博利托（Bolitho）女士诱导一名妇女相信她（博利托女士）是一名整形外科医生（其实她并不是)，基于这一信任，该妇女允许博利托女士治疗她受伤的肩膀。博利托打算剥夺该妇女的个人自主权，但没有剥夺她的财产或经济利益。大多数判决书都支持普通法案例关于“诈骗意图”的讨论，并引导学生考虑什么可以证明这一点。然后，他们在法院的成文法解释工作实践的背景下研究了法院对这些案例的处理。第409条中的词语的含义在其平义上和整个法条的背景下都显得非常广泛，但他们会在其立法历史中加以研究。该犯罪于1990年的一项立法改革中被重新修订，该项改革废除了一些具体情况的诈骗犯罪，并制定了这项一般犯罪。法院的结论是第409条中的“意图诈骗”背后的议会意图是制定一项与普通法中该语词含义相同的条款。这一结论为考虑所有相关的普通法案例打开了大门，包括上议院的基础性案例，如Re London and Globe Finance Corp Ltd [1903] 1 Ch 728 and R v Scott（[1975] AC 819)。

我们向学生强调，法院不是在适用（也没有宪法权力来适用）普通法；它是通过这些案例来获取关于第409条含义的“信息”，并通过法院关于该条款的立法意图的结论加以证明。然后，学生们会被问道：“那么，为什么上诉法院也在详细讨论Peters v The Queen（[1998] 192 CLR 493）一案?”彼得斯（Peters）案是一个高等法院的案件，涉及《1914年联邦犯罪法》中的阴谋诈骗罪。什么可以证明对该法案中的法律的依赖？然后，学生被引导到博利托案法院对彼得斯案的分析，联邦犯罪的一个要素是“意图诈骗”，与《刑法典》(西澳大利亚州）中的文字相同。高等法院将《1914年联邦犯罪法》中的这一用语解释为与普通法中的用语具有相同的含义。因此，学生们再次看到，博利托案中的上诉法院可以在广泛的案件中利用法律，但只是以限定的方式。它没有适用该法律的宪法授权，但有理由从普通法中寻求关于《刑法典》(西澳大利亚州）中的词汇含义的“信息”。

法典下的教学法：与普通法司法管辖区的相关性

本章的其余部分是对我们为《格里菲斯法典》制定的教学方法是否与普通法司法管辖区有共鸣的思考，以及对差异实际上是否是一个程度的问题而不是实质问题的思考。该法典的独特特点使我们所描述的教学方法成为必要：西澳大利亚的刑法课程必须是一门成文法解释课程，因为《刑法典》中的具体条款（前面所引用的那些）已经终止了普通法作为责任渊源的地位。更有可能强化普通法司法管辖区教学法基础的方法是，将刑法视为普通法和议会法之间的复杂平衡。然而，法典和普通法司法管辖区的统一法都是法规：其宪法性质是相同的；它们在法院和议会之间建立了相同的关系。议会制定法律，法院解释法律。无论哪里的法规都表明它取代了普通法。

既然如此，我们所确定的在《格里菲斯法典》司法管辖区的教学中产生的教学方法很可能在其他司法管辖区有一定的相关性和共鸣。法典为我们的课程提供了一个组织框架，一个成文法的“支柱”，允许我们在解读和理解立法如何运行方面进行持续的实践，以及一个不仅是学习实体刑法而且是约束性和不同说服性权威之间的复杂关系的工具。一部统一法并不能为刑法课程提供一个总体框架，因为它不是系统地编排的，也不包括刑事责任的一般原则。但它可以为其他实践提供一个基础。如果一项犯罪是由统一法的某一条规定的，该条必须被解构成一系列要素。对这些要素的解释，必须通过在法定和外在背景下解读条款的文字来确定其含义。这与法典要求的成文法解释方案相同。

关于作为讲授不同司法管辖区法律的相对权威的工具，同样的成文法解释原则也适用于统一法。任何法规的司法权威都是确定的，因为它与制定法律的议会立法权范围相一致；该司法管辖区法院系统以外的所有判例法都只是说服性的判例法。这样分析来看，法律解释的这一方面，即了解每个判例的确切地位以便进行手头的解释工作，对于普通法司法管辖区的刑法解释来说，与法典州的刑法解释同样重要。然而，作为在一年级的法学学科中讲授这一技能的工具，统一法可能不如法典合适。成文法和判例法的更复杂的混合使得这项工作本身更加复杂。

因此，尽管我们发现《格里菲斯法典》特别适合用于在刑法课程中讲授成文法解释技能，但统一法案（或任何法规）也需要这些技能的大部分方面。最后，我们注意到普通法的方法和推理形式对法典州的刑法教学法毫无帮助；

制定教学框架以准确反映法规（法典）的中心地位需要时间。尽管越来越多的刑法源于所有司法管辖区的立法，但普通法的法律思维习惯可能正在影响着与统一法有关的教学。换句话说，我们在法典司法管辖区努力实现的相同“逆转”，即从以案例为中心的方法到法典的首要地位，可能与以统一法为核心的普通法司法管辖区有关。

结语

澳大利亚的刑法统一法和《格里菲斯法典》之间有许多相似之处。然而，法典的系统性为刑法教学提供了一个清晰的组织框架。它有助于讲授刑事责任的结构，并提供持续的实践和对法规如何作为法律运行的理解。此外，该司法管辖区法律的完全成文法性为讲授成文法解释的基本技能、法院作为议会法规解释者的宪法角色以及对理解法院判决的相对权威和地位提供了机会。在这些方面，澳大利亚《格里菲斯法典》司法管辖区有着独特的教学方法。然而，在探讨了这种独特性之后，考虑到包括所有法规、法典和统一法的基本相同性，我们提出，《格里菲斯法典》司法管辖区中与法律解释有关的一些独特的教学实践很可能与澳大利亚所有的刑法司法管辖区相关。

参考文献

[1] Cadoppi, A. and Cullinane, K. (2000) ‘The Zanardelli Code and Codification in the Countries of the Common law’ *James Cook University Law Review*, vol. 7, p116.

[2] Council of Australian Law Deans (2015) *Council of Australian Law Deans Good Practice Guide to Teaching Statutory Interpretation*.

[3] Edwards, E., Harding, R. and Campbell, I. (1992) *The Criminal Codes: Commentary and Materials*, 4th ed., Law book Co.

[4] Finn, P. (1992) ‘Statutes and the Common Law’ *University of Western Australia Law Review*, vol. 22, p7.

[5] Gagelar, S. (2011) ‘Common law Statutes and Judicial Legislation: Statutory Interpretation as a Common law Process’ *Monash University Law Review*, vol. 37, p1.

[6] Goode, M. (2002) ‘Constructing Criminal Law Reform and the Model Criminal

Code' *Criminal Law Journal*, vol. 26, p152.

[7] Griffith, S. (1897) *An Explanatory Letter to the Honourable Attorney-General.*

[8] Tarrant, S. (2013) 'Building Bridges in Australian Criminal Law: Codification and the Common Law' *Monash University Law Review*, vol. 39, p838.

[9] Whitney, K., Flynn, M. and Moyle, P. (2000) *The Criminal Codes: Commentary and Materials*, 5th ed., Law book Co.

[10] Wright, B. (2008) 'Criminal Law Codification and Imperial Projects: The Self-Governing Jurisdiction Codes of the 1890's' *Legal History*, vol. 12, p19.

[11] Zimmermann, R. (1995) 'Codification: History and Present Significance of an Idea' *European Review of Private Law*, vol. 3, p5.

第 8 章　将刑法作为成文法解释讲授

杰里米·甘斯

正如格莱德希尔和利文斯在第 1 章中所观察到的，刑法教学的主流模式包含暴力犯罪和财产犯罪。墨尔本法学院的刑法和诉讼程序课程并非如此。事实上，自 2008 年该校开设新的法学博士课程以来，所有（2009—2010 年和 2014 年）或一半（2011—2013 年和 2015 年）的学生在学习刑法时都没有认真学习谋杀罪、过失杀人罪、强奸罪、袭击罪、盗窃罪或诈骗罪等主要犯罪类型。

取而代之的是，学生们学习了一门关于法定犯的通用课程，系统地学习了所有这些犯罪类型是如何被解读、执行以及如何遵守刑事责任的一般原则的，并重点关注关于犯罪严重性、纳入社区标准、纳入管理自由裁量权、法定例外以及被害人和州在实体刑法中的作用等主题的单元。在 12 周的时间里（即一个学期的课程），学生要研究十几个犯罪类型的实例，包括公共秩序罪、驾驶罪、污染罪、贩运毒品罪、职业健康罪和洗钱罪。核心课程讲授解读所有法规的一般法律和解读刑事犯罪条款的特殊规则，这些规则来自适用于维多利亚州的普通法和联邦刑法典条款。自 2012 年以来，该课程使用了新的教科书《澳大利亚现代刑法》（甘斯，2012 年），该教科书是为了将所有澳大利亚刑法作为成文法解释进行教学而撰写的。课程结束时的评估和课程中期的小组反馈评估要求学生审查他们没有学习过的法定犯，这些犯罪通常从来没有成为案例分析或附属文献的主题。

该课程的核心是主张成文法解释是研究当代刑法所需的核心技能。本章探讨了这种方法的基本原理和方法。

为什么要把刑法作为成文法解释进行教学

将刑法作为成文法解释进行教学（特别是以墨尔本法学院的教学方式进行教学）的理由包括以下几个方面：第一，刑事律师需要的关键技能是能够确定数以千计的刑事犯罪的含义，这涉及理解规定犯罪的文本可能与刑法的基本原则相互作用。将基本原则作为解释法定犯条款的核心任务的一个方面进行讲授，而不是作为一套单独的原则进行讲授至关重要。犯罪条款中一个难理解的词语的含义可以通过对该词语适用责任的相关原则加以解释（或强调）（例如，一个要求法院做出道德判断的词语，如猥亵、不诚实或剥削，如果附带的过错要素要求意识到该道德判断的可能性，那么问题就不大）。同样，如何将刑事责任的一般概念应用于一项困难的犯罪条文的问题，可能涉及考虑该犯罪条文是否应解释为接受（或不接受）该概念的应用（例如，不作为的责任取决于法定的作为义务这一规则的适用，可能会影响到如何解读一个可能带有开放式作为义务的词语）。其结果是，学生们被告知刑法是实体法（如整个法令全书中规定的犯罪）和核心概念（如普通法或刑法典中规定的概念）之间的结合，而且像所有的结合一样通常需要努力才能使其发挥作用。这与唐森和凯瑟琳·奥沙利文在第 2 章中提出的方法是一致的，他们认为不应将犯罪行为和犯罪意图的核心概念与实体法分开讲授，而应与犯罪行为一起作为整体讲授，并强调这些核心概念不一定适用于部分实体犯罪。

第二，要素分析为学习法定犯提供了一个基本的和易于使用的框架。当代要素分析是墨尔本法学院课程的核心，课程的前三周用于研究行为、结果和情节这三个核心身体要素以及适用于每个要素的刑事责任的一般规则。本课程每周都会运用一些现行实例（驾驶罪、污染罪和贩毒罪）来确定一系列不同的法定犯，通过为学习本课程的学生标准化这些基本要素的实用性和弱点，这些法定犯说明了核心概念和原则的实用性以及它们不太实用的情况。此外，课程后半部分的第一周用于分析纳入法院作出的判决或标准的罪行（如危险、不诚实、猥亵、冒犯、合理性等），以及将刑事责任分配给这些要素的多种方式（在澳大利亚，这些方式通常是含混的）。这与希尔德在第 3 章中赞成的方法相吻合，他认为要素分析的教学法的有用性可能会被专注于特定犯罪或教义的课程所掩盖，而在这些课程中，规范分析通常被边缘化。在学习普通法犯罪或者诸如过失杀人罪和盗窃罪等罪行时出现了这种掩盖，这些罪行的历史渊源早于现代刑事责任规范，而且严重依赖上诉注释，因此重视成文法解释的课程可以避免其中的一些错误做法。

第三，重视成文法的解释——这是所有刑事司法管辖区的共同特征——是对克罗夫茨和塔兰特在第 7 章中描述的澳大利亚各地刑事责任原则的分裂的一种制衡。罪行这一词语本身的含义至少在最初可以独立于适用的一般原则来理解。此外，正如克罗夫茨和塔兰特所指出的那样，法典可以为成文法解释提供一个很好的开端（就像成文法解释可以为法典提供一个很好的入口一样）。所有的澳大利亚司法管辖区都面临着一个相对复杂的新问题，即适用于该司法管辖区的联邦犯罪的不同的、更为现代的法典已在近几十年颁布。事实上，新的联邦法典——在很大程度上是澳大利亚普通法的书面版本——也提供了一个极好的讲授其他不规则的不成文法的方法（以及更具争议的是，在确定普通法和旧法典之间的共同特征方面）。

第四，行政犯与更严重的犯罪一起被视为更复杂的管理计划的组成部分，这些计划将各种犯罪类型与民事和行政规则结合起来。成文法解释的方法不仅容易涵盖现代刑事犯罪的范围——墨尔本法学院课程强调公共秩序罪、驾驶罪、污染罪、海关罪和税收罪等这样的重要制度，这不仅仅是作为顺便提及或延伸的主题，而是作为核心实例——它还允许随时讲授和评估刑事管理中较少学习的方面，如将制定管理决策（如许可或分类决定）纳入刑事犯罪的定义和法定辩护，如合理辩解、合法辩解和适当注意。事实上，本课程的最后一周研究了国家在刑事司法中的作用，包括可能授权刑事诉讼、实施犯罪，以及将管理者、检察官、被害人和法官的角色结合起来。一门注重成文法解释的课程自然会涉及基尔孔明斯等人在第 17 章中的熟悉但重要的论点，即传统刑法教学在很大程度上忽视了法定犯。

第五，课程教科书使用了现行犯罪实例——共 12 个，课程的每个部分介绍一个：公共秩序罪、公共场所罪、驾驶罪、污染罪、毒品罪、性犯罪、奴役罪、危害罪、洗钱罪、堕胎罪、家庭暴力罪和土地使用罪——而课程资料则用其他的犯罪类型（如社会安全罪、贩卖人口罪、诱骗儿童罪、杀人罪）补充这些例子。可以说满足了格莱德希尔在第 16 章中对课程结构的呼吁，即允许个别讲师选择哪些犯罪来说明基本原则。在这样的课程中，尽管重点有时也很重要，但是所有的法定犯都是可能的例子，当然很少或没有理由涵盖所有特定的犯罪类型。另一方面，课程教科书和资料中涵盖的实例数量之多也在一定程度上限制了这种灵活性，因为现行实例的数量可能会挤掉其他选择。向个别教师介绍感兴趣的更多实例需要宝贵的讲课时间（并要求学生进行新的解读），但可能无法说明与教科书中所涵盖的相同的一般原则（或做到同样有效地说明）。2015 年，该课程试行了一种修改后的结构，删除了部分章节，允许个别教师关注他们感兴趣的罪行，包括其他管理制度（如税务犯罪）和更传统的罪行（谋杀罪、盗窃罪）。

综上所述，将刑法作为成文法解释进行教学有助于解决传统刑法教学法中一些公认的问题：刑法的总则和分则部分被孤立，要素分析的教学被孤立或掩盖，特定司法管辖区的法典和/或普通法被边缘化，忽视法定犯，以及缺乏灵活性，不允许个别教师讲授他们感兴趣的罪行。以这种方式讲授刑法的一个更普遍的教学优点是，至少在一门必修课中注重成文法解释的技能，是对许多法学学位中不适当地强调案例分析的一个重要平衡。事实上近年来不同的利益相关者已经推动澳大利亚的法学院引入关于成文法解释的专门的必修课（法律入学咨询委员会，2009 年）。墨尔本法学院则以其刑法课程为例，认为这一目标在现有的必修课程中是可以实现的。这种方法肯定是可取的，避免了刑法成为一个孤立的（而且可能是不受欢迎的）法规学科。

这并不意味着所有的刑法课程或者其中任何一门课程都应该以这种方式进行教学。事实上，本论文集的其他章节提出了一些不将刑法作为成文法解释进行教学的理由。利文斯认为（第 12 章），刑法不应该与情景问题相分离；虽然其中一些问题（如伴随着刑事问题的成文的民事和行政规定）可以被纳入成文法解释模式，但其他问题（如社会背景和普通法程序）并不自然契合。斯蒂尔关于向学生介绍刑法政策的观点（第 9 章）在某种程度上可以被纳入成文法解释模式（特别是在该模式容易涵盖的犯罪范围内），但如果不采取谨慎的态度，只注重解读法规的技巧，就有忽视或贬低对这些法规的发展、改革和批评的考虑的危险。同样，注重法规的解读，虽然增加了对法律背景（包括议会在刑法中的作用）的重视程度，但却不重视非成文法背景（包括普通法、公众的看法和非政府利益相关者）。也许这种模式最明显的问题体现在奎因斯和托尔米的章节中（第 14 章和第 15 章），这些章节是关于少数族裔和土著人以及女权主义者对刑法的看法。充满法规和解读法规的法律课程将探索这些观点的传统渊源（如关键判决、批判性文献、不同的观点）边缘化，而注重刑事犯罪的广度，使得深入处理诸如强奸法改革、挑衅的部分辩护以及醉酒的犯罪化等话题的空间很小，这些都是刑法教学法在这些观点上的传统支柱。在过去，尽管我不相信教学方法的差异程度对学生是公平的（因为注重判例可能使这些学生对考试准备不足，而考试在没有判例分析的帮助下，要求他们面对以前没有学习过的法规），但是注重成文法解释已经迎合了那些希望以传统方式讲授刑法的讲师（例如，从关于杀人罪和强奸罪的上诉判例中汲取主要原则）。

毫无疑问，一些以杀人、强奸和盗窃为重点的课程是这样，这些课程并没有纳入很多背景、批判或其他观点，特别是随着课程的学期化和关键判例的增加。许多刑法教师已经善于在传统的结构中植入这样的资料，特别是在杀人罪辩护和强奸法改革的丰富领域。墨尔本法学院的课程旨在在不太明显的领域实现类似的目的，例如通过自由裁量权法探讨社会控制；通过不作为法探讨贫困法；通过结果法探讨环境法；通过量刑法、奴隶制法和堕胎法探讨女权主义；通过量刑法和土地使用法探讨土著观点。至少刑事司法政策的某些方面处于课程的前沿，该课程通过对成文法犯罪的内容和背景的学习，为过度犯罪化和民主缺陷提供了一个现成的、持续的例子。然而，选择将刑法作为成文法解释进行教学显然包含了对其他刑法教学目标的某种危害。

如何将刑法作为成文法解释进行教学

在传统的刑法课程中简单地增加一些成文法解释技能很容易做到。大多数传统课程在教授学生如何判断一项犯罪是否属于严格责任时，已经涵盖了一些成文法解释，也许还包括对所讲授的任何具体法定犯的解释。增加更多的内容（例如，更多的解释问题，或仅仅是更多的罪行），需要压缩或放弃课程其他方面的内容，以及在扩大评估的重点——增加的课程开发的资料上做出一些相当困难的决定。

在墨尔本法学院，当整个法学院（事实上是整个大学）在 2008 年进行重大变革时，即从与其他学位相结合向本科生讲授法律和其他专业学位课程，到专门作为研究生学科讲授专业学位课程的变革，一个从传统课程转换为成文法解释形式的机会就出现了。对法律来说，这不仅意味着一个新的学位（法学博士），而且意味着学生人数暂时下降，因为我们在等待来自我们自己大学的新的潜在的学生入学，完成他们新的基础广泛的本科学位。对于必修课，这意味着在一两年的时间里，每门课程都是由一名教师只为一两个班级授课。在 2009 年，我决定重新开始讲授刑法，是因为我参与了早些时候对证据学核心课程的同样巨大的改革，该课程的重点从法律原则和上诉决定转移到事实分析和审判文件。

与证据法的情况一样［帕默（Palmer），2011 年］，发展新刑法课程的关键步骤是改变评估方式。学生们被告知，期末考试只涉及学生没有学习过的法定犯。这就把刑法教学的一个核心主张，即学习刑法教给学生可以转移到任何其他犯罪上的技能完全应用到了考试上。这一步骤只能与评估方法的其他变化一起发挥作用。用于测试的犯罪将是成文法典中的真实犯罪。为测试目的起草一个假想的法定犯，对教师和学生来说既奇怪又令人沮丧，而且鉴于可以提供成千上万的真实的法定犯，因此也没有必要这样做。为了使学生能够进行成文法解释的调查方面的工作（解读冗长的法规，寻找相关的定义，研究可比较的条款，查找解释资料，寻找任何相关的判例），考试是在周末进行的，可以带回家进行。而且，为了确保学生深入地参与到法规中来——既不可能是只测试条款的一个狭窄方面的令人费解的假设事实矩阵，也不可能是只需要肤浅思考的一篇内容广泛的文章——必须由一位寻求未来事件建议的客户向学生们提出一个非常简短、满怀希望的真实动机的询问。

迄今为止，年终考试已经列举过海盗、贩卖人口、官方机密、大规模侵犯版权、擅自跟踪和出租车许可等犯罪。事实场景都来自近期发生的事件，例如，一位商业船队所有者为非洲之角的海盗行为制定员工协议，一个难民委员会就如何资助被偷运到澳大利亚的亲属向新移民提供建议，一名报纸编辑希望发布维基百科泄密事件，一家版权机构希望起诉互联网服务商向客户提供种子文件（torrents），一家社交媒体公司担心网络欺凌的责任，一个出租车管理机构希望起诉优步（Uber），等等。除了在测试成文法解释方面的好处外，这种模式还向学生介绍了传统法律评估所忽视的法律职业生活的一个方面：主动向客户提供关于计划行动的建议。考试和辛迪加（syndicate）练习场景中的客户包括政治活动家、管理者、保险公司和各种公司。对于大多数不打算从事刑法实践的学生来说，该评估强调了刑法对商业、政府和社区部门的法律实践的重要性。

随着新评估的实施，剩下的就是用刑事犯罪的成文法解释填满 12 周的课程。墨尔本法学院采取的方法是我在 2009 年年初特别制定的。第一步是将课程分为两部分，前六周专门讲授解读刑事犯罪的一般方法，后六周讲授该方法的变化。这种分法的动机之一是促进反馈练习，可以在课程进行到一半时测试整个“一般”的方法。然而，这种分法至少有一个缺点：课程在后半部分变得相当困难，这让学生（和一些教师）感到惊讶，几乎没有时间进行正式复习。近年来这门课程展现出积极的一面，课程的分裂性质自然允许在后半部分有更多的实验空间，包括部分回归到更传统的教学风格，以迎合其他教师的偏好。

“解读刑事犯罪的一般方法”包括三个相关部分：一般的成文法解释、自由裁量权在犯罪法规中的作用和要素分析。大多数法学教师都熟悉（而且很可能在入门课程中讲过）现代成文法解释，其呈现出语言、背景和目的“三位一体”的特征。在澳大利亚（我希望还有其他地方），在刑事犯罪的背景下，特别是在对某些犯罪的合宪性异议期间，对这些方法有着有用的司法处理。澳大利亚宪法权利制度薄弱，这意味着这些异议中有许多包括对公共秩序犯罪的言论自由的异议，这成为课程导论中的一个现行示例。在随后几周的模式中，本示例中的案例是与很少或根本没有得到司法讨论的新犯罪一起讲授的，如偷拍裙底和报复性色情犯罪。这些课程还考虑了与刑事犯罪特别相关的解释方法：刑法条款的严格解释和不愿意将条款解读为对普通法权利的减少（所谓的合法性原则）。

大多数法学教师认识到有必要强调自由裁量权在刑事司法中的作用。鉴于检察和量刑自由裁量权的作用，特别是在改善许多刑事犯罪所特有的过度宽泛和模糊性方面的作用，这种处理方式是对成文法解释的一种自然补充。墨尔本法学院采取的方法是重视自由裁量权如何改变法定犯的范围和影响，例如通过检察自由裁量权的公共利益方面（其关注的是一项犯罪是否是技术性的、过时的、有损公众信心等）和量刑自由裁量权的广泛关注（无论好坏，它都可以否定法律改革，并需要对具体的犯罪案例进行痛苦的排序）。此外，该课程还研究了警察自由裁量权（逮捕、向法庭申请作出裁决、命令或采取措施的权力等）和行政自由裁量权（许可、分类等）如何与刑事犯罪的范围相互作用，并在某些时候扩大或缩小刑事犯罪的范围。同样，这与澳大利亚的宪法有重叠之处，宪法也规定了刑事司法程序可以外包给行政部门的范围。

完成法规解读者和刑事司法决策者之间的这种现代“结合”的是一个第三方：刑事责任的一般原则。在这里，课程追踪了三种类型的身体要素（在澳大利亚联邦刑法典甚至其他地方得到认可）：行为、结果和情节（conduct，results，and circumstances）［或者，对于更有头韵体倾向的人来说，行为、因果关系和背景（conduct，consequences，and context）］。在连续几周的讨论中，都会在两个层面上审查每种要素类型：第一，如何确定特定案件的身体要素的含义；第二，适用于该类型身体要素的特定刑事责任原则。虽然这种讨论跟踪了传统课程中对诸如意图、轻率、因果关系和严格责任等事项的一些分析，但它是以一种既强调作为刑事责任基础的系统又强调该系统可能失效的方式来进行的。在这种方法中凸显的具体问题包括身份犯问题、对某些犯罪（如驾驶罪）适用任意要件的困难、不作为的法律（最近，澳大利亚高等法院就社会保障欺诈案反复提起诉讼）、因果关系的不同要求（例如，在杀人罪和污染罪之间的对比），以及一个新出现的问题，即主观过错要素是否不仅需要认识基础事实，还需要认识其法律性质（例如，奴隶制犯罪中占有的性质，贩卖人口案件中无名岛屿的国籍）。后一个问题在课程后半部分的第一周进行了整合，该周的课集中讨论危险、不诚实和猥亵等标准在刑事犯罪中的作用。

讲授此类一般性资料需要谨慎地使用示例，这些示例必须足够多样，以有力地涵盖一般概念，但是范围又必须足够狭窄，以避免使学生不知所措。在墨尔本法学院，该教学方法以犯罪类型为重点，在关于解释和（非量刑）自由裁量权的早期课程中学习公共秩序犯罪，然后作为行为、结果和情节要素的关键示例学习驾驶罪、环境犯罪和贩毒罪。在每个星期的课程中，都会从判例法中挑出一两个详细的示例：一名法学学生在地区步行街抗议言论管制，一个对在半公共的购物中心抗议者的起诉遭遇失败，一位醉酒乘客意外地启动了一辆汽车，一名懒散的乳胶送货员污染了一条小溪，一个被广泛讨论的在游轮上吸毒过量的死亡事件，一件棘手的标准机场毒品走私案件，一个在其他合法妓院发生的奴役案件。法定重点意味着这些学习并不局限于当地司法管辖区：该课程可以而且确实学习来自南澳大利亚的驾驶案件、来自加拿大的污染案件和来自美国的色情案件，包括将相似程度不大的法定犯和责任原则与维多利亚州的法定犯和责任原则进行比较和对比。

该课程的早期型式利用了较小的（和较少的）班级，并从案例和立法摘录中学习，而且学生需要在课上、课前和课后得到仔细指导。在剑桥大学出版社及时和灵活地委托编写这门课程的教科书之后，这给了我们足够的时间为该课程编写教科书，该教科书同时也是关于澳大利亚法定犯法律的专题书籍。教科书一经出版，就为学生提供了对许多具体法定犯的详细分析，对这些犯罪的解释方式与传统案例书解释案例摘要的方式相同。该教科书还在课程的后半部分整合了较难的资料，包括用一章的篇幅详细追踪单一的毒品进口（及相关洗钱）案例的犯罪性来涵盖未完成犯罪，以及对法定辩护和被害人及各州在犯罪定义中的作用的原始研究。通过涵盖基本的法规和案例分析，这本教科书允许在课堂资料方面有更大的灵活性，可以随时关注最近的争议，如恐怖主义、诱骗儿童和刑法对自然灾害的反应。

在对《澳大利亚现代刑法》[奥莱利（O'Leary）和格林（Greene），2012年]的评论中，两位昆士兰学者指出：对我们来说，它履行了其跨司法管辖区适用的承诺。我们戴着我们从业者的帽子，有兴趣了解其他司法管辖区的制度，并发现了许多刑法教材中似乎被忽视的知识宝库……然而，戴着我们的学术帽，我们不相信这种教学方法的实用性。我们发现，在获取可适用的法律方面，它有点复杂。甘斯可能已经提供了鱼竿，但很难知道该把鱼线投向哪里。我们预计在内容传授方面会遇到困难，并希望更多地了解甘斯如何应对这个问题。

作者们正确地预见了困难。学生们发现这门新课程具有挑战性，教师们也是如此。在迄今为止的七次授课中，每次都对课程进行了重大修改，毫无疑问，另一所使用该教材的法学院也是如此（悉尼的麦考瑞大学）。这些困难需要与该课程的教学回报相平衡。就我个人而言，我现在无法想象以任何其他方式讲授刑法。

评估和课程的任何重大改变都需要让多个利益相关者参与进来。对于法学院而言（除其他事项外，还担心在带回家的考试中出现抄袭或串通的情况），特别是考虑到需要建立新的作为研究生学位的法律博士的诚信，以及用于讲授证据法的类似带回家考试的成功，新的刑法带回家考试的新颖性和深度是一个卖点。对于法律专业的学生来说（除其他事项外，他们关心的是一个要求与其他法学学科完全不同的学习习惯和写作风格的考试），在起初几年里答案是广泛的（可评定但可补救的）形成性练习（以小组形式进行，所有人都可以获得非常详细的反馈），这也是一个教学机会；有时，我会在一个学期内安排多达八项这样的任务，鉴于有成千上万的实际犯罪可以利用，这些任务是很容易实现的。对于其他法学教师（他们从第二次课程开始逐渐加入）来说，一开始的诱因是评估模式仍然适用于以杀人罪等为重点的传统教学（毕竟，这是为了讲授可转移到刑法其他部分的技能）；最近（和在更现实的情况下），通过放弃后期的一些关于成文法解释的专门方面的单元（例如，合理辩解、被害人原则、王室保护），传统教学被容纳进来，以便深入考虑个别讲师选择的两种犯罪类型（通过传统的论文问题和带回家的成文法解释问题进行测试）。

另一个需要容纳进来的利益相关者是专业人员，他们可以成为法学教学中的一股惯性和变革力量。转向成文法解释的做法激发了一些专业人士的热情（例如，诸如工作安全或清算犯罪等成文法刑法方面的专家，他们要求我为他们的研究生教员讲授该课程的专业版本）。而很多其他方面的人（包括一些法官）则直摇头，他们无法想象一门没有杀人罪的刑法课程。一个似乎更重大的障碍是澳大利亚详细的（最近在全国范围内采用的）法律执业资格的学术要求，其中规定了9个刑法主题的教学清单，包括“谋杀和犯罪”，这带来麻烦的是要求涵盖维多利亚州的两个普通法犯罪，即谋杀罪和过失杀人罪［见法律职业统一准入规则 2015 年（新南威尔士州），附表 1］。幸运的是，这些要求的起草者未必会提供一个有远见的选择，只要求学习两个更广泛的犯罪类别：

> 这些主题应提供刑法的一般教义知识，特别是考察侵犯人身和财产的犯罪时，还应选择性地处理各种辩护和刑事诉讼的要素。

更幸运的是，该行业在 2011 年开始积极推动将成文法解释添加到必修的大学学科清单中，特别是要对其进行专门评估（法律入学咨询委员会，2009 年）。澳大利亚法学院反驳的理由是，现有的课程中已经讲授了成文法解释技能。在墨尔本法学院（至少）这一说法是显而易见的，这在很大程度上要归功于刑法及其评估。其结果是在某种程度上扭转了刑法课程发展的压力；刑法的任何修改现在都要由法学院审查，以确保成文法解释仍然是重点。

简言之，在五年的时间里，墨尔本法学院将刑法作为成文法解释进行教学的方法，经历了从一个产生于更广泛的大学的外部变化的偶然机会的产物，到转变为被一个产生于由非大学利益相关者所追求的更广泛的法学教学法的偶然的新运动所确定的过程。这究竟是巧合还是恣意，还是协同的效果，将由其他人来判断。

参考文献

［1］Gans, Jeremy, *Modern Criminal Law of Australia*, Cambridge UP, Melbourne, 2012.

［2］Law Admissions Consultative Committee, *Approaches to Interpretation*, Law Council of Australia, 2009 available at: <http: //www1. lawcouncil. asn. au/LACC/images/pdfs/Approaches toInterpretationLawSchools. pdf>.

［3］O' Leary, Jodie & Greene, Elizabeth, ' Book Review: Modern Criminal Law of Australia' (2012) 24 *Bond Law Review* 178.

［4］Palmer, Andrew, ' Why and How to Teach Proof' (2011) 33 *Sydney Law Review* 563.

第9章　动摇的基础：刑法作为批判法律中教义的核心地位假说的手段

亚历克斯·斯蒂尔

刑法是一门学生通常在攻读学位早期学习的课程，因此它被视为一门基础课程，不仅讲授刑法，而且还讲授一系列更普遍的法律技能。正因为如此，学生需要一门结构清晰的课程，让他们产生“理解”某些东西的感觉。这种结构往往围绕着一般原则的课程，然后是关于核心犯罪的课程和它们如何适用这些原则的课程。这使学生有机会学习如何将犯罪分解为其要素，以及如何使用司法声明来解释这些要素的范围。然而，如果不对一般原则采取批判性的方法，学生可能会对刑法在实践中的应用产生过于简单的理解，并不加批判地接受教义的明确性主张。

刑法的结构分离

这种“适用于核心犯罪的一般原则”的结构深深地嵌入法学课程中。它有很长的历史。由于19世纪末部分学术作家努力将法律视为一门科学（辛普森，1981年），关于特定法律领域的论文描述了特定的教义领域，这些论文占据了主导地位，并影响了课程如何发展。例如，编制关于侵权行为［如《波洛克论侵权法》（*Pollock on Torts*）］和合同的独立的课本［如《奇蒂论合同法》（*Chitty on Contracts*）］与在大学中开设独立的课程同步：一门融合了合同和侵权行为的“民事责任”课程仍然很奇特。

同样，刑法也长期被视为一个独立的教义领域。执业者接收机构通常要求法学院讲授一个单独定义的法律领域，该领域被称为“刑法”。

法典中的情况并非如此。虽然通常有《犯罪法》或《刑法典》，但往往有单独的法案处理刑法的各个部分（如盗窃罪、公共秩序犯罪、毒品犯罪），而且也有包含刑事制裁的完整的法规制度（如版权法、公司法、交通条例、土地法）。尽管法规制度经常包含民事和刑事规定，但涉及这些制度的课程则很少对刑事方面给予足够的学习时间。公司法、知识产权等方面的课程往往会因为这种教科书/课程主导的分离而淡化其教义领域的刑事要素。这些课程很少考虑这种法定犯是否属于刑法原则的某些整体概念一部分的问题。刑法课程也倾向于掩盖与其他法律领域的联系（本・利文斯在第 12 章中提到了这一点）。这也是因为教科书作者采纳了限定刑法核心的方式。

教科书的结构作用

如第 1 章所述，现代教科书通常将刑法分为一系列明确的章节，这些章节按照教义领域编排：基本原则、谋杀罪/过失杀人罪、攻击罪/性攻击罪、盗窃罪/诈骗罪、刑事责任的延伸、辩护。这被认为是一种非历史性的、永恒的、合乎逻辑的划分。但这是一种误导，通过与过去的比较就可以看出这一点。威廉・布莱克斯通（William Blackstone）在 1769 年的《英国法释义》（产生于布莱克斯通的牛津讲义）中以非常不同的方式排列刑法。布莱克斯通将法律分为私法和公法，这种区分导致他将其评注安排如下：

> 我将……把直接或因其后果损害市民社会，根据英国法律应受处罚的几种犯罪在以下一般标题下加以区分：第一，那些直接损害上帝和他的神圣宗教的行为；第二，那些违反和违背国际法的行为；第三，那些特别影响国家、国王及其政府主权执行权的行为；第四，那些更直接侵犯公众权利或共同财富的行为；最后，那些损害属于特定个人的、社会有兴趣保护和维护的权利和义务的行为（布莱克斯通，1979 年，第 42 页）。

在关于行为能力和从属关系的章节之后，《英国法释义》有关于侵犯上帝和宗教罪（25 页）、违反国际法罪（8 页）、叛国罪（20 页）、损害国王特权的重罪（8 页）、蔑视王权罪（17 页）、蔑视政府罪和藐视法庭罪（8 页）、侵犯公共正义罪（15 页）、侵犯公共和平罪（12 页）、侵犯公共交易罪（7 页）、侵犯公共卫生和经济罪（15 页）、杀人罪（29 页）、侵犯人身罪（15 页）、侵犯居住罪（9 页）以及侵犯私有财产罪（19 页）的章节。每个领域的处理范围都反映了布莱克斯通希望表达政治观点的程度；例如，关于蔑视王权罪一章主要是对纸币邪恶观点的广泛抨击。

重要的是，布莱克斯通的编排是第一个试图将普通法犯罪和日益增多的法定犯系统化为一个整体框架的编排。他将危害主权的犯罪列为最重要的犯罪，然后是干扰市场和侵犯个人的暴力犯罪，最后是干涉个人财产利益的犯罪。这种编排具有明显的政治目的，那就是展示普通法的根本特征，并批判大量拙劣起草的法定犯。因此，在第四版的导言中，他认为：

> 与刑法的重要性相适应的是，立法机构在正确制定和执行刑法方面也应当给予关心和关注。刑法应该建立在永久性、统一性和普遍性原则之上；并且始终符合真理和正义原则，符合人类的感情，符合人类不可磨灭的权利的要求：尽管它在某些时候（只要不违反这些永恒的界限）可以根据它所要治理的国家的局部或偶然的需要而被修改、缩小或扩大。然而，要么是由于在起初制定法律时没有注意到这些原则，而采用贪婪、野心和报复的冲动决定来代替它们；由于保留了胜利的征服者或派别在政府的各种革命中制定的不和谐的政治规定；要么由于对打算暂时实施的，而且（正如培根勋爵所言）仅仅由于一时冲动而制定的制裁给予持久的效力；要么最后为了抑制某些非常普遍的犯罪行为的发展，过于匆忙地采用了与目的极不相称的手段；或者由于所有这些原因，在欧洲的每个国家，刑法都比民法更加粗鲁和不完善（布莱克斯通，1979 年，第 2、3 页）。

作为这种缺陷的例子，他指出：

> 在制定可能影响成千上万人的财产、自由甚至生命的法律时，当然也有必要采取适当的预防措施。如果早有这种参考，在 18 世纪就不可能把掘开鱼塘的土堤（无论多么恶意），因此让所有的鱼都逃掉，或砍伐果园里的一棵樱桃树定为死罪。即使任命一个委员会一百年进行一次刑法修订，也不可能到现在还把在一个月内被看到与自称或被称为埃及人的人在一起，作为不利于神职人员的重罪。[布莱克斯通，1979 年，第 4 页；另见肯尼迪（Kennedy），1978 年；斯特恩（Stern），2013 年；比较沃森（Watson），1988 年]。

自 18 世纪以来，尽管教科书上的批评已经变得更加柔和，但学术界对法律和政治秩序的看法似乎没有什么变化。

布莱克斯通的系统化将王室的大量诉求重新改写为一种看似合乎逻辑的秩序，在各种法案和普通法判决中并不明显。这种将法律理想化为合理体系的努力是我们今天构建刑法教义的开始。

随后，有影响力的英国作家包括杰里米·边沁（Jeremy Bentham）、爱德华·海德·伊斯特（Edward Hyde East）、詹姆斯·菲茨詹姆斯·斯蒂芬斯（James Fitzjames Stephens）、威廉·拉塞尔（William Russell）、格兰维尔·威廉姆斯（Glanville Williams）和安德鲁·阿什沃思（Andrew Ashworth），延续了这一进程。每位作家都试图重新组织和进一步合理化刑法全集。有些人强调个人的权利，有些人强调个人的财产权。有的人淡化了责任辩护的重要性，有的人则增强了责任辩护的意义。随着时间的推移，心理要素和一般原则的观念变得很重要。重要的是，每个作者都有一个议程。

同时，阿什沃斯（Ashworth）和霍德（Horder）在《刑法原则》（阿什沃斯和霍德，2013 年）的第 2 章和第 3 章中，甚至制定了一套广泛的刑法原则。这些章节以其概括刑法自由主义理想的方式，以及这些章节在很大程度上缺乏任何司法或立法权威的原则而引人注目。它们可以说是教科书中将刑法重新定义为一种合理和公正的法律制度的学术计划的高潮。

这些原则是规范性的，是基于哲学立场的，具有很强的政治性，并让学生根据这些原则对现有的刑法进行否定性评价。这的确可能是高等教育的目的——为学生配备一套批判的工具——它们是对刑法现状进行学术评论的重要素材。但是，重要的是当我们讲授刑法时，也要确保学生们能够了解到，在制定或适用法律时很少有政治家和低级法院的法官会注意到这种规范性立场。这些原则对你撰写文章有帮助，但对你代表客户没有帮助。作为学者，我们希望这些原则能够影响法律的制定，并支持有原则的法律改革委员会的报告，但这些原则经常被回应社会对犯罪的关注的政治家们所破坏（参见阿什沃斯，2000 年；布朗，2013 年）。

传统教科书中的这种规范性方法也意味着要围绕什么是刑法、什么不是刑法以及什么是重要的学习内容来设定界限［参见胡萨克（Husak），2003 年］。在实践中，关于任意性（voluntariness）和意图（intention）的教义的细微区别很少有争议——最紧迫的问题是确定哪项指控是合适的，需要证明哪些行为，以及是否有证据可以说服地方法官或法官。然而，教科书通常会占用大量的篇幅，详细分析高级法院关于一般原则的判决，然后匆忙讨论经常被起诉的复杂的法定犯——如果教科书提到这些法定犯的话。布莱克斯通对成文刑法的偏见在许多课本中仍然存在。

教科书中对“核心”犯罪的关注与通过强调基本“原则”对这些犯罪进

行分析的结合，强化了刑法的学术性、非历史性观点。这种观点很重要。它是高级法院描述刑法的主要方式，也是学生重要的启发式学习平台。但任何刑法从业者都知道，在与执法部门或下级法院打交道时，这种“书本上的法律”对日常法律实践没有什么作用。

这并不是说所有的刑法教科书都是这样编排的，也不是说所有的作者都没有意识到这种抽象化的教义过程。在现代摆脱这种方法的先驱是《刑法：资料和对南威尔士州刑事程序和诉讼的评论》（布朗等，2015 年）和《重构刑法》（威尔斯和奎克，2010 年），这两本书都是在 1990 年首次出版。更为激进的是杰里米·甘斯的《澳大利亚现代刑法》，完全摒弃了传统的一般原则/严重犯罪方法。他的书将刑法的结构划分为词语、选择、行为、结果、情节、量刑、标准、群体、失败、例外、被害人、国家（甘斯，2011 年）。这种分类的陌生外观凸显了教科书严格定义刑法教义的方式的力量。

《刑法》（笔者现在是该书的合著者）是从 20 世纪 80 年代以来在新南威尔士大学讲授的刑法课程中产生的。该书将刑法的教义的具体化置于其更广泛的文化和政治环境中，以证明事实上不是一部刑法，但是正如书的标题所示，而是“一系列不同的‘刑法’”（布朗等，2015 年，第 1 页），并且这些法律都值得批判。正如《刑法》的导言一章所指出的：

> 在传统的刑法学习方法下，调查对象不被视为有问题。假定每个人都知道并接受刑法“是”什么。这是一个自我实现的预言。其结果是，对于刑法应该涵盖哪些内容有相当程度的共识，但这种共识被认为是理所当然的，很少成为反思的对象。[通过专注于历史悠久的普通法犯罪]……由此产生的结果是一部具有必然性的刑法；它的有效限制似乎没有问题。
>
> 这是一幅基于对刑法某些感知本质的不言而喻的假设的图景，它隐藏了关于刑法是什么——它的潜力和限制——的关键问题。这是一个法律职业人士的刑法观；目前的任务至多被视为一项法律改革，它需要刑事律师的专业知识，而不是需要更广泛的专家和社区代表做出贡献的社会决策（布朗等，2015 年，第 2 页）。

艾伦·诺里认为，这种抽象的一般原则观念与 18 世纪的教科书作者和改革者的议程之间存在着联系，他们决心建立一个能够支持中产阶级市场经济的法律体系。这些改革者忽视了犯罪的社会根源和关于市场和法律作用的非常真实的冲突。相反，他们创造了一个抽象的“经济人”或“司法人”的理念：“从真实的人身上抽象出来，强调人类生活的一个方面——推理和计算的能力——以牺牲每一种社会环境为代价，这种社会环境实际上使个人以特定的方式进行推理和计算。”（诺里，2014年，第26、27页）

因此，在讲授刑法时，我们需要知道上诉法院的裁决是如何使用一般原则而不考虑罪犯和被害人的真实生活的。我们需要找到方法，将刑法中的大部分政治特征带回课堂。这一点在一定程度上是通过强调刑法教学的更广泛的背景（斯蒂尔，2013年）、当事人的现实生活事实［默茨（Mertz），2007年］以及对如何识别和管理行为的矛盾性构想来实现的。本卷中的其他章节探讨了背景的重要性：见拉夫南、奎因斯和托尔米（第13～15章）。梅兰妮·施瓦茨（Melanie Schwartz）和我也在其他地方讨论过这个问题（斯蒂尔和施瓦茨，2013年）。

付诸实施

下面将介绍如何安排课程，以便将“核心犯罪”去中心化，而采用更现实的方法处理刑法问题。新南威尔士大学的刑法课程·（犯罪与刑事程序和刑法）允许学生在一个更广泛的批判性环境中，通过一系列的并列关系学习一般原则。处理犯罪和问题的顺序是为了抵制抽象化倾向。

程序、警察和原则

《犯罪与刑事程序》从关于犯罪化和刑罚的课程开始（理论、历史和殖民，强调土著人的过度监禁），然后带领学生经历预审和审判程序。重点放在简易司法和当场罚款通知的范围，以及它们与上诉判决中判决的可起诉司法的详细形式的对比上。无罪推定、公平审判权、未经审判不处罚等言论与检察机关无处不在的自由裁量权，最近对保释、法律援助和陪审团作用的高度政治干预形成对比。特别是新南威尔士州的保释法经常被修改，而且越来越具有惩罚性［布朗和奎尔特（Quilter），2014年；斯蒂尔，2009年］，这表明刑法的变化具有高度的政治性和无规律性，但是却迅速而且显著。

然后，注意力转向警察的作用，特别是高度的、实际上不可审查的自由裁量权和对不同人口特别是土著居民管理的不同。突出警察的自由裁量权的重要性是为了证明他们在定义犯罪方面的把关作用［狄克逊（Dixon），1997年］，这些定义可能与议会和法院的理解不一致。这一领域的立法变化也可以证明警察对其自由裁量权施加了重大政治控制［森塔斯（Sentas）和麦克马洪（McMahon），2013 年］。学生们自己也经常与警察打交道，让学生考虑他们质疑警察行为的实际能力可能会很有吸引力。学生们还花三天时间观察刑事法庭，在那里他们看到了运行中的司法系统，并可以将他们对关键行为人角色的理解融入学习。

在这一点上，教科书介绍了被称为普遍适用的刑法的组成部分：行为能力和责任、犯罪行为和构成行为的内容、犯罪意图和犯罪心理如何与环境分离、举证责任和“金线”原则。教科书还根据法院试图制定原则性方法将犯罪意图纳入法定犯以及广泛使用严格责任，对普通法概念进行了审查［Sweet v Parsley（［1970］AC 132）；He Kaw Teh（［1985］157 CLR 523）；B v DPP（［2000］2 AC 428）］。将这一讨论放在程序和参观法庭之后，意味着当学生接触到这些原则时，他们已经对刑事司法的现实有了细微的理解，并且可以评估这些原则在多大程度上构建或未能构建日常司法。他们可以根据严峻的现实来判断抽象的理念（参见诺里，2014 年）。

将这些原则适用于犯罪

传统上，对刑法组成部分的讨论是通过对杀人罪的详细分析来证明的。这加强了这些原则的中心地位。但杀人罪在很大程度上是不典型的（布朗等，2015 年，第 744 页）。关键概念是以普通法为基础的，在责任方法上有着广泛的基于哲学的司法发展历史，并且有许多其他罪行所没有的辩护理由。

因此，《犯罪与刑事诉讼》却首先研究了两个成文法的刑事制度，即《1985 年新南威尔士州滥用和贩运毒品法》和《1988 年简易犯罪法》。这两个法案显然是有争议的和政治性的，在地方法院的起诉中占了相当大的比例，而且将大多数学生经验范围内的行为认定为犯罪。在周围的评论中强调了法律及其实施对健康和社会的影响（参见斯蒂尔和施瓦茨，2013 年）。但这些法律本身也是非常有用的工具，可以证明一般原则的适用范围有限。

《毒品法》是一个复杂的成文法制度，它包含了从简易程序到可终身监禁公诉罪的一系列犯罪。鉴于缺乏任何相应的普通法历史，该法提供了一个极好的机会，可以要求学生从整体上解读法案，并让他们体验到第一部刑法是以成文法而不是以普通法为基础的。最重要的是，将一定重量的毒品视为意图交易毒品的证据的做法，代表了议会有意选择设立与犯罪一栏表中任何其他犯罪一样严重的犯罪，但却没有遵守 He Kaw Teh 和 Woolmington［1935］AC

462 等判决中的重要的一般原则。该法将责任扩大到“参与”形态或处于犯罪初级形态的人，也证明各国议会愿意将主要犯罪的犯罪行为之前的高度未完成行为犯罪化。这凸显了一般原则在面对强烈的定罪的政治愿望时的岌岌可危的地位。

《简易犯罪法》也是一个成文法的制度，可以要求学生从整体上解读。与毒品犯罪相比，这些犯罪作为警方的自由裁量的犯罪有着非常悠久的历史。根据前文对警察权力的讨论，对这些犯罪的讨论可以证明，这些犯罪很容易被滥用，并被用来对付特定人群，通常是土著人。

公共秩序罪代表了“一般原则”适用不一致的一个非常明显的示例。犯罪的身体要素往往是非常主观的，并以社会反应为基础。例如，已判决的案件让学生看到，法院如何不一致地臆断社会会认为什么是“侵犯性的”。此外，尽管高等法院对犯罪意图的推定做了声明，但关于这些犯罪的心理要素或其范围的法律却很少［参见 Coleman v Power（［2004］220 CLR 1）；Morse［2011］NZSC 45］。这使得学生们可以讨论这些犯罪适当的心理要素应该是什么。它还突出了法院对所谓的严重犯罪和非严重犯罪的不一致的关注。以分析严重的可公诉犯罪的相同的方式来分析简易程序犯罪可能是一项具有挑战性和有趣的工作［例如，见麦克纳马拉（McNamara）和奎尔特，2015 年；奎尔特和麦克纳马拉，2013 年］。

处理暴力的方法

在新南威尔士大学的第二门课程“刑法”中，讨论了“核心犯罪”，但着重强调了它们是如何在政治上构建的。从 2016 年起，继续对杀人罪作为陈旧的犯罪予以去中心化，首先审查的是普通攻击罪。通过男性暴力和同意体育暴力的例外情况的视角［斯坦登（Standen），2009 年］，但是考虑布朗案（Brown）［1994］1 AC 212 及其对同性恋恐惧的强烈建议［毕宾斯（Bibbings）和阿尔德里奇，1993 年］，对同意施虐受虐狂的暴力不承认例外情况，来审查攻击罪的要素。

强调通过更广泛的同意的例外情况避免不必要的定罪和强调犯罪意图，然后与性侵犯罪进行对比。强调争取适当的法律以识别性暴力的斗争，以及女权主义者和传统自由主义的证明和同意观念之间的紧张关系。这些课程被用来证明任何刑事责任的一般原则概念都是人为的，相反，需要认识到，处理责任的方法在很大程度上是被禁止的行为形式的产物。朱莉亚·托尔米更详细地讨论了这些问题（第 15 章）。

然后对杀人罪进行了研究，接着是辩护、盗窃和欺诈以及共犯。

杀人罪的问题化

虽然杀人罪经常被作为刑法一般原则的支点来讲授，但其中有很多问题。尽管历史上的判例法发展了对严重犯罪的完全故意的犯罪意图的要求，但杀人罪仍然深受重罪（或推定）谋杀的成文法保留和现代干预措施如澳大利亚的一拳杀人法的影响（奎尔特，2015 年）。过失杀人罪和谋杀罪具体抗辩的理性人概念背后的高度性别化历史，也暴露了表面上抽象教义的高度的政治化背景。法律试图界定不作为的责任的方式也很有启发。在 Stone 和 Dobinson［1977］1 QB 354 一案中，对被告人的注意义务的强调掩盖了福利服务失败这一更广泛的丑闻。与毒品有关的死亡的责任是如何构建的，这表明了教义的道德基础［参见伊文斯［2009］1 WLR 1999 和伯恩斯（Burns）［2012］246 CLR 334］。对比个人杀人和法人杀人的方法，也凸显了确定责任时的政策考虑。

辩护——开脱罪责的政治限制

对非政治性一般原则的要求的限制可能在刑事辩护中最为明显。首先，可以说精神辩护只适用于可起诉的犯罪，而不适用于简易程序犯罪（NSWLRC 2013，43）。这种可用性是基于形式而非实质。其次，这些辩护在举证责任方面是不一致的。一些辩护只适用于一部分犯罪或只适用于谋杀。这些辩护与过时的思想观点（见艾莉·拉夫南，第 13 章）和性别歧视、性别态度（克罗夫茨和拉夫南，2013 年）有很大关系。然而，尽管各国议会迅速制定了新的犯罪并取消了证据的推定要件，但人们仍然极不愿意使辩护现代化和重新考虑辩护。可以说，这是因为辩护是对 18 世纪改革者的抽象的“司法人”的直接挑战。

盗窃和欺诈——保护财产利益

财产犯罪具有很强的政治性，判例法证明了对法律作用的强烈司法信念。盗窃法与 18 世纪的改革作用有很大关系，乔治·弗莱彻（George Fletcher）很好地突出了盗窃罪从公共秩序罪转为保护财产利益罪的方式（弗莱彻，2000 年）。盗窃罪的复杂性凸显了法院在日益复杂的社会安排中继续为财产所有者提供保护的长期斗争（斯蒂尔，2008 年）。英国《盗窃法》对这些界限的重新划分，以及法院支持可疑的陷害起诉的热情（如 Hinks [2001] 2 AC 241）——甚至以破坏刑法的自由原则为代价，这也是刑法中原则的适用的可变性的一个有力例子。

日益普遍的取款诈骗和不诚实犯罪也证明了依赖表面的心理状态确定责任的现代转向，也为共犯提供了一个转机。

共犯——政治和恐怖

最后，以对共谋和其他形式的共犯的分析作为课程的结尾，这有力地证明了自由主义核心原则的概念与保护社会免受犯罪集团的可感知风险（麦克纳马拉，2014 年）和接受未来的不法行为的风险可以证明基于社团的犯罪是正当的政治驱动力之间的紧张关系。可以从结伙犯罪向恐怖主义犯罪发展的历史过程建立这种联系［麦克谢里（McSherry），2004 年］。

结语

由于刑法在课程中的早期地位，课程的结构对学生来说是很重要的，而一般原则的理念仍然是提供这种结构一个关键方式。学生需要一个预先确定的逻辑框架来帮助他们理解大量的法律。这种抽象化和重新分类的过程是批判性思维的一个基本要素，这也是毕业生的一个重要品质。而法定犯虽然往往与一般原则相悖，但却是根据这些原则来起草和解释的。但是，在提供这一框架的同时，有可能以批判的方式这样做，并对刑法原则的抽象化趋势提出问题。

参考文献

[1] Ashworth, Andrew. 2000. "Is the Criminal Law a Lost Cause?" *Law Quarterly Review* 116 (2): 225-56.

[2] Ashworth, Andrew, and Jeremy Horder. 2013. *Principles of Criminal Law*. Oxford University Press.

[3] Bibbings, Lois, and Peter Alldridge. 1993. "Sexual Expression, Body Alteration, and the Defence of Consent." *Journal of Law and Society* 20: 356.

[4] Blackstone, William. 1979. *Commentaries on the Laws of England*. Chicago: U-

niversity of Chicago Press.

[5] Brown, David. 2013. "Criminalisation and Normative Theory." *Current Issues in Criminal Justice* 25: 605.

[6] Brown, David, David Farrier, Luke McNamara, Alex Steel, MichaelGrewcock, Julia Quilter, and Melanie Schwartz. 2015. *Criminal Laws: Materials and Commentary on Criminal Law and Process of New South Wales*. Federation Press.

[7] Brown, David, and Julia Quilter. 2014. "Speaking Too Soon: The Sabotage of Bail Reform in New South Wales." *International JournalFor Crime, Justice and Social Democracy*, 3: 4.

[8] Crofts, Thomas, and Arlie Loughnan. 2013. "Provocation: The Good, the Bad and the Ugly." *Criminal Law Journal* 37: 23.

[9] Dixon, David. 1997. *Law in Policing: Legal Regulation and Police Practices*. Vol. 239. Clarendon Press Oxford.

[10] Fletcher, George P. 2000. *Rethinking Criminal Law*. Oxford University Press.

[11] Gans, Jeremy. 2011. *Modern Criminal Law of Australia*. Cambridge University Press.

[12] Husak, Douglas. 2003. "Crimes Outside the Core." *Tulsa Law Review* 39: 755.

[13] Kennedy, Duncan. 1978. "Structure of Blackstone's Commentaries, The." *Buffalo Law Review* 28: 205.

[14] McNamara, Luke. 2014. "A Judicial Contribution to Over-Criminalisation?: Extended Joint Criminal Enterprise Liability for Murder." *Criminal Law Journal* 58: 104.

[15] McNamara, Luke, and Quilter, Julia. 2015. "Public Intoxication in NSW: The Contours of Criminalisation." *Sydney Law Review* 37: 1.

[16] McSherry, Bernadette. 2004. "Terrorism Offences in the Criminal Code: Broadening the Boundaries of Australian Criminal Laws." *University of New South Wales Law Journal* 27: 354.

[17] Mertz, Elizabeth. 2007. *The Language of Law School: Learning to 'Think Like a Lawyer.'* New York: Oxford University Press.

[18] Norrie, Alan. 2014. *Crime, Reason and History: A Critical Introduction to Criminal Law*. Cambridge University Press.

[19] NSWLRC. 2013. "People with Cognitive and Mental Health Impairments in the

Criminal Justice System: Criminal Responsibility and Consequences." 138. New South Wales Law Reform Commission.

[20] Quilter, Julia. 2015. "Assault Causing Death Crimes as a Response to ' One Punch' and ' AlcoholFuelled' Violence: A Critical Examination of Australian Laws." In Thomas Crofts, Arlie Loughnan (ed) Criminalisation and Criminal Responsibility in Australia, Oxford University Press. http://ro.uow.edu.au/lhapapers/2012/.

[21] Quilter, Julia, and Luke McNamara. 2013. "Time to Define the Cornerstone of Public Order Legislation: The Elements of Offensive Conduct and Language under the Summary Offences Act 1988 (NSW)." *University of New South Wales Law Journal* 36: 534.

[22] Sentas, Vicki, and Rebecca McMahon. 2013. "Changes to Police Powers of Arrest in New South Wales." *Current Issues in Criminal Justice* 25: 785.

[23] Simpson, A. W. B. 1981. "The Rise and Fall of the Legal Treatise: Legal Principles and the Forms of Legal Literature." *The University of Chicago Law Review* 48 (3): 632–79. doi: 10.2307/1599330.

[24] Standen, Jeffrey. 2009. "The Manly Sports: The Problematic Use of Criminal Law to Regulate Sports Violence." *The Journal of Criminal Law and Criminology*, 99: 619–42.

[25] Steel, Alex. 2008. "Taking Possession: The Defining Element in Theft." *Melbourne University Law Review* 32: 1030–64.

[26] ———. 2009. "Bail in Australia: Legislative Introduction and Amendment Since 1970." *Australia & New Zealand Critical Criminology Conference 2009: Conference Proceedings*, 228.

[27] ———. 2013. "Good Practice Guide (Bachelor of Laws) Law in Broader Contexts." *Legal Education Associate Deans' Network Website*. http://lawteachnetwork.org/resources.html.

[28] Steel, Alex, and Melanie Schwartz. 2013. "Broader Social Context as a Lens for Learning: Teaching Criminal Law." In *Disciplines: The Lenses of Learning*, edited by Kathryn Coleman and Adele Flood. Common Ground Publishing. http://works.bepress.com/alex_steel/40.

[29] Stern, Simon. 2013. *William Blackstone, Commentaries on the Laws of Eng-*

land, Vol. 4 (1769). SSRN Scholarly Paper ID 2296451. Rochester, NY: Social Science Research Network. http://papers. ssrn. com/abstract=2296451.

[30] Watson, Alan. 1988. "The Structure of Blackstone's Commentaries." *Yale Law Journal* 97 (1998), 795-821.

[31] Wells, Celia, and Oliver Quick. 2010. *Lacey, Wells and Quick Reconstructing Criminal Law: Text and Materials*. Cambridge University Press.

第10章　一体化刑法、诉讼和证据的挑战和优势

亚当·杰克逊和凯文·克里根

引言

刑法通常作为英国法学学位的一年级的学科讲授。尽管刑法基本原则和某些犯罪的复杂性在概念上存在挑战，但由于各种教育和文化原因，刑法对法学新生来说是一个很有吸引力的学科。由于广泛的刑法和刑事司法的主题通过文学、电影、电视和游戏渗透到流行文化中，所以对学生来说有一种现成的吸引力、普遍的可及性和一种经常被误导的自信，即他们认为已经知道法律如何运行。

正如格莱德希尔和利文斯在该文集的导言中所概述的那样，第一个法学学位往往侧重于实体刑法。许多学校将证据法作为一门选修课，通常是在大学三年级开设，而且在本科课程中涵盖刑事诉讼程序是相当罕见的，所以大多数学生在完成法律实践或律师课程之前不会遇到刑事诉讼法。

本章概述了一个雄心勃勃的项目，即在诺森比亚法学院一年级免修法学学位里，将刑法、诉讼和证据一体化为一个整体。它概述了一体化实体法、技能和程序的原则，以提供刑事司法制度的全面情况。项目还指出，让如此庞大而复杂的模块在一年级法学院学生中发挥作用存在困难，项目还就如何在其他课程中实施这一方法提供了一些实际指导。

背景：理论与实践相结合

作为诺森比亚法学院对培训审查的回应的一部分，诺森比亚大学于1992年首次确认了法学学士（学士学位）免修学位，该审查导致建立了第一个法律实践课程，该课程取代了旧的法律协会的期末考试。该免修学位将法学教育的“大学”阶段与“职业”阶段相结合，这在当时是独一无二的。因此，这是一个为了《联合声明》目的的资格性法学学位，而且免除毕业生完成法

律实践课程的义务。1998 年，推出了一个免修学位的律师版本，该学位遵循相同的模式，但免除了毕业生当时存在的律师职业课程。

免修学位没有采用线性方法，即知识和实践领域依次进行，而是采用了一种一体化原理，试图将理论和内容的学习与技能和过程的实践相结合。通过这种方法，该学位旨在更真实地描述现实世界中法律问题和法律纠纷产生的方式。

在某些方面，免修法学学位在 20 世纪 90 年代初推动了公共政策和法律调整的分野。新的法律实践课程在职业阶段引入了高质量的技能培训，并摆脱了法律协会期末考试所要求的僵硬的死记硬背的学习和复杂的集中考核，但它并没有更好地与本科法学学位衔接，并保留了律师资格认证的阶段性方法。

20 世纪 90 年代中期，大法官法学教育和行为咨询委员会（ACLEC）承认并促进了一体化的价值，以促进学生的学习。

> 一个自由和人性化的法学教育意味着学生要参与到主动而非被动的学习中……而且适当的和明确的技能教学是以一种将实践知识与理论理解相结合的方式进行的……。“大学”和“职业”阶段之间的僵硬划分应该消失（大法官法学教育和行为咨询委员会，1996 年，第 2.2 段）。

大法官法学教育和行为咨询委员会的报告强调诺森比亚模式是法学教育机构连接大学和职业阶段的一种方式：“我们赞美了一体化教育和培训的优点……目前诺森比亚的免修学位就是一个例子。”（大法官法学教育和行为咨询委员会，1996 年，第 5.19 段）

就在十多年后，美国的卡内基报告也提出了类似的告诫：

> 我们相信，现在是将法律知识的两个方面统一到一个单一的教育框架中的有利时机。(1) 正式的知识和 (2) 实践的经验。因此，我们在本报告中试图想象一个更丰富的却更一体化的法学教育（沙利文等，2007 年，第 12 页）。

免修学位在英格兰和威尔士仍然相对罕见，目前只有六门这样的课程被列入英国大学和学院招生服务的课程登记册。缺乏这种课程的原因之一是，大多数法学院没有学术和专业混合的合格的教员来讲授综合课程。正如我们将看到的，一体化的犯罪、诉讼和证据模块所需的知识和技能组合几乎不可避免地需要合格的律师或大律师作为教学团队的一部分。

2009 年，诺森比亚大学将其免修法学学位发展为综合的硕士学位，即法律硕士，该学位提供了足够的高级学位论文和诊所式法学教育模块，以证明授予硕士学位资格的合理性。该项目仍在运行，每年招收约 250 名学生。从 2009 年到 2014 年，作为律师管理局试点的一部分，学院还提供法律硕士（律师）学位，这需要为期五年的课程，因为利用实践中的实习岗位和通过学生律师事务所、法学院的免费法律咨询和代理服务的内部诊所式法学教育，该课程包括所有三个阶段的资格证书（即包括培训阶段）。

这些学位背后的教学方法始终是理论与实践相结合：当学生理解抽象的法律原则运行的社会背景以及这些原则在法律体系中的适用方式时，他们会更加投入并且更加深理解。迪克森建议：

> 法学院必须向学生讲授法律和律师在社会中的作用。我们的许多学生在进入法学院时，并没有强大的历史和政府背景，没有任何关于法律判例的知识，而且对律师在社会中的角色有着不准确的推测……这种缺乏理解——和误解——抑制了我们的学生真正掌握教义和技能的能力（2007 年，第 54 页）。

事实上，巴里（Barry）等人建议：

> 法学院应该教授学生在实践中需要的所有律师技能和价值观……致力于把法律作为律师、客户和双方都应予以考虑的社会义务之间的复杂关系讲授（2000 年，第 73 页）。

法律硕士课程的大多数模块都采用了一种方法，使学生能够探索法律的社会或实践含义，但一个完全一体化的模块“中心”为学生提供了一个具有挑战性的体验，即把自己置于法律从业者的位置上，代表模拟或真实的客户，并在这样做的同时获得对法律的影响的现实洞察力，同时发展高水平的法律技能。

完全一体化的法律硕士模块包括犯罪、诉讼和证据（一年级），侵权行为、诉讼和证据（二年级），财产法和实践（三年级），商业协会法（三年级），以及学生律师事务所（三年级和四年级）。其目的是使学生的知识和技能在该课程的四年中得到逐步发展，从而使他们在最后一年能够作为初级专业人员工作。犯罪、诉讼和证据（CLE）是这一渐进旅程的起点，因此，作为学生进入不同学习方式的一个步骤，它至关重要。

在撰写本文时，我们正在进一步地重新设计学习项目，改进免修学位以回应专业的培训审查［盖默（Gaymer）等，2013 年］，作为其中的一部分，我们正在审查一体化模块。在本章后面，我们将探讨关于现有 CLE 模块运行的经验教训，这将为新方法提供信息。

犯罪、诉讼和证据的一体化模块

目前重述的 CLE 模块是一个必修的、40 学分的、“长达一年”的模块，在法律硕士课程一年级第一和第二学期（9—12 月和 1—3 月）开设。该模块采用相对标准的教学讲授模式，即每周三次 50 分钟的讲座和十次每两周一次的 1 小时 50 分钟的研讨会（约 16 名学生的小组会议）。讲座在三个子科目之间分配，比例大致为：刑事实体法占 50%，诉讼（刑事诉讼）占 25%，证据占 25%。研讨会充分一体化了三个科目，虽然每个研讨会涉及的每个科目领域的数量不同，但研讨会的计划大致反映了与讲座类似的比例。讲座由每个领域的学科专家讲授，而研讨会课程则由熟悉所有三个学科领域的导师主持（例如，因为他们具有作为刑事从业人员或具有跨领域研究兴趣的学者的经验）。讲座在研讨会前一周开始，此外，在这一周，该模块的所有学生都要参加一个小时的介绍性讨论会。介绍性讨论会只需要有限的准备，旨在向学生介绍刑法、刑事诉讼和证据的基本原则。

在单元开始时，向学生提供大量资料，包括详细的课程手册、研讨会资料和包含四个详细案例学习的“场景手册”。每个案例学习包括大致反映了实践中可以获得的资料，包括证人陈述、会见记录、披露时间表、专家报告、证据证明等。这些资料构成了研讨会问题的基础，希望学生在研讨会上使用每个案例学习之前，对其有详细的了解。

研讨会主要围绕该模块的诉讼（刑事程序）要素构建，以便学生能够在整个刑事诉讼过程中遵循逻辑进程。因此，该模块从考虑警察局的程序开始，通过审前程序（包括处理资金、保释、分配、披露等）、审判、量刑和上诉进行。每个场景都涉及刑法的不同方面，在出现证据问题时也会得到处理。例如，供述和从沉默中推断的问题是在警察局会见的情况下考虑的，而证人处理、特别措施指示、敌意证人、传闻证据等问题主要是在审判的背景下处理的。研讨会结合了一系列的技能，要求学生参与小组工作，进行实践性的法律研究，发表演讲和参与辩护。

随着时间的推移，CLE 模块的原始考核模式经历了重大的调整，并进行了大量的工作，以确保该模块有效地“建设性地结合”（比格斯，2003 年）。最初，由于该模块包含了律师职业课程（BVC）的刑事诉讼和证据考核的一部分，考核内容很大一部分是由律师标准委员会规定的，主要是需要通过多项选择题考核广泛的内容。在律师专业培训课程（BPTC）上转向集中考核的做法消除了这一限制。

目前，CLE 模块的学生通过以下方式进行总结性考核：

· 反思性的法庭参观报告，在第二学期开始时提交，以合格/不合格为评分标准；

· 模块结束时的考试，考核的考试部分相对复杂，主要是由于它要考核三个不同的知识领域，但密切反映了研讨会所采取的方法，即以真实文件（通常是证人陈述和其他资料）的形式呈现问题类型的情景。

考试本身分为两份试卷。试卷一考试时间为 3 小时，由两部分组成。第一部分要求学生从给定的事实情景中确定可能产生的相关犯罪和辩护。学生有 1 小时 30 分钟的时间完成第一部分，随后交上他们的答案。然后，他们会得到另外的资料，并有 1 小时 30 分钟的时间来完成书面诉讼问题和诉讼与证据的多项选择题，这些问题都与情景有关。试卷二是一份用时 1 小时的多选题，考核更广泛的实质性知识。在总结性考核之前，所有学生都有机会完成一次形成性的、“期中”的模拟考试，他们会收到书面反馈，这构成研讨会讨论的基础。

一体化学习包的基本原理

许多传统的刑法教学模式在很大程度上依赖于知识传输模式和对案例方法的广泛使用。早在 1942 年，美国法学院协会委员会就评论说：

> 在案例教学法下，学生不仅要从案例中得出法律原则，而且要批判性地评价所涉及的法律原则的应用……我们现在意识到，案例教学法的很多理论在实践中并没有得到实现。事实上，学生们常常将案例视为权威性的解决方案，他们只需要解读和吸收；每个案例本身就成了一个终点，而教育过程在其最重要的开端阶段就已经停

止了（教学和考试方法委员会，《美国法学院协会手册》）（1942年，第85，87—88页）。

对传输式学习模式的批评不断增加，既涉及该模式作为传输相关信息的手段的有效性，也涉及它的让学生参与到他们正在学习的主题事项中的能力。正如肯伯（Kember）和戈夫（Gow）所说：

> 知识传输模式的方向似乎是假设学生接受到的所传输的东西就是教师原本发送的东西，这种假设似乎不被教学模式所接受。在信息传输过程中，学生似乎被忽略了，他们被视为一个被动的接受者（1994年，第66页）。

而且，他们的结论是："……在以知识传输为主要方向的系里，学生对深度方法的使用程度可能会在整个学习期间下降。"（1994年，第67页）

CLE模块的设计明确地鼓励学生向上述"重要"的学习阶段迈进，以深度的方法理解实体法和运行其中的程序背景。我们的目标是使学生超越简单地学习一套原则或先例，从而使他们成为"能够以该主题专家的方式与一个概念或主题相联系"的人［拉姆斯登（Ramsden），2003年，第41页］。尽管如前所述，CLE模块并没有完全脱离使用传输模式进行学习，正如它在三个科目领域中的每一个领域都部署了大组讲座，但它只是将该模式作为众多教学工具之一进行了一体化。

CLE模块旨在向学生介绍一种体验式学习模式，"体验式"的定义和理解如下：

> 体验式教育利用学生扮演律师角色的经验或他们对执业律师和法官的观察来指导他们的学习。体验式教学通过将学术探究和实际经验相结合，而使理论和实践相结合［斯塔基（Stuckey），2006年，第811页］。

通过参与一系列现实场景、实践活动、问题探究和法庭参观（见本章前面部分），学生有机会在他们的本科学习的一开始就体验到一种一体化的、体验式的学习模式，除其他外，其目的是让他们参与到他们的学习中来，并开始为他们在课程后期将体验到的更多样的体验式学习机会（包括诊所式和PBL）做准备。因此，CLE模块的设计是为了鼓励发展一系列与布卢姆

（Bloom）的“实践学习分类法”（1956 年）相同的学术技能。

> 因此，至关重要的是该模块的实践和体验要素让学生不仅仅学习程序性规则，还要做更多的事情，以避免仅仅成为一种填表式练习。正如比格斯所说：理解事实和如何开展行动很可能是理解和解释世界的部分手段，但是定量的观念止步于事实和技能。知识的量化变化本身并不改变理解（1989 年，第 10 页）。

像 CLE 这样的一体化模式所面临的部分挑战是，确保学生认识到要求他们承担的任务的相关性。拉姆斯登认为，未能感知到相关性与学习的表面方法有关，而对某一主题的兴趣（以及对任务相关性的感知）则与深层学习方法有关（2003 年，第 43 页）。根据唐（Tang）的说法：

> 采用深层学习方法的学生有一种内在的动机，即感受到基于对任务的兴趣的需求。因此深层学习方法采取的策略是特别针对任务的，并旨在寻求和理解所学内容的意义。这些学生不仅把信息的不同方面相互联系起来，他们还将这些信息与他们以前的学习和个人经验联系起来（1994 年，第 1 页）。

CLE 模块提供了一个建立在学生内在动机上的机会，这些动机通常包括对主题事项的兴趣和对洞察法律实践的渴望，以促进采用深层学习方法。这反过来又会鼓励去条块化，从而鼓励学生思考教义性法律和程序性规则的相互联系的本质，以及普遍存在的技能（解决问题、法律研究、辩护等）与一系列学科领域的相关性。

实践问题和资源

为了能够成功地实施一体化课程，我们必须仔细注意现有的学习资源和人员配置。在刑事方面，需要在实体犯罪和法律程序之间建立联系，这也要求对课程的运行顺序采取战略方针。本节将探讨其中的一些逻辑问题。

人力资源——尽管使用传统的、非从业人员教学的基础可以采用“法律与社会”的方法，但是如果一个模块要包括现实的法律程序和法律实践问题，设计和教学团队中律师或大律师的投入至关重要。CLE 团队一直都是由具有学术和专业资格的同事组成的，负责构建学习资料包和讲授教学课程。

案例学习——CLE 的核心学习工具是案例学习。现在，这些是许多法学院熟悉的学习资源，成功的关键是确保它们具有：

·现实性——使学生能够相信情景、背景和人物，从而使本模块具有相关性和实用性，为实际实践做好准备。

·吸引性——这样，学生的想象力就会被吸引，他们就会愿意参与各种角色扮演和其他活动。

·多面性——案例学习需要足够复杂，以便能够产生一系列实体性和程序性问题。

·可持续性——鉴于创建案例学习需要投入大量的时间和资源，它们需要能够在未来几年内循环使用，所以设计者应尽可能避免特定时间的内容。

文件和其他资源——如前所述，CLE 模块基于真实案例文件工作。这些文件通常包括来自刑事案件的文件，如警方记录、证人陈述、拘留记录、警方会见记录、身份识别记录、披露报告、未使用的资料记录和辩护陈述。与传统资料关键的实际区别是，案件档案使用真实或复制本形式。通常没有叙述性的说明，所以学生必须通过阅读文件了解发生了什么。他们还必须了解，他们所阅读的内容可能是对所发生事件的片面、错误或虚假的看法，而且所呈现的事实中可能存在重大漏洞。通过这种方式，学生们发展了基本的事实管理技能。

通过使用其他媒体，如语音或视频记录（如模拟警察会见、999 电话或闭路电视图像），甚至是真实的人造物品（如指控的被盗财产、指纹提取或武器），可以为案件档案增添色彩和戏剧性。显然，这些东西不能包括在档案中，但可以成为教学环节一个很好的焦点——在讲堂上传阅一块“血淋淋的砖头”确实能吸引学生的注意力。

法律设施和场所——为一体化的 CLE 模块定制审判室或会见室并非绝对必要，但是免修学位已经受益于一个捐赠的维多利亚州的治安法庭，该法庭已经被改造成也可以容纳一个陪审团席，以便转换为一个刑事法庭。该法庭配备了闭路电视，用于记录和反馈，并与会见室进行实时连接，以获得真实的易受影响的证人证言，并与演讲厅进行实时连接，供大组观看。在刑事法庭周围建有一套带有闭路电视设施的民事法庭和客户会见室，构成了一个大型的法律技能中心，用于免修学位和独立的专业课程。

法律实践课本——许多法学院在现场都有专门的法律图书馆。诺森比亚法学院的法律实践汇编使免修学位的学生能够在更传统的法律报告、期刊和课本的基础上获得广泛的执业课本。CLE 的学生从一开始就使用如阿奇博尔德（Archbold）、布莱克斯通（Blackstone）的和斯通（Stone）等人的专著。

外部设施——值得注意的是，在大多数主要城镇和城市都有刑事法庭，要么是治安法庭，要么是刑事法庭，尽管最近由于一项重大的关闭计划而有所减少。绝大多数刑事听证会都对公众开放，包括学生。如前所述，CLE 模块广泛利用了这一点，作为研讨会课程的一部分，要求每个学生进行观察访问和反思报告。这有助于学生更好地体会刑事司法制度的真正运行方式，并观察检察官、律师、大律师和法官的工作环境。

综合考核——不言而喻，如果学生以一体化方式学习刑法、诉讼和证据，他们也应该以这种方式接受考核。这就提出了这种方式本身的挑战，即考核的构建必须能够测试学生的知识、技能和实践意识，同时减少不必要的复杂性，因为这可能会在考场的压力下不公平地损害学生的表现。在保留不公开考试考核的同时，CLE 模块采用了小型案件档案的方法，该方法引起了与实体刑法、程序和证据法有关的问题，以及由多项选择题解决的其他实体领域。

反思、经验教训和未来发展

一个完全一体化的 CLE 模块的发展涉及单元本身和讲授该模块的方案的演变过程。总体而言，我们对一体化 CLE 模块获得成功感到满意。这个模块很有趣，也很吸引人，学生的满意度很高，在模块评论中学生的反馈也一直很积极。它为学生提供了一个机会，让他们看到他们所学的实体法和法律规则是如何在“现实世界”的实际背景下运行的宏伟图景，尽管该模块具有挑战性，但学生的表现仍然持续强劲。该模块平衡了模拟活动和实践的真实经历，鼓励学生理解他们的学习环境，并帮助他们发展一系列重要的技能。

发现这些成功并不意味着我们对运行 CLE 这样的模块所面临的挑战视而不见。我们发现有一些明显的实际困难，其中包括安排这类模块的顺序，以便让学生以感觉自然的方式和以灵活的时间处理问题，为一个大型模块配备有足够信心在三个学科领域进行教学的导师，并试图避免创建一个过于复杂和不符合导师讲授水平的模块，而且同时还要避免肤浅性。

肤浅的风险在某种程度上反映了刑事实践的现实，即刑事司法制度的程序驱动的必要性往往会占主导地位，而不利于对实体刑法的深度参与。我们面临的挑战是鼓励学生超越手头的工作，去考虑处理更多的规范性问题，即这个系统是如何以及为什么以这样的方式构建。毫无疑问，一个完全一体化的 CLE 模块对一年级的学生来说是一个挑战，特别是在试图将诉讼和证据要素纳入该模块方面，这些要素传统上是在学位课程的后期或在研究生阶段讲授的。此外，一年一个基于现实资料的模块，并处理具有挑战性的问题，如性犯罪、侵犯个人的暴力犯罪和杀人罪，这证明对一些学生来说是一种情感上的负担。

尽管该模块的性质很复杂，但学生的表现始终强劲。然而，CLE 模块成功的部分原因是我们有能力从过去的经验中学习并进行相应的调整。如前所述，在撰写本文时，法律硕士课程正在经历一个重新验证的过程。重新验证后的方案将包括一个新版本的 CLE 模块，但没有完全一体化。这个新版本将包括第一学期的 20 学分的刑法模块，然后是第二学期的 20 学分的刑事审判程序模块（诉讼和证据）。虽然暂时地分开，但这些模块将保留使用一套现实的资料，使用体验式学习方法，并注重理论与实践相结合。除了涵盖刑法的法律资格学位部分外，第一学期的犯罪模块将为第二学期的审判程序模块奠定基础。我们希望通过将这两个模块作为一个整体的一部分呈现，可以保留一体化的好处，同时消除一些固有的复杂性，这些复杂性与要求学生在本科学习的第一天就参与三个复杂的科目有关。

新的模块基本上承认，试图在法学学位的一年级同时处理三个科目过于雄心勃勃。实体要素与程序和证据要素的部分脱钩，使学生能够更集中地关注基本规则和概念，同时保留了一体化的好处，如在实践背景下强化理论，以及充分了解刑法在现实世界中的应用。

结语

本章深入了解了诺桑比亚法学院的愿望，即为学习刑法、刑事诉讼和证据创建一个完全一体化的课程和方法。作为免修法学学位和法律硕士课程的一部分，CLE 模块开创了一种雄心勃勃的教学方法，它融合了说教式、体验式、观察式、反思式和参与式方法。学生的满意度和参与度一直很高，在许多方面，该模块都取得了巨大成功。

然而，对整体现实主义的渴望扩展了学生专注、组织和评价方面的能力，特别是考虑到这是一个一年级的模块。该模块的结构和事实的复杂性有可能冲淡了基本的学习内容，尤其是对学习能力较弱的学生。随着一体化包的发展和完善，它本身已经成为一种目的，反思起来该一体化包具有使形式优于功能的风险。有鉴于此，未来的发展将为简单和集中的目的而减少完全的一体化，同时保留实体和程序之间的联系，这对于学生的参与和整体理解至关重要。

参考文献

[1] ACLEC (the Lord Chancellor's Advisory Committee on Legal Education) (April 1996) 1st Report, London.

[2] Barrows, H. S. and Tamblyn, R. M. (1980) *Problem-Based Learning: An Approach to Medical Education*, New York: Springer Publishing.

[3] Barry, M. *et al.*, Clinical Education for this Millennium; The Third Wave, (2000) 7 *Clinical Law Review*, 1.

[4] Biggs, J. (2003) *Teaching for Quality Learning at University-What the Student Does*, 2nd Edition, Buckingham: SRHE / Open University Press.

[5] Bloom, B. (1956) *Taxonomy of Educational Objectives: Handbook 1: Cognitive Domain*, New York: David McKay Company.

[6] Committee on Teaching and Examination Methods (1942) *Handbook of the Association of American Law Schools*.

[7] Dickerson, D., Building Bridges: A Call for Greater Collaboration Between Legal Writing and Clinical Professors, (2007) 4 *Journal of the Association of Legal Writing Directors*, 45-55.

[8] Gaymer, J. and Potter, M. (2013) *The Future of Legal Services Education and Training Regulation in England and Wales*, report of the Legal Education and Training Review.

[9] Kember, D. and Gow, L., Orientations to Teaching and Their Effect on the Quality of Student Learning, (1994) 65 (1) *The Journal of Higher Education*, 58-74.

[10] Law Society and General Council of the Bar (1999) *A Joint Statement Issued by the Law Society and the General Council of the Bar on the Completion of the Initial or Academic Stage of Training by Obtaining an Undergraduate Degree*.

[11] Ramsden, P. (2003) *Learning to Teach in Higher Education*, London: Routledge.

[12] Stuckey, R. (2006) *Best Practices for Legal Education: A Vision and a Road Map*, Columbia, SC: University of South Carolina.

[13] Sullivan, W. *et al*. (2007), *Educating Lawyers-Preparation for the Profession of Law*, report of the Carnegie Foundation for the Advancement of Teaching, (USA) Jossey-Bass.

[14] Tang, C. (1994) Assessment and student learning: Effects of modes of assessment on students' preparation strategies. In G. Gibbs (Ed.) *Improving Student Learning: Theory and Practice*. (pp151-170). Oxford: Oxford Brookes University, The Oxford Centre for Staff Development.

第11章 “犯罪和刑事程序”：挑战传统，打破界限

菲尔·斯克拉顿和约翰·斯坦纳德

引言

对传统刑法课程经常提出的批评是，在内容和表述上它们过分强调黑体字教义，而没有涉及刑法运行的更广泛背景。2007年，在对贝尔法斯特女王大学的本科法学教学大纲进行审查后，引入了一个新的一年级必修模块：犯罪和刑事诉讼。这个第一学期的模块由教义上的刑事律师和批判性犯罪学家讲授，旨在提供对“犯罪”和刑事司法程序的背景理解。在学生设法了解刑法及其制度之前，我们认为必须鼓励他们质疑发达的民主社会中关于“犯罪”“越轨行为”和“冲突”的错误观念。批判性犯罪学分析提供了一个视角，通过这个视角人们可以观察和质疑“犯罪”的定义、定罪程序以及刑事司法的管理。该模块平分为两个不同但相关的部分讲授，通过24个讲座和每周的主题指导进行授课，事实证明该模块非常受学生欢迎。该模块共开设了六年：2007—2013年。尽管它受到导师和学生的欢迎，但在2014年，为了促进进一步的教学大纲修订，学校放弃了它。本文追溯了它作为一个创新的、独特的和具有挑战性的模块的发展和巩固，并证明在为本科法学核心课程的教学铺平道路时，将学生的学习建立在批判性分析基础上仍然很重要。

背景介绍

2006年，作为法学本科和法学硕士课程审查的一部分，法学系决定提供一个一年级第一学期的必修模块：犯罪与刑事诉讼。其基本原理是，在“设定刑事司法制度运行的参数”［艾伦（Allen），2011年，第2页］中讨论“刑法的功能”之前，应该向学生介绍在任何特定司法管辖区的任何特定时刻，什么是“犯罪”这一有争议的领域。在开发这个模块的过程中，合作导师们融合了他们不同但相关的领域——批判犯罪学（PS）和教义刑法（JS）。

在它的前一个版本中，法学本科学位为学生提供了一个二年级的选修模块，即犯罪学：理论与实践。这是一个受欢迎的模块，该年级大约有一半的学生选择了这个模块。学位的重组取消了这一选项，课程开发小组同意应提前向所有学生介绍“核心”概念和理论要素。2006年，JS发起了一门成功的校外课程，即“刑事司法制度介绍”。它为学生提供了一个刑事诉讼程序的概论，重点是犯罪的“本质”和原因，实体刑法和证据的关键问题，以及量刑制度的运行概论。它在一定程度上为计划中的本科生模块提供了一个“演习”的机会。该模块尽管很成功，但是来自校外课程的反馈则指向了犯罪学分析的进一步发展。

二年级犯罪学课程的撤销和学生对校外课程的有益评价共同提供了一个重要的机会，来启动一个将批判性犯罪学分析导论与刑事司法制度导论相结合的模块。“犯罪与刑事诉讼”将是第二学期刑法必修模块的先导。它的开发使律师和犯罪学家聚集在一起（法学院过去是而且现在仍然是犯罪学和刑事司法研究所的所在地）。

刑法教学——挑战传统？

1990年，彼得·阿尔德里奇（Peter Alldridge）在《法学研究》上发表了一篇犀利的文章，题为《传统刑法课程有什么问题？》。在他对本科生刑法学的批评中，他认为黑体字法课程主要侧重于法规和报告案例的应用上，受到“问题质疑”这一手段的限制。来自应用社会科学领域的重要贡献，以及经验批评的潜力都被忽视了。他们的哲学基础是自由主义的个人主义，这一点是不变的和不容置疑的。在这个狭隘的框架内，重点被限制在归属上，忽视了法律程序、法律执行和量刑。它向学生介绍了一个基于指定的制度，同时低估了程序上的自由裁量权和强制力的重要性。因此，刑法被表述为一个“密封的、自我证明的统一体”，支持“全英报告”构成了“生活的一面镜子”的观点（阿尔德里奇，1990年，第38、41页）。

阿尔德里奇的批判强调了三个问题，也延伸到了传统刑法课程的基本理念。首先，他探讨了为什么刑法课程集中在责任或归属上，而排除了其他要素。他列举了几个因素：分析法哲学的影响，对法典化的学术偏见，尤其是“以学科为导向的假设，即关于刑法的背景和经验问题是犯罪学或刑罚学的范畴”（阿尔德里奇，1990年，第42、47页）。其次，他提出流行的责任概念是“深刻的、不可改变的个人主义”。他提出不存在长期以来与刑法完美结合的“社会”这一杰出的新右派主张（阿尔德里奇，1990 年，第 47、49 页）。最后，他通过借鉴哲学、心理学和伦理学方面的工作来寻求对这种不平衡的纠正。

对于那些在传统法学院课程之外的人来说，阿尔德里奇的批评似乎是有悖常识的，这尤其是因为刑法在内容和分析上都有潜在的独特的乐趣，能够捕捉“扑朔迷离的人类生活”（法默，1996 年，第 57 页）。然而，对于许多学生来说，法默指出，他们的体验是完全不同的。他们可能被对正义的激情、对著名审判的热情和对强有力的辩护的信奉所点燃，他们来到他们的第一堂课，被告知刑法中最基本的原则是没有有罪的心理，行为不会使被告人有罪（actus non facitreum nisi mens sit rea）。他们可能会学到，必须确定犯罪要素如“占有”，是否应被归类为犯罪意图（对实施非法行为的认识和意图）的一部分，还是归类为犯罪行为（行为的实施）中的心理要素。

学生们被拉丁文的持久性惊呆，然后他们面临着这样的问题：如果一个人没有有意识地注意到结果，是否可以被认为是轻率，以及这种注意是否可以发生在犯罪心理之后或者之前！学生们也不应该忘记这样一个令人震惊的问题：一个人离开了“他的俱乐部”，他从看台上拿了一把雨伞，以为那是属于别人的。事实上，他是在心不在焉的状态下拿了自己的雨伞。这是否构成盗窃未遂？思考一下在这个问题上泼洒下的一瓶瓶学术墨水发人深省……本章的作者之一承认了其中一些内容。虽然这段关于传统刑法课程的描述有些讽刺意味，但它使人感受到了受到隆重支持的传统方法的味道。

令人失望的是，阿尔德里奇关于对刑法教学重新进行评价的呼吁并没有带来重大改变。粗略地看一下当代的课程和教材就可以证明这一点。艾伦（2011 年，第 4 页）承认“刑法代表了一个社会中的社会控制规则”，并提出了明显的问题：“这些规则是如何确定的”以及是否存在“确定哪些行为值得刑事处罚的基本标准”。他的回答很有启发性：“刑法是共同或社会道德的反映”，它“试图惩罚的不法行为是那些威胁到社会赖以建立的基本价值观的行为”，“通过犯罪对个人造成的危害也威胁到社会的安全和福祉”。因此，随之而来的“作为一种社会控制形式发挥作用的刑事制裁，既惩罚了犯罪人，又重申了该社会的道德规范”。因此，重点从看似简单的犯罪行为和犯罪意图领域转移到更复杂的问题，即什么构成了“社会”，如何确定其“道德规范”以及什么构成“福祉”。此外，事实上当控制和管理的过程是通过国家机构施加和管理时，“社会控制”被认为是没有问题的。

同样，希顿（Heaton）和德·坦（de Than）（2011年，第2页）讨论了对“‘犯罪’一般定义的理想”的追求，该定义确定了构成犯罪的作为或不作为的性质。他们的结论是，由于犯罪行为的多样性和复杂性，寻找“基本特征——基于道德标准或其他方面，已被证明是徒劳的”。因此，不可避免的是，一个行为只有在通过刑事诉讼程序后才会转化为犯罪。因此，“犯罪”完全是程序性的，其地位由通过法院的成功的起诉所决定。赫林（Herring）（2009年a，第4页）指出了该主张的“循环定义性”：“刑法”是“适用刑事程序的那部分法律”，而“刑事程序”是那些“适用于刑法的程序”。他提出，刑法的“独特作用”是威慑“社会中实施危害他人的行为的人”，为适用刑罚确立“条件”，并为“被社会视为可接受的行为类型提供指导”。这个过程是“公认的国家对犯罪的反应”。危害、因果关系和责难是试金石。赫林引用阿什沃思的话，得出结论：“刑事责任是社会可以施加的最强烈的正式谴责。”

“犯罪”和定罪的过程

> 根本不存在行为，它们会变成行为。犯罪也是如此，并不存在犯罪。犯罪是被创制出来的。首先必须有行为，接下来是一个赋予这些行为以意义的漫长的程序［克里斯蒂（Christie），1998年，第121页］。

法学本科课程主要作为进入法律职业的第一个关键点进行讲授，因此不可避免地围绕着职业优先事项构建。然而，在英国和北爱尔兰，尽管有相当一部分学生在其他相关行业获得了就业机会［见大学生就业指导服务协会（AGCAS），2015年］，但是只有四分之一的法学本科生注册为见习律师。那些进入法律实践的人，就像其他受过训练的专业人士一样，在他们的日常工作中保留了一定程度的个人自由裁量权，但他们的自主权或代理权是相对的，受到制度和意识形态控制的限制。国家对专业课程的资助是以其规定的效用和维持及支持现状的功能为前提的。正如尼尔斯·克里斯蒂（Nils Christie）（1994年，第58页）在分析“作为行业的犯罪控制”时敏锐地观察到的，“管理意识形态 ”和职业“函授”的“入侵”回应了人们对学生获得“有用知识”以服务于职业的期望（见斯克拉顿2007年关于“函授”的更深入的讨论）。然而，尽管有这样的压力，也应该有空间让学生在专业培训的范围之外发展知识和技能。他们未来的就业和他们的干预主义的工作不会脱离现实发生。因此，他们的学习必须包括对该行业所处的社会、文化、政治和经济环境的重要介绍。正如莫里森（Morrison）（2009 年，第 7 页）所断言的那样，如果犯罪行为仅仅被认为是对刑法的违反，那么犯罪之间唯一的“共同要素”就是每个犯罪都是程序上的违反。

尼尔斯·克里斯蒂先前的断言是恰当的，因为犯罪在定义、实施、管制和惩罚方面都是一个程序的结果，通过这个程序，行为被赋予了意义。这也适用于“越轨行为”，越轨行为通常被定义为不一定违反刑法，但在某种程度上偏离了社会可接受的行为。霍华德·贝克尔（Howard Becker）在其极具影响力的文章《局外人》中指出，“越轨不是所实施的行为的性质”，“而是其他人对‘罪犯’适用规则和制裁的结果……越轨行为是人们这样标签化的行为”。当国家通过刑法实施这些规则和制裁时，就被界定为“犯罪”。正如克劳瑟（Crowther）（2007 年，第 125 页）所指出的，“刑事司法程序不能脱离犯罪的许多复杂因素、后果和应对措施来理解”。

曼西（Muncie）和麦克劳克林（McLaughlin）（1996 年，第 7 页）认为，将犯罪定义为一种非法的行为，值得通过适用法律的正当程序进行处罚的行为，这似乎是“直截了当而且没有争议的结论”。然而，在考虑实施的“行为”和适用的“程序”时，需要“对刑法、社会道德观念和社会秩序有一定的了解”。在法学学位的一开始就考虑处理这个明显不证自明的问题，需要在解释性分析中考虑“犯罪”和“越轨行为”的情形变迁，追溯行为是如何通过社会结构、意识形态规则和政治优先事项来定义的。这就需要探索意识形态框架，通过该框架，某些行为、个人和/或群体被定为犯罪，并揭示和反映出在任何特定时刻，一个司法管辖区的社会和政治秩序的历史变化。

在对《犯罪与刑事诉讼》进行概念化时，首要任务是揭示并运用大一学生对“犯罪”“越轨行为”和“法律”的常识性假设。正如前面所讨论的，犯罪是一种违反刑法的行为是不言而喻的。这也延伸到了确定越轨行为是一种违反规范的行为。在介绍该模块时，利用最近媒体对知名案件的报道，邀请学生考虑在什么情况下“法律”应该干预个人生活。随后，他们得到了 11 个非法行为的例子，并被要求记录他们“最后一次违反法律”的时间（例如，购买“来路不明”的货物，吸食毒品/未成年饮酒，保留在街上捡到的钱，虚假/夸大的保险索赔，开车时使用手持移动电话）。三百名学生举手表示，所有学生在过去 12 个月里都犯过法，而且大多数学生都犯过所列一半以上的罪行。这种模式在整个课程期间都是一致的。

虽然所列举的大多数非法行为似乎都是“轻微”的犯罪，但它们的潜在结果却并不轻微，这就提出这样一个问题：“究竟是轻罪还是重罪，将由谁来决定？”在只支付了10英镑纸币的情况下，但却保留了商家给予的20英镑的找零钱，可能会被幸运的接受者认为是大型连锁超市利润的轻微再分配因此是正当的，但是，正是那个低工资的收银员被从她/他的工资包中拿走10英镑予以抵消。PS回忆起他在大学时的经历，他说他在利物浦一家著名的烟草制造商那里买到了工人从展销厅夹带出来的烟斗烟。这名学生在将烟草重新分装成四盎司一塑料袋后，将其卖给了他大学里的讲师和教授们。要求学生们考虑如果这个被称为“圣布鲁诺烟草大劫案”的骗局被揭穿会发生什么。作为对其他人的一种威慑，这名工人将失去工作并可能被起诉。PS会被警告——但教授们的命运又会如何呢？

这些轶事被用来探讨在定义犯罪、制定法律和起诉行为时，背景、情节和后果之间的关系。在探讨什么构成“故意破坏”的假设而不是名义上的刑事犯罪时，学生们很快就对社会结构和政治意识形态的意义进行了辩论。同时，特别是关于情节还有动机、意义和减刑的问题也包括在内。“犯罪”被定义为违反国家司法管辖区或联邦司法管辖区适当制定的法律的一种或多种行为，并通过法院的正当程序作为一种或多种犯罪受到起诉。“越轨行为”被定义为在一个群体、阶级、宗教和/或社会中打破社会和文化上接受的惯例的一种或多种行为或一种生活方式——受到排斥、流放和放逐。然而，它们看似客观的适用已经受到了其发生的主观性的挑战。

对犯罪或越轨行为的意识形态构建以及赋予它们的不同“意义”超出了个人和社会互动的范围。它被深深地制度化了，并为社会边缘化、差异化的治理和严厉的惩罚提供了正当化理由。在这一基础上，学生们被引进机构、行为的经验性社会环境、互动和反应与结构之间的关系，以及阶级、“种族”、宗派主义、性别和年龄这些不太明显的限制性背景。在此背景下，我们讨论了“犯罪”和“危害”、刑罚和比例性，以及报应性和恢复性结果之间的潜在紧张关系。

从这个最初的概念讨论出发，该模块的构建是为了响应尼尔斯·克里斯蒂的呼吁，考虑如何将“意义”赋予被定义为“犯罪”的“行为”。介绍性课程包含了学生们专注于从个人和学术的角度对犯罪本质上超越个人行为、只存在于他人行为中的假设的质疑。在介绍性课程之后，这些问题在五节课中得以具体化。第一节课是衡量“犯罪”，对玛格丽特·撒切尔夫人（Margaret Thatcher）臭名昭著的评论“犯罪就是犯罪就是犯罪”提出质疑。它涵盖了犯罪的“严重性”或被感知到的严重性的概念，以及如何衡量和记录不同的犯罪，追踪实施犯罪和定罪之间的多机构自由裁量的路径。

在第二节课中，课程还考虑了其他形式的计算以及未被定义为犯罪但被接受和容忍的有危害的行为的重大影响。例如，所有的学生都能联想到他们自己直接或间接的遭受欺凌的经历，这进一步提出了家庭和性别攻击的关键问题。对比“有权人的犯罪”和“穷人的犯罪”，课程得出的结论是，重新把“犯罪定义为危害这种做法提供了这样一种可能性，即把疼痛、痛苦和伤害作为值得谈判、调停和仲裁的冲突和麻烦而不是作为值得定罪、惩罚和排斥的犯罪事件处理的可能性”（曼西，2000 年，第 223 页）。

在确定了校准“严重性”的核心是隐含的相对主义之后，“犯罪”报道这一节课集中讨论了媒体作为犯罪的社会构建的关键工具。通过使用当代的例子，课程讨论了新闻价值的必要性，包括“犯罪新闻”是如何通过一个明确的“制造新闻”的过程来传递的。它介绍了斯坦·科恩（Stan Cohen）（1972 年）首次探讨的“民间魔鬼”和“道德恐慌”的关键概念，重点是后者如何体现“高度的情感、恐惧、害怕、焦虑和强烈的正义感”，从而导致“加强社会的社会控制工具——更严厉或重建的规则，更强烈的公众敌意和谴责，更多的法律，更长的刑期，更多的警察，更多的逮捕和更多的监狱牢房”[古德和本-耶胡达（Ben-Yehuda），1994 年，第 31 页]。

反思 19 世纪当代刑事司法的发展，“新”管制和“新”监禁形式，“瞄准‘犯罪’”这一节课追溯了“维多利亚时代的遗产”，它建立在“约束群众”，对犯罪的、病态的“下层社会”的“威胁”进行管理以及社会改革运动的崛起的基础上。这种管理遗产被认为与当代研究和地方政策倡议有关。讨论了针对“问题”家庭和社区的“软”（如住房部门）和“硬”（如零容忍警务）国家干预措施，包括使用新技术来打击“犯罪”和“反社会行为”（如疏散区、闭路电视、无人机、热成像、“蚊子”装置）。

在向学生介绍了从“行为”到“犯罪”的“路径”，以及外部因素（历史、社会、文化、政治）对与定义、严重性和管理有关的决定的重要性之后，本节的最后一节课讨论了惩罚。惩罚“犯罪”这一节课涉及背景、情节和结果三要素中的第三个重点。向学生们介绍了韦伯（Weberian）的主张，即在其管辖范围内，只有国家才主张“垄断”使用武力这一惩罚的权力。这涉及对惩罚、报应和威慑力的动态的考虑，包括“应有的惩罚”、比例性和一致性原则。重点从地牢式的监狱和监狱船转移到所谓的新监狱的发展及其对“惩戒对象”的监禁。最后，考察了当前刑法研究中的更生和中止犯罪的主张。

在范围和内容上，前五次课程涵盖了大量的内容。然而，在重点阅读和专题辅导研讨会的支持下，学生们参与了一个他们在日常生活中熟悉的主题——“犯罪”。老师们调动学生由新闻、电视和电影引发的好奇心从来都不是一件难事。这些讲座和辅导课的出席率仍然很高。在成功引导学生们积极参与之后，该模块转向了关于犯罪学分析中主要“理论传统”的四个介绍性讲座。这不是对犯罪学理论的全面回顾，而是对理论背景的重要性的介绍。

这四次课程分别是：生物和个性（生物/生理决定论、优生学、个性理论、个人病理学），文化和环境（作为社会病理学的社会混乱；紧张、亚文化和差别接触理论；城市化），标签和反应（身份和声誉；标签、社会和社会反应；社会排斥和“局外人身份”），以及权力和背景（批判性社会研究，历史和现代唯物主义，结构关系和社会冲突，犯罪的政策，“无权者”/“有权者”的犯罪）。

在介绍“犯罪”的社会和政治建构、“定罪”的程序和理论分析的广度时，讲座由五个以小组形式进行的辅导研讨会提供支持。注册人数保持在大约300名本科生和研究生（MLegSci）。为了确保在如此庞大的队伍中保持一致性，对该辅导研讨会进行了规定，它结合了讨论主题、设定的读物和关键问题。反映讲座内容的五个辅导主题是：“犯罪”、表现和媒体；儿童、青年和道德恐慌；“犯罪”和病理学；性别、“犯罪”和刑事司法；以及有权者的“犯罪”。除了“核心读物”（“规定教材”是斯克兰顿2007年的教材），其他学术、政策和媒体读物也在该模块的专用在线网站上存档。辅导课由一个在线讨论论坛补充，讨论的主题由导师和学生发起。关于作业准备和写作的详细说明和指导也可以在网站上获得。

刑事司法制度简介

在确立了学术和流行话语中关于“犯罪”和刑事司法的背景、情节和结果的基本争议和困境之后，该模块的第二个独特要素向学生介绍了刑事司法制度的运行。它的意义不在于提供对刑法的全面介绍，这将在以后的单独模块中进行，而是为不熟悉刑事案件从逮捕到经过审判、判决和上诉过程的学生提供一个初步的程序基础。概括地说，该模块的这一部分分为四个部分。

在第一部分中，作为模块两部分之间的桥梁，刑事司法制度——在相关机构的意义上和这些机构适用的规则和原则的意义上［哈德逊（Hudson），2006 年］——被描述为国家对“犯罪”问题的回应，尽管这绝不是唯一的回应。本节强调的其他关键问题是刑事司法制度的目标、帕克（Packer）（1964 年）所概述的刑事司法的“犯罪控制”和“正当程序”模式，以及刑事司法制度的不同分支（实体刑法、刑事诉讼、证据和判决）。

在第二部分中，重点是了解刑事司法制度如何运行，包括与逮捕和传唤、警方调查、指控和起诉犯罪有关的规则。这些规则很好地介绍了法律分析和解决问题的经典技能，特别是通过使用情景，要求学生识别过程中的不规则因素。学生们抱怨法律难以理解，但他们认为这些规则是每个警察都必须充分理解的，如果他或她不想惹上麻烦的话。

在第三部分中，通过探讨实体刑法（非致命的侵犯人身罪、自卫和预防犯罪以及醉酒）和证据（与“不良品行”有关的规则以及刑事案件中的举证责任和标准）中的选定主题，有机会偏离刑事诉讼。通过这种方式，学生们可以体验到刑事司法制度的其他方面。这一部分的最后一节，也是整个模块的最后一节，处理审讯、判决和上诉的过程，因此，在完成该模块后，学生们对刑事司法制度的各个方面都有了一定的了解。

总的来说，学生们对这一部分以及整个模块的反应是非常积极的。随后，许多人表示，该模块为他们提供了诸如刑法、证据和判决等模块的扎实的介绍。然而，一个问题是，在五周内进行的十次讲座并没有提供足够的时间来介绍刑事司法程序。另一个仍未解决的问题是该模块两部分之间的联系。虽然“犯罪”和“刑事程序”作为独立的部分是成功的，但它们之间的关系需要进一步发展。这就是该模块被撤销时正在处理的任务。

结语

“犯罪与刑事诉讼”的教学已成功进行了六年。每周两次的讲座得到了六组本科生、研究生和国际学生，以及主持研讨会的各种导师的高度积极的正式和非正式评价。评估和辅导小组的讨论导致了整个模块周期的调整，并正在计划将该模块发展到“第二阶段”，但遗憾的是，在 2012 年，决定对本科一年级的课程进行改进，这涉及牺牲其最成功的模块，以建立一个更传统的专业法律技能基础。预期的重构侧重于一个更激进的方法，通过使用第一个要素中介绍的案例资料来一体化这两个不同的要素；例如，将媒体表现、政治话语和政策影响之外的热点或知名案例作为黑体字法律的说明，并追踪其进展。虽然要克服一些困难，特别是放弃对刑事司法制度的一般性介绍方面，但是利用知名案例介绍国内法院和欧洲人权法院的诉讼潜力和困境的前景在教学方面很吸引人并令人振奋。

在没有评估“犯罪与刑事诉讼”的创新贡献，特别是对1800多名学生的学习和发展，以及对刑法教学法更广泛的贡献的情况下，就决定撤销该课程，是令人失望的。正如导言中所说，自从彼得·阿尔德里奇对“传统”法学课程提出严厉批评以来，已经过去了四分之一个世纪，然而，正如本论文集所展示的那样，在许多机构中，刑法教学仍然被锁定在一种教学惯例和职业期望所支配的方法中。这个案例表明，在法学学术界和专业界之间一直存在着一种不安的关系。在“法学院是为了什么”的背景下，这种现象并不新鲜［见：伯克斯（Birks），1994年；布拉德尼，1998年，2003年；康妮，2004年；特文宁（Twining），1994年］。事实上，有人认为，“传统”的法学院是20世纪的一种现象，它是否能够以目前的形式维持下去是一个问题［斯坦纳德（Stannard），2011年］。

在介绍关于刑法的“法律大辩论”课本时，赫林（2009年b，第6页）谈到了本文导言中提出的问题。他指出了将刑法作为“一套规则和培养将规则应用于不同场景的技能”来讲授和学习所隐含的“危险”。虽然这是“有用的”，但他提出了一种不同的方法，这种方法建立在以下的基础上，即为什么要引入特定的法律并使其生效，法律如何适用于“新的情况”以及它是否“反映了偏见”。他首先讨论了“定罪”和“政治和学术辩论”的激烈程度，即哪些行为应该被定义为非法，以及在“做出定罪决定时”应该优先考虑哪些“原则”（赫林，2009年b，第1页）。这不可避免地会导致对“危害原则”的考虑，以及法律在减少和预防危害方面的作用和功能。赫林对危害的含义、范围（对自己的危害/对他人的危害/对“公共利益”的危害/间接危害）以及国家在对危害的定义、管治和定罪方面的作用的探讨，使辩论回到了“犯罪与刑事诉讼”课程成立时的焦点上。

这与作为本模块核心的“犯罪”“越轨行为”“危害”和“惩罚”的批判性分析直接相关。在确定个人实施“行为”的作用的同时，它也承认这些行为发生的结构性关系的决定性背景（阶级、种族、性别、性取向、年龄等）。刑法和定罪的过程，从宣布某些行为不法到对它们的管理和惩罚，都不能通过宣称由法律圣殿的长袍大祭司执行的某种形式的准神圣、教义上的干预，而凌驾于日常生活的漩涡之上。它们反映并反思了源于他们所处的社会传统的现状。向学生介绍刑法所立足的不断变化的基础；介绍它所裁决的社会、政治、经济和意识形态背景；介绍所获得的复杂的定罪情节；以及它所产生的通常的惩罚性后果，这些都是批判性教学法的基本要素。

参考文献

[1] AGCAS (2015) ‘What do law graduates do?’ http://www.prospects.ac.uk/options_law.htm London: Association of Graduate Careers Advisory Services, accessed 19 October 2015.

[2] Alldridge, P. (1990) ‘What's wrong with the traditional criminal law course?’ *Legal Studies* Vol 10, No 1, pp 38-62.

[3] Allen, M. (2011) *Textbook on Criminal Law* Oxford: Oxford University Press (11thEdn).

[4] Becker, H. (1963) *Outsiders: Studies in the Sociology of Deviance* New York: Free Press.

[5] Birks, P. (1994) *Reviewing Legal Education* Oxford: Oxford University Press.

[6] Bradney, A. (1998) ‘Law as a parasitic discipline’ *Journal of Law and Society* Vol 25, No 1, pp 71-84.

[7] Bradney, A. (2003) *Conversations, Choices and Chances: The Liberal Law School in the Twenty-First Century* London: Bloomsbury Publishing.

[8] Christie, N. (1994) *Crime Control as Industry* London: Routledge (2nd Edn).

[9] Christie, N. (1998) ‘Between civility and the state’ in V. Ruggiero, N. South, and I. Taylor [eds] *The New European Criminology: Crime and Social Order in Europe* London: Routledge pp 119-124.

[10] Cohen, S. (1972) *Folk Devils and Moral Panics* London: MacGibbon and Kee.

[11] Cownie, F. (2004) *Legal Academics: Culture and Identities* Oxford: Hart Publishing.

[12] Crowther, C. (2007) *An Introduction to Criminology and Criminal Justice* Houndmills: Palgrave Macmillan.

[13] Farmer, L. (1996) ‘The obsession with definition: The nature of crime and critical legal theory’ *Social and Legal Studies* Vol 5, pp 57-73.

[14] Goode, E. and Ben-Yehuda, N. (1994) *Moral Panics: The Social Construction of Deviance* Cambridge, USA: Blackwell.

[15] Heaton, R. and de Than, C. (2011) *Criminal Law* Oxford: Oxford University Press (3rd Edn).

[16] Herring, J. (2009a) *Criminal Law* Houndmills: Palgrave Macmillan (6th Edn).

[17] Herring, J. (2009b) *Criminal Law: Great Debates* Houndmills: Palgrave Macmillan.

[18] Hudson, B. (2006) ' The criminal justice system' in E. McLaughlin, and J Muncie [eds] *Sage Dictionary of Criminology* London: Sage (2nd Edn).

[19] Morrison, W. (2009) ' What is crime? Contrasting definitions and perspectives' in C. Hale *et al.* [eds] *Criminology* Oxford: Oxford University Press (2nd Edn) pp 3-22.

[20] Muncie, J. (2000) ' Decriminalising Criminology' in G. Mair, and R. Tarling [eds] *British Criminology Conference: Selected Proceedings*, britsoccrim. org/volume3/010. pdf accessed 20 August 2015.

[21] Muncie, J. and McLaughlin, E. (1996) *The Problem of Crime* London: Sage.

[22] Packer, H. (1964) ' Two Models of the Criminal Process' *University of Pennsylvania Law Review* Vol 113: , pp 1.

[23] Scraton, P. (2007) *Power, Conflict and Criminalisation* London: Routledge.

[24] Stannard, J. (2011) ' Thirty years on: Reflections of an outsider' in T. Mohr, and J. Schweppe [eds] *Thirty Years of Legal Scholarship: The Irish Association of Law Teachers* Dublin: Round Hall pp 335-339.

[25] Twining, W. (1994) *Blackstone's Tower: The English Law School* London: Stevens and Sons/Sweet and Maxwell.

第12章　背景和联系

本·利文斯

引言

在四分之一世纪之前，阿尔德里奇批评了主流的刑法教学方法，这在很大程度上是由于其狭隘的教义重点（1990 年；也见法默，1995 年）导致的。在那之后的几年里，法学院的教学法受到了对教育理论更广泛的认识和接受以及对大学教学质量越来越多的关注的影响［诺顿（Norton）等，2013］。教学的愿望以及在许多情况下的实践，已经超越了向被动学习者简单传达法律教义的范畴［詹姆斯，2004 年；参考约翰斯通（Johnstone），1992 年］。詹姆斯（2004 年）指出了一种他称之为“教学主义”的现象；近几十年来，围绕“良好教学”的性质以及鼓励或强制其在法学院采用的机构审计方法的发展的正统观念已经建立起来。

尽管有这些发展，阿尔德里奇批评的大部分内容仍然适用。对本书的投稿指出，传统刑法教学模式仍然存在，而且这些传统教学模式在许多方面还存在不足。相反，这些文章也证明了人们对更进步的方法的渴望和意愿；一些文章提出了对刑法课程进行大规模重新构想的令人信服的理由，无论是在授课方式上（菲茨帕特里克，第 5 章；博伊兰-坎普和赫克斯利-宾斯，第 6 章），还是在所涉及的主题上（格莱德希尔，第 16 章），或者两者都有（甘斯，第 8 章）。在本章中，我认为教义方法的一个主要缺陷在于没有注意到刑法运行的社会和制度背景。

当然，在法学教育中要求理解对法律的背景化并不新鲜，至少可以追溯到布莱克斯通［海柏尔（Hepple），1996 年］。在本章中，我主张通过参考具有跨课程相关性的资料来提供和纳入背景。这是一种快速和方便的手段，可以使刑法课程更具有吸引力，并使其背景化，也可以使人们更好地理解大学法学教育的各个子学科之间的结合和互动方式。这些想法源于我在英格兰和威尔士（以下简称“英格兰”）以及澳大利亚新南威尔士州（NSW）的大学法学院的经验。这包括讲授传统模式的实体刑法课程；侧重于刑事程序、证据和判决等更广泛方面的课程；以及对本章而言重要的医学法和体育法。

本章首先探讨了影响现代法学学位课程内容的一些因素，以及可能阻碍刑法课程采用背景方法的特殊压力。科恩（Cohen）写道：“刑法应被视为一个独特而重要的学科，刑法也是一门更大的具有明确目标和互补的组成部分的一体化课程的一部分（2004 年，第 1195 页）。”这与以下的研究相关，该研究表明，学生希望将他们对法律的学术理解与“现实生活”联系起来——了解法律如何跨子学科边界并适用于世界［鲁宾·亨德森（Rubin Henderson），2003 年；汤斯·奥布莱恩（Townes O'Brien），2014 年］。特文宁曾写道，大学法律及其制度有内省的倾向，其子学科也常常如此（1994 年）；当从离散的“模块”或“单元”学习的角度考虑和体验“法律”时，通常会失去“法律”多少涉及一体化了的整体的感觉。已经有人试图通过使用“顶点”课程更好地实现整个课程的连贯性，这些课程试图“将学生零散的知识‘整合’起来”［基夫特（Kift）等，2008 年；也见布莱克希尔兹（Blackshields）等，2014 年］，但这也可以作为学位课程各个部分的学习的一部分来实现。对刑法本身的作用更一致的理解的必然结果是，更好地理解其在整个课程中的重要性，以及它如何融入更广泛的法律和法律体系的概念中。

影响的力量

影响法学学位课程的最重要因素也许来自相关认证机构的规定（见格莱德希尔和利文斯，第 1 章），必须满足这些规定才能使法学学位满足各自司法管辖区的大学法学培训要求。在必须满足他们的要求的范围内，这些机构是潜在的强大力量，但他们的条款关于刑法课程的教学法没有太多的说明，除了或许缺乏具体规定可能助长自满情绪或不愿意做可能引起争议的事情外，他们的存在和内容也不能解释广泛坚持传统模式的原因（参见甘斯，第 8 章）。还应注意的是，这些认证机构可能会通过按照传统上接受的子学科科目界限来规定教学内容，从而使碎片化的法学教育方式永久化。在这些方面，认证机构的影响可能与他们的现实要求不相称（桑德斯，2014 年）。

对当代法学教学的另一个潜在的强大影响因素是对其自身教学传统的固有意识。这一点在现有的教科书中得到了体现并得以延续。毫无疑问，许多大学教师制作了他们自己的详细的学习指南或学生教具，有些教师甚至会根据他们学生的需要编写一本教科书（见甘斯，第 8 章）。由于工作日程安排或希望在其他领域写作，后一种途径不一定适合所有刑法教师，也不一定是所有教师所希望的。因此，对于大多数教师使用现有的教科书可能是一个重要的教学方式，他们的教学将受到所选课本提供的方法和覆盖范围的影响。

这些教科书的标题和内容进一步促进了子学科分界的观点，大多数教科书的格式几乎没有暗示跨学科领域的潜在联系。一些刑法教科书的历史可以追溯到许多版本（见格莱德希尔和利文斯，第 1 章；唐森和奥沙利文，第 2 章）。它们倾向于遵循前面间接提到的传统方法，根据这种方法，支撑刑法运行的哲学、社会和制度问题被边缘化（参见布朗等，2015 年；威尔斯和奎克，2010 年）。这些背景化因素通常会在开篇的章节中简要论述，但是，正如法默所指出的，实质性的范围被限制在实证主义的论述和分析中。刑法教科书体现了法律的最高实证主义。法律的道德、政治和社会层面在一场支持对法律细节枯燥的技术讨论的运动中被令人着迷地提出又遭到摒弃（法默，1996 年，第 57 页）。

除了认证机构和教科书的影响之外，各种制度上的压力也可能有助于塑造法学院的教学模式。科恩所倡导的“具有明确目标和互补内容的一体化课程”（2004 年，第 1195 页）是一个值得称赞的目标，但法学学位的发展并不是完全协调的。它们是为了响应一系列的刺激和环境而发生的，其中每一个刺激和环境都可能表现出相互冲突的需求。在没有机会或没有必要努力进行协调一致的情况下，比如一个新课程的启动，一个现有课程的“重新确定”，甚至是一个新的法学院的合并，只是偶尔从它们对更广泛的课程的贡献的论点考虑个别学科（“模块”或“单元”）的内容和方法，而且通常是从一个没有超越官僚化的“学习成果”和“毕业生品质”的普遍主张的角度加以考虑。即使出现了这些不常发生的多样化机会，刑法教学方面的创新似乎也相对罕见；正如格莱德希尔和利文斯所指出的（第 1 章），由于近几十年来法学教育的大幅扩张，各司法管辖区的多样性潜力在大多数情况下并没有导致实践中的实质性变化。

对刑法课程的另一个潜在影响是特定机构的优先事项，这可能部分由相关的“利益相关者”形成，包括大学教师、学生和潜在的雇主。这些群体内部及其之间的优先事项可能会发生冲突。在这种情况下，需要注意的是对大学法学教育目标的长期分歧（特文宁，1996 年）；威尔逊和莫里森（Morris）已经指出，法学学位没有明确的整体“目的”（1994 年，第 102

页)。例如，有些人可能认为，法学学位应该主要从它作为势不可挡地走向法律实践的一个步骤的价值进行判断。由此产生的必然结果是，刑法课程是为迎合那些将参与日常刑事司法管理的人的实践准备的。主流的方法是否能最好地实现这一目标，是本卷中在许多方面受到质疑的一个假设：参见格莱德希尔（第 16 章）关于课程中没有毒品罪和驾驶罪等流行的犯罪，以及基尔孔明斯等人（第 17 章）关于需要讲授更多成文法犯罪的讨论。

从更广泛的角度来看，学位是为更多不同的就业渠道做准备的，它意味着获得知识和学习可转换的技能以用于各种未来的职业。这导致了最近的一个趋势（特别是在英国），传统定义的法学学科加入了“技能”元素（辩护是刑法中一个常见的选择），这是为了在学生身上深深地植入更高水平的“就业能力”[纽伯里-琼斯（Newbery-Jones），2015 年]。

对于其他人来说，作为自由主义教育的一部分，法学学位应该优先发展批判性思维（例如，见布拉德尼，2003 年）。从这个角度来看，刑法的有趣性和有价值之处可能在于其历史和政治冲突背景下爆发的冲突，或者是在试图将规范性目标还原为法律规则时本质上存在的不可避免的问题和紧张关系（例如，见法默，1997 年；诺里，2014 年）。

设计刑法课程的人可能计划满足其中一个或所有这些目标（奥利弗，1994 年）。尽管他们提出了不同的方法（特文宁，1996 年），但前面概述的优先事项可能会集中在一个普遍的共识，即教学生“像律师一样思考”。然而，对于这到底意味着什么，还存在很大的分歧（鲁宾·德森，2003 年）。在刑法方面，希尔德（第 3 章）和甘斯（第 8 章）建议，在涉及刑法时教学生“像律师一样思考”意味着让他们掌握从所学习的有限的犯罪行为中类推出来的工具，并将获得的知识和技能应用到更广泛的可能的刑事责任中。日益增长的以成文法为基础的刑法的特殊性意味着，这可以说是通过在定罪和执法实践的背景下审查刑法来实现的。事实上，前面提到的每一个目标都得益于对刑法运行背景的理解。对于那些追求自由的方法的人来说，这显然是正确的；布拉德尼建议，“只关注技术信息，培养出的毕业生不过是半智能的字典”（2003 年，第 97 页）。在灌输可转换的技能方面，这一点同样重要，也是理解法律实践的基础。正如伊斯特尔（Easteal）论述到的，“有效的法律实践……需要对法律实践的社会背景有所了解，而传统的法学教学方法不容易传授这种理解”（2008 年，第 163 页）。

疏忽了背景，错失了良机

前面描述的外部和机构内部的压力可能有助于解释在刑法教学方面明显的教学惰性。诸如“法律与社会”和“批判性法律学习”这样的知识运动，激发了人们对存在于更广泛和更包容的刑法方法中的可能性的重视，但这并没有导致对传统方法的放弃。1998 年，布拉德尼将“在英国大学法学院历史上大部分时间里占主导地位的大学教义学方案，即试图仅仅通过判决和法规提供的内部证据解释法律”，描述为“进入了最后的死亡阵痛”（第 71 页）。但这在不久的将来是否会发生还远未可知；拉夫南指出，由于政治的、后勤的和财政方面的压力，传统的教学方法还会复苏（第 13 章）。

阿尔德里奇指出，“现实世界的不确定性导致传统课程在形式主义的安全中寻求庇护”，他将这种雄心的缺失归因于“保守主义和懒惰”（1990 年，第 40 页）。这也可能是那些讲授刑法的人在学术上受到限制的“舒适区”的症状；在描绘他所称的“法律作为自主学科的衰落”时，波斯纳（Posner）指出“律师自信心的下降……部分是由于其他学科的崛起，使它们能够与法律声称的对其主题事项的特权洞察相抗衡”（1987 年，第 769 页）。因此，教师们退回到对刑法的狭义的教义学解释中，从而通过对“一个边界清晰而狭窄的学科”的解释，带来了一种安全感，据此“新的信息可以很容易地被纳入现有的框架。学生们可以面对全知”（阿尔德里奇，1990 年，第 46 页）。当然，无论寻求何种学习结果，阿尔德里奇夸张描述的“全知”都是虚幻的；更富有成效的学习方法“包括将法律视为一种存在于社会和历史中的现象，与其他政治和文化制度相互联系，并成为哲学理论和辩论的主题”（约翰斯通，1992 年，第 22 页）。

传统模式的抽象性在对其原始资料的处理上是显而易见的。根据教义学方法，上诉判决是观察和构建刑法规则体系的主要视角。当涉及越来越多的法典化或至少主要来自成文法的刑事法律制度时，这可能会呈现出一种扭曲的观点［见克罗夫茨和塔兰特，第 7 章；甘斯，第 8 章；利明（Leeming），2013 年］，但在英格兰和新南威尔士等司法管辖区，案例研究对学习刑法来说仍然是不言而喻的方法［尽管参考了沃克（Walker）2009 年的观点］。这些案例被用来制定关于具体犯罪的要素（或多或少可通用化的）的规则；对此可以举出许多例子。以 R v Woollin（［1999］AC 82）案为高潮的一系列案件表明了“意图”的潜在范围，以前在 R v Cunningham（［1957］2 QB 396）案和 R v Caldwell（［1982］AC 341）案中提供的轻率的替代版本现在似乎已经被正式决定，该版本支持了上议院在 R v G（［2003］UKHL 50）案中采用的主观表述。R v Ghosh（［1982］QB 1053）案为盗窃/偷窃中的不诚实行为提供了一个实用但复杂的标准，Royall v R（［1991］HCA 27）案则是因果关系替代标准的权威。阿尔德里奇（1990 年）指出，当涉及刑法时，这些案例构成了"解释规则"，从它们的各种判决理由中得出规则，并构建了各个犯罪的模式。

在这种方法下，调查依赖于刑法的实证主义概念，这种概念夸大了刑法的一致性和政治中立性，任何能够挑战这种概念的东西都被排除在外，以便将刑法"作为一个封闭的、自我验证的整体呈现给学生"（阿尔德里奇，1990 年，第 41 页）。由此产生的图景固有的人为性反映在"问题质疑"中，这些问题质疑通常是刑法教学和评估的核心，在起草这些问题质疑时，必须采取将所审查的法律问题与其更广泛的运行和制度背景分离开来的方法。可以说，这种方法灌输了一种分析性的思维方式，并鼓励学生"像律师一样思考"，将需要满足的各种技术要件结合在一起以确定责任，但试图仅通过参考从一系列上诉判决中获得的既定规则的组合赋予和发展对刑法的理解，表现出对刑法运行的一种短视的并有点抽象的看法。

这种解析上诉判决的方法可能会产生许多有害影响。刑法通常是作为法学学位课程的早期教学内容进行讲授；这门课程被认为是易学和有趣的，是激发讨论和利用新入学的法学专业学生热情的一种好方法（见菲茨帕特里克，第 5 章；杰克逊和克里根，第 10 章）。教科书以及那些参与该学科教学的人，可能会提出这样的观点：刑法在社会生活中具有普遍的影响，这暗示了一种背景化，可能为介绍法学方法和分析提供一个有用的工具。该学科的可接近性意味着它可能被认为比学位课程中设立的一些据称枯燥的学科更"容易"。然而，正如法默（1995 年）所暗示的，"折磨人的"教义学方法会使教学大纲缺乏活力，因为它展现了一个不现实的图景。这势必会抑制学习，因为学生无法利用自己的直觉和对世界组织的经验理解刑法的特殊教义和制度安排；正如特文宁所指出的，许多关于法律的学习是在法学院之外进行的（1995 年）。这种方法的抽象性可能导致某些学生学习体验的不协调，这些学生也学习可能被合理地视为具有补充性的学科，例如社会科学（例如，法学和犯罪学的搭配在新南威尔士州比较常见）。它也未能利用该学科直观的吸引力；对布拉德尼来说，"毫无疑问，教义学习的本质上的枯燥无味对大多数倾向教义学习的人都有不利影响”（1998 年，第 76 页；也见斯克拉顿和斯坦纳德，第 11 章）。

也许更重要的是，这种抽象性使刑法的学习脱离了其实际运行中一些更紧迫和有趣的方面。例如，“伍林（Woollin）指示”是一个罕见的事件，当涉及如何解释意图的问题时，刑事司法制度通常是在证据困难的阴影下进行的。同样，考虑那些源于“挑衅”（现在在英格兰和新南威尔士州分别称为“失去控制”和“极端挑衅”）的部分辩护，有助于根据这些辩护作为“对人类弱点的让步”的历史作用进行分析和批评（例如，霍德，1992 年），但它们往往主要是在主观要件和客观要件的内部安排方面进行研究。

这种狭隘的重点排除了对重要政策问题的考虑，例如刑法应对被害人和/或犯罪人的脆弱性或社会边缘化的方式（见托尔米，第 15 章）。它还忽视了制度性安排，如要求检方能够构建一个能够履行其举证责任的案件，可能比使用刑法更可取的替代性法律或管理机制的范围，或者在更广泛的背景下考虑适用刑法时必须铭记的多种其他考虑因素。例如，了解实施性犯罪行为的社会和制度背景，然后通过刑事司法制度进行处理，从投诉到处置和罪犯管理，对于理解刑法对这些犯罪的反应至关重要。例如，当涉及盗窃罪（theft）［在新南威尔士州是偷窃罪（larceny）］中采用的不诚实占有（appropriation）［新南威尔士州的“窃走”（asportation）］标准的技术应用显然过于宽泛时，可能会提起讨论警务的实际和证据不足的问题，但案件审查的作用通常不是将刑法置于任何超出必要范围的背景下，以证明所涉规则的黑体字运作。

背景和联系

鉴于背景对刑法的现实描述的重要性，问题就变成如何最好地纳入它。对刑法广阔的和背景化的看法可能会受到对课程空间的竞争需求的阻碍。存在一种屈服于“覆盖范围的暴政”的诱惑，即一种尽可能多地覆盖实体法的内在压力［奥沙（O'Shea），2004 年］。然而，布拉德尼在提倡应当把法学作为一种自由主义的教育时指出：

> 课程中的［时间］是有限的。如果学生既要获得技术知识，又要获得对价值和结构的认识，那么他们将不得不学习比他们只关注这一点时更少的技术信息（2003 年，第 97 页）。

听从布拉德尼的建议也许在某种程度上是不可避免的，但不屈服于“覆盖范围的暴政”只是解决方案的一部分。除了可用的空间，现实的限制可能来自某些学生的抵制，他们只想“了解法律”［见克罗（Crowe），2011 年］，或者他们还没有足够熟悉某个特定的理论视角，以了解其潜在的价值；这可能会催生克罗所说的“陷入虚无主义”（2011 年，第 67 页）。

丰富多样的“背景下的法律”学术的历史，使在该术语被用来描述一种教学方法时产生了一定程度的模糊性（见拉夫南，第 13 章）。“背景下的法律”可能意味着一种教学法，其中的“背景”来自一系列的来源，如使用政治哲学理论、经验社会科学数据，或对法律运行的制度背景的理解。在本章中，我建议与其他子学科领域建立联系，可以为刑法提供一个直观和直接的背景感。在提倡用这种相对温和的方式评价刑法的功能时，我并不希望低估“更深层次”视角的重要性。法律被描述为一门“寄生学科”（布拉德尼，1998 年）；法律是而且应该是从一系列的理论和跨学科的角度考察。从成熟的和合乎逻辑的理论视角（例如，女权主义）考察刑法，对于解构和挑战刑法的中立性主张有很大帮助，但每个视角都只能提供部分说明。刑法是多种相互竞争的社会政治力量的产物。虽然传统的方法无疑容易受到批评，因为它在知识上或背景上是不完整的，但是那些采用替代方法的人也需要警惕不能提供片面的描述，尤其是考虑到课程的可用空间所带来的限制。

法学课程中的许多领域，包括实体法和程序法，都可以提供与刑法学习相关的资料，并对传统的刑法课程进行补充，以便为学生提供一种不太抽象的方式来看待刑法的作用和功能。在这里，我举一个刑法处理运动场上暴力的例子，通过英国上诉法院的 R v Barnes（［2004］（1 WLR 910））案件可以看出，该案涉及一名足球运动员因违反 1861 年《侵害人身罪法》第 20 条的规定而被定罪的上诉。本案可能会在体育法课程中得到广泛的讨论，因为它是关于双方同意的危害以及接触性运动合法性的法律声明。在更深的层面上，它说明了在复杂的规则和管理体系的背景下，法院是如何解释法律规则以适应体育实践的；有些人称之为“体育法”［贝洛夫（Beloff），2005 年］。

在这个简短的判决中，提出了一些对刑法和刑事司法管理至关重要的问题。巴恩斯（Barnes）判决的核心是一项简单的政策声明，即某些存在伤害风险的运动是合法的，尽管如此，那些参与“合法运动”的人并没有非法行为。这在教义上的表达方式是通过犯罪/辩护范式实现的，根据这一范式，如果可以获得并适用同意的辩护，那么表面上的（prima facie）暴力犯罪就无效了［根据上议院在 R v Brown（［1994］1 AC 212）中的判决］。因此，该案例在多个层面上对刑法课程是有用的。其中包括确证实体刑法的若干方面，特别是与侵犯人身罪有关的方面：犯罪意图原则（特别是轻率）、因果关系和同意的辩护，包括政策推理的影响。

在严重依赖公共法律政策考虑的领域，理解刑法对学生来说是一个挑战。米德森（2010 年）强调了背景的重要性，以便与支撑因果关系原则表达的“无形因素”进行协商，当涉及双方同意的伤害的合法性时也是如此。在研究与侵犯人身罪有关的同意的能力和限制时，教科书和刑法教学的焦点可能集中在布朗（Brown）案的判例上，该案例源于对一些从事施虐受虐狂的男子的起诉：上议院认为，如果是在诸如手术、文身和穿孔以及接触性运动的“合法活动”的过程中，同意是对（有时是严重的）伤害的辩护。

布朗案的判决书长达 60 多页，包含了五位上议院议员的矛盾意见，这些意见可能需要很长的时间被推翻。从某些方面来说，这些色情题材可能被认为是吸引学生的理想选择，但它可能会使意见两极分化，一些人可能对提供关于性问题的个人观点感到不舒服。这些发自内心的反应有潜在的价值，可以帮助学生为法律实践的现实做好准备（汤斯 · 奥布莱恩，2014 年，第 61 页），但是，正如布朗和默里（第 4 章）所指出的，他们也可能阻碍学生。相比之下，巴恩斯（Barnes）是一个更简洁的判决（12 页），由伍尔夫勋爵（Lord Woolf）单独作出，并且涉及一项活动（足球）的授权，很少有人会认为该案有争议性。这些因素使得对刑法教义如何为公共政策的规范性要求服务的有益讨论变得更加容易。

除了说明教义的有用性，特别是在说明同意辩护的可用性和运行背后的公共政策理由外，巴恩斯案件还提供了一个机会，可以考虑刑法适用的更广泛的社会和制度背景，因为它是在竞技体育良好的道德和管理框架下发生的。在作出判决时，伍尔夫勋爵认为“问题的核心”是“在体育赛事过程中，一名球员对另一名球员造成伤害后，何时提起刑事诉讼是适当的”（第 912 页）。在讨论这个问题时，伍尔夫勋爵认为：

> 出发点是事实上大多数有组织的运动都有自己的纪律程序，以执行其特定的规则和行为标准。因此，在大多数情况下，不仅没有必要进行刑事诉讼，也不希望有任何刑事诉讼。此外，除了刑事诉讼外，还有一种可能性，如果其他球员因过失或攻击而导致他受伤，受伤的球员可以在民事诉讼中从另一名球员那里获得赔偿……刑事

起诉应保留给那些行为严重到足以被适当归类为刑事犯罪的情形（第912—913页）。

因此，判决书承认了刑法运行所处的多元化法律背景，也承认了侵权的和管理的选项，这些选项影响刑事起诉决定是否适当。

体育的特殊道德和管理框架为考察刑法提供了一个有用的背景，但还有一些其他领域也为考察刑法提供了肥沃的土壤。例如，医学实践是由医学伦理的基本原则［通常被描述为包括自治、慈善、无害和正义的平衡（吉伦，1994年）］和一个类似的完善的管理体系所支撑。帮助自杀是另一个可以实现跨课程背景化的领域，自然会引起对基本伦理和社会政治问题的思考。上议院的R（Purdy）v DPP（［2009］UKHL 45）一案包含一个特别有用的资源，并强调了检察机关的自由裁量权对刑法运行的重要性。在白领犯罪和公司管理领域也有很好的可能性可供探索。

结语

对25年前阿尔德里奇所批评的传统教义方法的长期坚持，可以归结为以下几个原因：认证机构要求将学习刑法作为法学学位课程的一个合理的重要组成部分，这些要求并没有明确规定具体内容，但它们对鼓励教学中的不同观点或想象力却没有什么作用。除此之外，其他一些或多或少的微妙因素也可能助长了一定程度的教学惰性，并有助于具体化一种公认的做事方式，例如各种"利益相关者"的期望和要求，刑法课本所产生的向心力，以及那些讲授刑法的人中先天的保守主义。这可能源于朗德利式的信念（Langdellian belief），即法律科学可以从其社会和政治背景下分离出来［蔡斯（Chase），1979年］，或者是希望将一个狭窄的调查领域解释为一种排除潜在无限材料的手段，这些材料可能会使大学老师走出他或她的"舒适区"。

在本章中，我讨论了背景是一种重要的手段，通过它可以使刑法更具吸引力，并使人们对该课程有更透彻的理解。介绍这一点的一个直接手段是利用那些跨越表面的学科界限的主题，例如那些可能更容易与体育、医疗或公司法相关的主题。除了加强学生对刑法本身的理解外，这种对其刑法的作用和功能的充分理解，也有助于促进学生对刑法与法学课程其他部分之间的联系的理解。例如，对巴恩斯判决的研究可以为考虑实体刑法的构成要素提供一个重点，同时也可以作为一个讨论点，讨论在多元化的管理和法律背景下犯罪化的合法范围。

参考文献

[1] Alldridge, P, 'What's Wrong with the Traditional Criminal Law Course?' (1990) 10 *Legal Studies* 38.

[2] Beloff, M, 'Is There a Lex Sportiva?' (2005) 5 *International Sports Law Review* 49.

[3] Blackshields, D *et al.* (eds), *Integrative Learning: International Research and Practice* (Routledge, 2014).

[4] Bradney, A, 'Law as a Parasitic Discipline' (1998) 25 *Journal of Law and Society* 71.

[5] Bradney, A, *Conversation, Choices and Chances: The Liberal Law School in the Twenty-First Century* (Hart, 2003).

[6] Brown, D *et al.*, *Criminal Laws: Materials and Commentary on Criminal Law and Process of New South Wales* (The Federation Press, 2015).

[7] Chase, A, 'The Birth of the Modern Law School' (1979) 23 *The American Journal of Legal History* 329.

[8] Cohen, NP, 'Teaching Criminal Law: Curing the Disconnect' (2004) 48 *St Louis University Law Journal* 1195.

[9] Crowe, J, 'Reasoning from the Ground Up: Some Strategies for Teaching Theory to Law Students' (2011) 21 *Legal Education Review* 49.

[10] Easteal, P, 'Teaching about the Nexus between Law and Society: From Pedagogy to Andragogy' (2008) 18 *Legal Education Review* 163.

[11] Farmer, L, 'The Obsession with Definition: The Nature of Crime and Critical Legal Theory' (1996) 5 *Social and Legal Studies* 57.

[12] Farmer, L, *Criminal Law, Tradition and Legal Order-Crime and the Genius of Scots Law 1747 to the Present* (Cambridge University Press, 1997).

[13] Gillon, R, 'Medical Ethics: Four Principles Plus Attention to Scope' (1994) 309 (6948) *British Medical Journal* 184.

[14] Hepple, B, 'The Renewal of the Liberal Law Degree' (1996) 55 *Cambridge Law Journal* 470.

[15] James, N, 'The Good Law Teacher: The Propagation of Pedagogicalism in Australian Legal Education' (2004) 27 (1) *University of New South Wales*

Law Journal 147.

[16] Johnstone, R, 'Rethinking the Teaching of Law' (1992) 3 (1) *Legal Education Review* 17.

[17] Kift, S, Field, R and Wells, I, 'Promoting Sustainable Professional Futures for Law Graduates through Curriculum Renewal in Legal Education: A Final Year Experience (FYE2)' (2008) 15 (2) *eLaw Journal* 145.

[18] Leeming, M, 'Theories and Principles Underlying the Development of the Common Law-The Statutory Elephant in the Room' (2013) 36 *University of New South Wales Law Journal* 1002.

[19] Midson, B, 'Teaching Causation in Criminal Law: Learning to Think Like Policy Analysts' (2010) 20 *Legal Education Review* 109.

[20] Newbery-Jones, C, 'Trying to Do the Right Thing: Experiential Learning, e-Learning and Employability Skills in Modern Legal Education' (2015) 6 (1) *European Journal of Law and Technology*.

[21] Norrie, A, *Crime, Reason and History* (3rd edn, Cambridge University Press, 2014).

[22] Norton, A, Sonnemann, J and Cherastidtham, I, *Taking University Teaching Seriously* (Grattan Institute, 2013).

[23] Oliver, D, 'Teaching and Learning Law: Pressures on the Liberal Law Degree' inP Birks (ed), *Reviewing Legal Education* (OUP, 1994).

[24] O'Shea, P, 'The Complete Law School-Avoiding the Production of Half-Lawyers' (2004) 29 *Alternative Law Journal* 272.

[25] Rubin Henderson, B, 'Asking the Lost Question: What Is the Purpose of Law School?' (2003) 53 *Journal of Legal Education* 48.

[26] Sanders, A, 'Poor Thinking, Poor Outcome? The Future of the Law Degree after the Legal Education and Training Review and the Case for Socio-Legalism' in HSommerlad others (eds), *The Futures of Legal Education and the Legal Profession* (Bloomsbury, 2014).

[27] Twining, W, *Blackstone's Tower: The English Law School* (Sweet & Maxwell, 1994).

[28] Twining, W, 'What Are Law Schools For?' (1995) 46 *Northern Ireland Legal Quarterly* 291.

[29] Twining, W, 'Bureacratic Rationalism and the Quiet (R)evolution' (1996) 7 *Legal Education Review* 291.

[30] Walker, A, 'The Anti-Case Method: Herbert Wechsler and the Political History of the Criminal Law Course' (2009) 7 *Ohio State Journal of Criminal Law* 217.

[31] Wells, C and Quick, O, *Lacey, Wells and Quick: Reconstructing Criminal Law* (4th edn, Cambridge University Press, 2010).

[32] Wilson, W and Morris, G, 'The Future of the Academic Law Degree' in P Birks (ed), *Reviewing Legal Education* (OUP, 1994).

第13章 “背景”下的刑法教与学：认真对待“背景”

艾莉·拉夫南

引言

一项针对澳大利亚法学院讲授的基础刑法课程的非正式调查显示，一些学校表示他们在“背景”中讲授刑法。以悉尼大学为例，我们的课程手册指出，刑法课程“旨在介绍新南威尔士州刑法的一般原则，并在其当代社会和政治背景下批判性地分析这些原则”（悉尼大学，2015年）。“背景下的法律”这一描述在当前刑法课程中的流行表明，该术语具有积极的关联性，但目前尚并不清楚所有提及“背景下”教学的是否都意味着同样的事情：披着“背景下”外衣的教学法的范围是从偶然的甚至是修辞学的，到更自觉地引用某一特定教学传统。作为对刑法课程教学方式的描述，“背景”标签能够捕捉到一系列不同的法学教学实践的（或多或少具有反思性的）风格和方法。

什么是“背景下的法律”？很难确定这个令人回味无穷的、具有神奇魔力的术语，对教学和学术文献的回顾表明，各种术语（如“法律与社会”）被用来表达类似的想法。就本章的目的而言，“背景下的法律”的方法以这样一种理念为中心：只有在背景下学习法律，才能正确或充分地理解法律，或者换句话说，“背景下的法律”的方法需要忠实于背景［塞尔兹尼克（Selznick），2003年，第181页］。正如克里斯·汤姆林斯（Chris Tomlins）所言，作为“背景下的法律”的法学方法，不是把法律视为一个其他外在于社会生活领域的领域，而是视为由“背景”构成或定义的领域（汤姆林斯，2013年，第149页）。虽然“背景”可能有不同的含义，但我认为它表达了一个地方或地点的概念，这个概念被广泛地理解为包括一个社会系统的历史、文化、政治、经济和其他方面。在这种方法中，将背景作为构成性或定义性的规则延伸到对法律的思考、研究、写作以及讲授法律，因此，“背景下的法律”意味着一种知识和/或教学的倾向。然而，考虑到外部的限制，这种倾向在一个特定的学术或教学环境中可能只是不完美或不完全地得以实现。

在本章中，我试图为正在进行的多方面的努力做出微薄的贡献，以发展我们对“背景”下刑法教学的理解和实践。虽然有大量的社会法律和其他研究可以用于学习法律的任务，但将这些资料纳入法学课程或法学教学的框架内仍然有点难以捉摸（斯蒂尔，2013 年，第 24 页）。基于对教学和学术文献的回顾，我认为认真对待“背景下的法律”这一理念的刑法教学方法有四个特征。当然，致力于“背景下的法律”可能有一系列的自我表现方式，本章中讨论的目的并不在于强制性。相反，它旨在帮助反思教学实践，并帮助那些旨在认真对待“背景下的法律”教学理念的刑法讲师、导师和专家。

澳大利亚“背景下的法律”教学的发展

在澳大利亚，“背景下的法律”方法是在传统的“黑体字”教学法的背景下发展起来的，这种教学方法在 20 世纪 70 年代之前一直是澳大利亚法学院的特色。在这个时代，尽管法学教育被正式并入学院，但它还没有完全脱离作为学徒制的起源，并反映出一种“商业学校”的精神（斯蒂尔和施瓦茨，2013 年，第 9 页）。在澳大利亚，法律主要是由在律师事务所和法官席从事全职职业的从业人员讲授的［桑顿（Thornton），2011 年，第 61 页］。与这一体系相关的法学教育理论是以“冻结知识的传输”模式运行的——教员提供一个说明性的讲座，学生把规则牢记在心，并在考试中刻板地复述这些规则［桑顿，2011 年，第 85 页］——相对而言，法律被视为客观的、权威的和稳定的［邓肯森（Duncanson），1996 年，第 80 页］。正如罗斯·克兰斯顿（Ross Cranston）写到的那样，在这一传统中，大多数法律领域的典型教学背景，即使没有说明，也不过是关于为政府或企业服务的律师，以及作为他或她的客户的“富裕的某甲”一般观念（1978 年，第 67 页）。

澳大利亚法学院“背景下的法律”教学的出现动摇了这一传统，以及与之相关的狭隘而有限的“背景”观念。澳大利亚“背景下的法律”教学的出现与“法律与社会”（也被称为社会法律研究）知识运动和随后的批判性法律研究运动的影响密切相关。这些运动对法律研究和法学教学法都产生了深刻的影响，从 20 世纪 70 年代开始，在澳大利亚就可以发现这些运动的影响。法律与社会运动在美国和英国以不同的方式发展，挑战了法律的自治主张（汤姆林斯，2013 年），强调了法律原则和实践所处的社会、政治和经济环境（克兰斯顿，1978 年，第 64 页）。正如玛格丽特·桑顿（Margaret Thornton）所写的关于法律的“社会法律方法”（socio-legal approach）中的“社会”，它避开了法律和其他生活领域之间的“人为划分的界限”（2006年，第5页）。后来的批判性法律研究运动，提出了将社会生活视为“法律上——也就是语言上或推理上的——构成的”的观点（汤姆林斯，2013年，第141、142页），这一运动更公开地提出了批判，促进了更深入的理论参与，并在法学教学中使用跨学科的资料（戴维斯，2013年）。与法律与社会运动相比，这一知识运动的提出并不那么热烈，但从广泛的意义上讲，它助长了当时正在兴起的“背景下的法律”的教学方法的流行。

在澳大利亚，“背景下的法律”教学的发展故事也是“新”大学的故事，比如拉筹伯大学（La Trobe University）和麦考瑞大学（Macquarie University），它们分别成立于20世纪60年代和70年代。例如，拉筹伯大学的法律学系创建于1972年，并于1994年转为法学院，深受社会法律研究和批判法律研究运动的影响（戴维斯，2013年；桑顿，2006年；汤姆林斯，2013年）。这些运动的吸引力在于它们与澳大利亚的活动家和改革者的要求相联系，就像其他地方一样，他们已经开始鼓动深刻的法律变革，以实现社会变革（戴维斯，2008年）。在法学研究和教学中致力于“背景下的法律”的做法与进步的要求紧密吻合。“新”法律系和学院采用了反映社会现象而非法律现象的学科（克兰斯顿，1978年，第66页），并接受了创新的法学教学方法（戴维斯，2013年，第53、55页）。具体的新举措包括诊所式法学教育以及接受“以学生为中心的学习”的方法，鼓励教师和学生之间在小型互动研讨会上进行批评、反思和对话（戴维斯，2008年；克兰斯顿，2011年）。

向“以学生为中心的学习”的转变重新强调了法学学习的背景或社会层面。大约在1987年英联邦高等教育委员会关于澳大利亚法学教育的报告［皮尔斯报告（the Pearce Report）］发表时，“更广泛的社会视角”成为课程的常规特征（斯蒂尔，2013年，第9页）。尽管如此，皮尔斯报告的结论是，澳大利亚的法学院课程过于狭窄和以规则为导向，报告建议所有法学院考虑对法律的理论和批判性视角的关注（皮尔斯、坎贝尔和哈丁，1987年，第57页）。虽然，报告中的批判似乎是指作为“像律师一样思考”的一个方面的批判性思维，而不是更广泛的“社会政治形式的批判”（詹姆斯，2004年a，第384页），但很明显，对法学教学和法学教育的更广泛的看法已经出现了。到了20世纪的最后10年，澳大利亚的法学教育将教义、实践技能课和学术性法学方法结合起来（克兰斯顿，2011年，第62页）。这一时期被描述为“自由主义法学学位”的时代——在这一时期，批判性的跨学科观点以及来自人文和社会科学的洞见被嵌入法学教育学中，以鼓励“培养全面发展的律师”（克兰斯顿，2011年，第63页）。

1992年制定的“普里斯特利（Priestley）11条”，以及它在整个法学课程中的逐步实施，作为国家对法学毕业生的认证标准，代表了远离上述自由主义方法的一步。“普里斯特利11条”现已被纳入《2015年法律职业统一准入规则》，它强调法律内容，而不是背景，实际上是将法学课程构建为一套无关联的教义领域。重点是传统的知识领域，而不是毕业生的品质或技能［凯斯（Keyes）和约翰斯顿（Johnstone），2004年，第544页］。尽管法学教学的方法仍然是开放的，但方法必须服务于内容，值得注意的是，正如“普里斯特利11条”所证明的那样，法律职业对法学课程的影响是深远的，而且影响可能会越来越大（凯斯和约翰斯顿，2004年，第555页）。

“普里斯特利11条”在澳大利亚法学院扎根的同时，高等教育部门也经历了剧烈的变化。在过去的20年里，新自由主义大学在澳大利亚兴起，根据这种理论，大学越来越企业化和管理化，并沿着商业路线运行（克兰斯顿，2011年）。这已经改变了法学研究和教育的模式［巴蒂（Bartie），2014年］。根据放松管制和取消公共资金的政策，澳大利亚的法学院数量、在这些学校注册的学生数量以及这些学生所支付的费用都在激增。在法学院内部，已经从“激进的批评和社会”转向了“技术官僚和应用”（克兰斯顿，2011年，第80页），重新强调了法律实践的职业培训。这一变化恰好与过去的“被动教学法”——讲座和考试——的回归相吻合，因为学生人数的压力和学术研究生产率的要求使得多个小组的研讨会成为一种奢侈品（克兰斯顿，2006年，第14页；克兰斯顿，2011年，第86—87页）。

这些条件给院校致力于“背景下的法律”的教学方法带来了压力。在目前的刑法课程大纲和法学院的营销资料中，“背景下的法律”这个描述词的流行表明，这个词仍然有积极的关联性，但很明显，它并不表示一种具体的刑法教学方法。事实上，作为一个描述词，“背景下的法律”在不同的关联之间游走——一方面是对刑法原则的应用研究，另一方面是对刑事法律教义的批判性方法（甚至可能是一种更分散的超法律的理念：法律加背景，这对法学学生来说更有价值）。在目前的情况下，“背景下的法律”教学精神的模糊性——无论它意味着强调批判性还是实用性——似乎已经确保了它的生存。注重实践学习以及应用知识和技能在当今时代正处于支配地位，并强调了法学院应该为从业人员服务的理念（克兰斯顿，2011 年，第 81 页）。在某种程度上由于对“背景下的法律”教学精神的模糊认识，即使只是在修辞层面，仍然存在对“背景下的法律”教学的认可。

认真对待“背景下的”刑法教学

认真对待“背景下的”刑法教学意味着什么？正如有不同的方法和分析技术为“背景下的法律”研究定性一样［查尔斯沃思（Charlesworth），2007 年］，也有不同的方式来接受“背景下的法律”教学方法。如上所述，致力于“背景下的法律”方法是一种知识和/或教学上的倾向。在不对“背景下的”刑法教学采取过度强制的方法的情况下（斯蒂尔，2013 年），我们有可能勾勒出这种方法的特征。基于对教学和学术文献的回顾，我认为这种方法有四个特征：为学生提供批判性评价法律原则和实践的概念工具，展示历史敏感性，考虑刑法的制度框架（包括但不限于刑事诉讼和证据），还包括关于法律主题的多学科观点。我将依次研究这些问题。

“背景下的法律”的刑法教学方法的基础是引入一种概念工具，允许学生发展一种语言来批判性地评价法律原则和实践［哈韦曼（Havemann），1995 年，第 143 页］。这种语言可能包括阶级、种族或民族、土著性、性别和能力的概念，以及社会机构，如经济和家庭（哈韦曼，1995 年，第 143 页）。正是这种语言使学生能够理解背景的意义。正如亚历克斯·斯蒂尔在他为澳大利亚学习和教学委员会（ALTC）准备的 2013 年《良好实践指南》中写到的，有多种“背景”与法学学习有关。这些背景包括“商业/商务”“文化和语言”“土著”“政治”“法律改革”“环境/可持续发展”和“残疾/损伤”（斯蒂尔，2013 年，第 14、16 页）。一个概念性的工具可以确保学生不只是将“背景”添加到法学学习中，或者假设“背景”是特定法律安排的决定性的要素（塞尔兹尼克，2003 年，第 180 页）。而且，发展一种批判性学习的概念工具可以促进反思性。法学学生不仅被赋予了“解读”社会秩序的能力，而且还被赋予了理解他们自己在社会中的角色的能力（哈韦曼，1995 年，第 138、139 页）。

表现出历史敏感性是“背景下的法律”方法的第二个特征。法律是一种历史化的实践，这是一个不争的事实，但是，随着外部因素产生的压力，如学期化，这种意识可能会简化为判例法和成文法的粗略年表。虽然刑法教科书通常从犯罪的定义开始，但犯罪并不是固定不变的东西（法默，1996 年）。

正如林赛·法默（Lindsay Farmer）所言，从历史的角度来看，犯罪是通过制定更严格的程序规则定义的，司法管辖权不是根据地理空间而是根据程序确定的（1996 年，第 65 页）。向学生介绍展示历史敏感性的资料有助于学生理解随着时间的推移而发生的变化，当与电影等法律以外的资料结合使用时，会引导学生在情感和认知层面上参与法学学习［米勒（Miller）和迪·马特奥（DiMatteo），2012 年，第 164 页］。在澳大利亚（和其他地方），历史敏感性的一个重要部分是关注殖民化的现实和定居者社会的后殖民性质（哈韦曼，1995 年，第 148、149 页；斯蒂尔和施瓦茨，2013 年，第 19、20 页），以及刑事司法制度对土著人的影响。就刑法而言，“背景”的这一方面对于“定位”对法律的理解至关重要。

对法律的制度框架的关注构成了“背景下的法律”方法的第三个特征。就刑法而言，这包括考虑到决定具体法律如何运行的证据和程序规则（布朗等，2015 年，第 4 页），理解诸如警察和检方在审判前行使的自由裁量权等因素的作用（布朗等，2015 年，第 5 页），以及考虑关于定罪后支配惩罚的刑罚实践。然而，考虑到刑法的制度框架，需要将目光投向刑事司法制度的范围之外。实在法——规则、条例、案例和法规，通常被认为是“真正的”法律——只是更大的、更不统一的“法律秩序”的一部分。当“背景下的法律”方法被认真对待时，“实在法加上它的前提、机构和维持文化”就会进入人们的视野（塞尔兹尼克，2003 年，第 178、179 页）。在这里，相关的考虑因素可能包括专业化的法律从业人员的存在、独立的司法机构和公共司法的原则。在已经比较完整的刑法课程中，不可能再纳入刑法制度框架的所有方面，但勾勒出刑法的制度框架将是实现刑法原则和实践的“背景化”的重要方法。

使用其他学科的资料是“背景下的法律”方法的第四个也是最后一个特征。来自不同学科的资料允许法学学生发展有关背景的理论——例如，社会生活的不同领域的相互联系。例如，犯罪学、社会学和心理学的研究可以使人们对刑法和刑事司法机构的运作有更丰富、更细致的了解（布朗等，2015 年，第 6 页）。此外，社会科学学科资料为刑法的“深度”方法注入活力，使学生能够理解法律和法律变革的社会政策影响，并培养学生的分析技能（米勒和迪·马特奥，2012 年，第 160 页）。来自其他学科的资料对于促进学生理解现存的权力失衡和社会不平等对法律原则（如法治或无罪推定）的影响至关重要。同样重要的是，这些资料能够帮助学生认识到知识的情境性和思考世界的法律方式的局限性。

综上所述，“背景下的法律”的刑法教学方法的这四个特征，为防止在法学学生中反复灌输对刑法的过于狭窄和有限的理解提供了保障。这种狭隘的理解的特点是对法律原则进行相对抽象的和抽象化了的理解，而这些原则的例外情况（如在主观主义占首要地位背景下的严格责任犯罪）则被边缘化，甚至完全被忽视。这种方法是有问题的，因为它代表并融入了对刑法发展的辉格主义处理，作为对法官和立法者概念上一致的指导原则的不断完善。刑法不是一个完全理性的事业（法默，1996 年），如果以抽象的方式对待它，就像自由政治哲学的实际应用一样，就不可能完全理解它［雷斯（Lacey），2013 年］。“背景下的法律”方法通过考虑变化和偶然性，并允许跨领域（或多个领域）和任何一个时间点上的不连贯性和不一致性，有可能对刑法原则和实践进行更复杂的处理。

案例研究：刑法中的“背景化”的精神上无行为能力

与犯罪（如杀人和性侵犯）和辩护（如挑衅）相比，在基础刑法课程中，精神上无行为能力通常不会受到很大程度的“背景化”的影响，尽管这种背景对于理解刑法这一领域的发展、原理和运行至关重要。认识到有必要开发为“背景下”的法学教学提供框架的资料（斯蒂尔，2013 年，第 24 页），本案例研究将前文概述的“背景下的法律”方法的四个特征应用于精神错乱/精神疾病辩护。

如前文所述，“背景下的法律”要求引入一种概念性的工具，允许学生发展一种语言批判性地评价法律原则和实践。与精神上无行为能力有关的关键概念是一种混合医学、法学和社会学的概念（如疾病、紊乱、无行为能力和能力/残疾）。在刑法中，“精神上无行为能力”是指在刑法假定和要求的认知、道德和意志能力方面受到损害（见拉夫南，2012 年）。它通常被认为是辩护的一个子集（例如，与精神错乱/精神疾病一起还包括诸如不适合辩护的程序性规定），但我们可以质疑辩护的概念——“被假定是为了被告人的利益而提出的东西”——在这里是否是最恰当的概念。认识到精神上无行为能力条款在刑法中的各种作用——我认为，包括可归罪的作用（即使个人被判决有罪的作用）——可能会让我们质疑一个诱人的故事，即法律的这一领域的发展是对精神障碍和其他情况的人的需求的一种让步（拉夫南，2012 年）。刑法这一领域所使用的语言——特别是“精神错乱”的污名化语言——以及关于精神疾病和犯罪之间关系的法律和流行假设，要求在刑法课堂上采取谨慎和反思的方法。

“背景下的法律”方法的另一个特点是显示出历史敏感性。当涉及精神上无行为能力时，这一点尤其重要——这是一个以长期存在的普通法辩护（精神错乱/精神疾病）为标志的领域，只是最近才有成文法的补充（如减轻责任/实质性损害）。在新南威尔士州，精神错乱的辩护理由在 20 世纪 90 年代被重新命名为精神疾病的辩护理由［见《1990 年新南威尔士州精神健康（司法鉴定条款）法》］。在目前管辖该辩护理由的操作和程序方面的复杂的成文法规定网的背后，精神错乱的实质性“标准”仍然受普通法管辖，特别是 1843 年制定的《姆纳滕（M'Naghten）规则》。这些规则提供了一个由三部分构成的标准：一个人具有“判断力缺陷”，这种“判断力缺陷”是由“精神疾病”造成的，并导致他或她不知道该行为的“性质和质量”或它是错误的。鉴于此后一段时间内无数的法律和医学进步，这个相当古老的案例怎么可能仍然决定着判断精神错乱的标准？我在其他地方给出了理由：三个因素的结合——《姆纳滕规则》的制定方式，《姆纳滕规则》中艺术概念的使用，以及它们对特别判决的依赖，该判决将成功使用精神错乱辩护与裁决联系起来——再加上缺乏立法改革的政治意愿，解释了尽管姆纳滕案有公认的局限性但仍具有持久性的原因（拉夫南，2016 年）。

考虑法律的制度框架是“背景下的法律”方法的第三个特征。在这里，这个框架主要是受历史的实践支配，即对被指控实施刑事犯罪的精神上无行为能力者在监狱或者在医院进行无限期拘留。众所周知，在澳大利亚的司法管辖区（以及其他地方），法医上的精神疾病患者也被称为“刑事精神错乱者”或“刑事精神病”，在成功使用精神错乱/精神疾病辩护后，被长期拘留。一种特殊的程序工具——“因精神错乱而无罪”的特别裁决——的发展反映了一种政策关注，即把那些将受到国家特殊强制力制约的被告人与那些将通过正常刑法程序被宣告无罪或定罪的被告人区分开来［凯（Mackay），1995 年］。无限期拘留是基于对被控刑事犯罪的精神失常者的“危险性”和“不正常性”显著的持久的信念。最近，拘留已得到了其他处置方案的补充，这些方案规定了不剥夺自由的强制措施，但“危险性”的概念依然存在。正如新南威尔士州法律改革委员会所承认的，“现代精神疾病辩护”的基础是“承认精神功能受损是免除刑事责任的辩解理由”，以及“通过拘留那些由于精神疾病而对自己或他人构成威胁的人来保护社区”（新南威尔士州法律改革委员会，2010 年，第 66 章［3.5］部分)。

关于精神错乱/精神疾病的制度框架影响了法律的发展。部分原因是成功的精神错乱/精神疾病判决的处置后果受到限制，从历史上看，该辩护更有可能在严重的刑事审判中提出，如杀人案审判。这意味着精神疾病辩护的判例是在此类审判的背景下发展起来的，从而歪曲了以精神疾病为由要求开脱罪责的法律概况，并影响了构成法律调查一部分的问题类型（例如，某种临床状况是否“容易复发”，从而根据《姆纳滕规则》可能构成“精神疾病”）。此外，在一定程度上为了应对精神疾病辩护的问题，新南威尔士州引入了责任减轻的部分辩护（现在称为实质性损害)。在 20 世纪 90 年代（通过《1997 年犯罪修正（责任减轻）法》）重新制定法律后，新南威尔士州关于实质性损害的法律规定，如果一个人在杀人时，他或她理解事件、判断行为的对错或控制自己的能力因“基础疾病”引起的“精神异常”而受到“实质性损害”，则犯下谋杀罪的人不会被判定为谋杀罪［《1900 年新南威尔士州犯罪法》第 23 条 A（1）（a）］。但这种辩护有其自身的问题——特别是围绕着将本来可能被视为理性的行为（如对家庭暴力的反应）病理化的问题——不仅跟踪了警察和起诉做法的变化，而且更广泛地跟踪了社会对暴力态度的变化。

“背景下的法律”方法的第四个也是最后一个特征是在法律议题上叠加了多学科的观点。就精神无行为能力而言，医学人生观或世界观就是这样一个重要的观点。前文提到的这部分刑法领域的关键概念的混合性质，暗示了专家医学知识（特别是精神病学和心理学知识）的重要性。医学专家的看法——例如，对特定疾病的临床特征、诊断和治疗方案——在刑法及其程序和刑罚类似物中占有重要地位。然而，这种主导地位一直受到挑战。无行为能力行动主义和无行为能力研究的兴起鼓励了关于精神疾病和其他疾病的新视角的发展，因为它们在刑法和实践中发挥着作用［斯蒂尔（Steele）和托马斯（Thomas)，2014 年］。这些观点为女权主义学者和活动家的观点增添了批评的声音，他们批评了通过刑法这一部分构建女性被告人的方式（例如，见艾伦，1987 年)。展望未来，精神错乱/精神疾病辩护，特别是《姆纳滕规则》，很可能必须根据国际人权法的发展进行修正——特别是联合国《残疾人权利公约》第 12 条，它保证了法律面前的平等保护，并对专门针对无行为能力人的刑法提出了质疑［巴特利特（Bartlett)，2012 年］。正是这一领域的法律将更广泛地指导精神错乱和精神无行为能力法律的未来发展。

结语

在新自由主义大学的时代，我们很容易对“背景下的法律”的教学方法所具有的激动人心甚至是激进的潜力感到失望。“背景下的法律”并不是一个单纯的想法（塞尔兹尼克，2003 年，第 178 页），但是，在目前的条件下，它似乎很容易被清除掉所有的实质性意义。澳大利亚的法学教育现在是由多种不同的话语构成的，包括教义主义、合作主义和职业主义（詹姆斯，2004 年 a）。无论如何解释，都不可能（也许也不希望）让所有的人都服从于“背景下的法律”方法。但是，认识到已经排满的课程的局限性，以及“普里斯特利 11 条”的限制，我们仍然有可能认真对待“背景下的刑法”教学的概念。刑法原则的“背景”教学对学生学习所具有的促进作用，使我们必须认真努力做到这一点。赋予通常给予基础刑法课程的描述以新的活力——确保“背景”这个标签真正有意义——是朝着正确方向迈出的一步。

参考文献

[1] Allen, H 1987 *Justice Unbalanced: Gender, Psychiatry and Judicial Decisions* Open University Press, Milton Keynes, Philadelphia, England.

[2] Bartie, S 2014 ‘Towards a History of Law as an Academic Discipline’, *Melbourne University Law Review* vol. 38, no. 2, pp444-481.

[3] Bartlett, P 2012 ‘The United Nations Convention on the Rights of Persons with Disabilities and Mental Health Law’, *The Modern Law Review*, vol. 75, no. 5, pp752-778.

[4] Brown, D, Farrier, D, McNamara, L, Steel, A, Grewcock, M, Quilter, J & Schwarz, M 2015 *Criminal Laws: Materials and Commentary on Criminal Law and Process of New South Wales*, 6th edn, The Federation Press, Annandale, NSW.

[5] Charlesworth, L 2007 ‘On Historical Contextualisation: Some Critical Socio-Legal Reflections’, *Crimes and Misdemeanours*, vol. 1, no. 1, pp1-40.

[6] Cranston, R 1978 ‘Law and Society: A Different Approach to Legal Education’, *Monash University Law Review*, vol. 5, no. 1, pp54-69.

[7] Davies, S 2008 ‘Better Off Not Knowing? Power, Knowledge and the Limits of Legal Education’, *Australian Journal of Gender and Law*, vol. 1, no. 1, pp1-13.

[8] Davies, S 2013 ' From Law to "Legal Consciousness": A Socio-Legal Pedagogical Expedition' , *Law in Context*, vol. 29, no. 2, pp42-58.

[9] Duncanson, I 1996 ' Degrees of Law: Interdisciplinarity in the Law Discipline' , *Griffith Law Review*, vol. 7, pp77-103.

[10] Farmer, L 1996 ' The Obsession with Definition: The Nature of Crime and Critical Legal Theory' , *Social and Legal Studies*, vol. 5, pp57-73.

[11] Havemann, P 1995 ' "Law in Context": Taking Context Seriously' , *Waikato Law Review*, vol. 3, pp137-162.

[12] James, N 2004a ' Australian Legal Education and the Instability of Critique' , *Melbourne University Law Review*, vol. 28, no. 2, pp375-405.

[13] James, N 2004b ' Marginalisation of Radical Discourses in Australian Legal Education' , *Legal Education Review*, vol. 16, pp55-74.

[14] Keyes, M & Johnstone, R 2004 ' Changing Legal Education: Rhetoric, Realty, and Prospects for the Future' , *Sydney Law Review*, vol. 26, p537.

[15] Lacey, N 2013 ' Institutionalising Responsibility: Implications for Jurisprudence' , *Jurisprudence*, vol. 4, no. 1, pp1-19.

[16] Loughnan, A 2012, *Manifest Madness: Mental Incapacity in Criminal Law*, Oxford University Press, Oxford.

[17] Loughnan, A 2016, ' M' Naghten's Case (1843)' in Philip Handler, Henry Mares and Ian Williams (eds.) *Landmark Cases: Criminal Law*, Hart Publishing, Oxford.

[18] Mackay, R 1995 *Mental Condition Defences in Criminal Law*, Clarendon Press, Oxford.

[19] Miller, S & DiMatteo, L 2012, ' Law in Context: Teaching Legal Studies Through the Lens of Extra-Legal Sources' , *Journal of Legal Studies Education*, vol. 29, no. 2, pp155-189.

[20] NSW Law Reform Commission 2010 *People with Cognitive and Mental Health Impairments in the Criminal Justice System*, (Consultation Papers 1-6), New South Wales Law Reform Commission, Sydney, NSW.

[21] Pearce, D, Campbell, E & Harding, D 1987 *Australian Law Schools: A Discipline Assessment for the Commonwealth Tertiary Education Committee*, Australian Government Publishing Service, Canberra.

[22] Selznick, P 2003 ' "Law in Context" Revisited' , *Journal of Law and Society*, vol. 30, no. 2, pp177–186.

[23] Steel, A 2013 *Good Practice Guide (Bachelor of Laws): Law in Broader Contexts,* Australian Learning and Teaching Council Threshold Learning Outcomes Good Practice Guides.

[24] Steel, A & Schwartz, M 2013, ' Broader Social Context as a Lens for Learning: Teaching Criminal Law' in K Coleman and A Flood (eds.) *Disciplines: The Lenses of Learning*, Common Ground, Champaign, IL.

[25] Steele, L & Thomas, S 2014 ' Disability at the Periphery: Legal Theory, Disability and Criminal Law' , *Griffith Law Review*, vol. 23, no. 3, pp357–369.

[26] Thornton, M 2006 ' The Dissolution of the Social in the Legal Academy' , *Australian Feminist Law Journal*, vol. 25, no. 1, pp3–18.

[27] Thornton, M 2011, *Privatising the Public University: The Case of Law,* Routledge, London.

[28] Tomlins, C 2013 ' Law "and", Law "in", Law "as": The Definition, Rejection and Recuperation of the Socio–Legal Enterprise' , *Law in Context*, vol. 29, no. 2, pp137–163.

[29] University of Sydney, Course Handbook, Faculty of Law 2015 http://sydney.edu.au/hand books/law/undergraduate/units_of_study/compulsory_descriptions.shtml.

第 14 章　教授土著和少数族裔学生与刑法观点

凯莉·奎因斯

我始终是主题
从来不是艺术家
永远是对立面
因为它甚至不是我们的舞台
[摘自《我的肤色》，作者雷纳瓦（Reina Vaai），是我 2014 年“高级刑法”课程的学生；经她许可转载]

本章将讨论两个独立但相互关联的问题，即讲授土著和少数族裔的观点以及教授土著和少数族裔学生，即讲授关于我们的问题和针对我们的教学。它将利用殖民地国家人民的经验，通过包括种族理论在内的批判性法律学术的视角，说明在背景中教授刑法的价值。它使学生有机会批判性地分析黑体字刑法，而黑体字刑法往往被表述为中立的和无争议的。

简言之，这将允许我们对刑事责任进行解构，以表明它反映了与自我、社区以及公民的权利和义务等概念有关的文化上的特定价值、原则和学说。正统的刑法教学将对这些方面的研究以及对刑法程序的歧视性应用留给犯罪学和社会学学科。但是，作为刑法教学的一部分，呈现其他文化中的危害理论和处理程序，是扩大学生知识面和承认其他认识论也具有合法性的一种手段。采取这样的方法为微妙的法律论证和有效的律师工作提供了一个平台。

除了讲授内容之外，讲授这些资料的方式也很重要。教师应该重视与少数族裔群体相关的负面信息，甚至考虑是否会因担心让学生不安而不提及犯罪行为人的文化或种族身份而带来伤害。在刑法中，社会和经济的不平等以及不同的治安和执法做法可能会导致不同种族群体之间面临的逮捕、指控、定罪和惩罚率不同。少数族裔学生的积极参与应该考虑到这些政治现实，以及不同群体之间不同的学习和交流方式以及偏好。例如，法学教学中标志性的苏格拉底式教学法，高度重视在大群体面前的公开探究形式，这对一些少数族裔文化来说是一种挑战。

作为一名土著教师或学生：让我告诉你我的民族的方式……

像每一个毛利学生一样，我有过这样的经历：坐在刑法学课堂上，感受到无数的情绪，产生这些情绪是因为得知我们在司法系统中处于一种特殊的地位。我毫不怀疑，在这一点上我与其他少数族裔的刑法教师产生了共鸣。当打开一本案例集，看到一排又一排包含我们特征名字的案例引文时，会有一种羞愧、尴尬、愤怒、沮丧和愤慨的感觉。虽然外人看到这些名字时可能不会与我们产生任何联系，或者只是有一闪而过的想法，但这些人是我们的兄弟、父亲、表兄弟、叔叔、阿姨等。这些人被判犯有重大伤害罪和对家庭、社区（主要是我们自己的）造成损害的罪行。

在采取纯粹的教义方法教授刑法时，少数族裔所占比例过高的事实可能被忽视。这甚至可能是善意的教师有意为之，他们对提出种族或文化的名称及其与刑事责任和惩罚的相关性持谨慎态度。

法学院的课堂可以用来突出社区的社会和经济不平等。法学院往往吸引成绩优异的学生，他们往往来自特权阶层，大多数来自非少数族裔社区。在过去的 30 年里，法学院少数族裔的存在已经通过扶持行动入学计划的运行得到了加强。这种做法虽然以长期的社会利益为目标——一个更多样化的法律实践社区，他们更有能力与少数族裔客户沟通并代表他们——但少数族裔学生仍然会感到被边缘化，并由于他们作为定向招生计划学生的身份而被贴上负面标签。因此，在课堂上任何可能引起他们注意的事情都可能是有风险的。

作为一名刑法教师，我并不比少数族裔学生更远离这些感受。我仍然感到愤怒和绝望，因为我们卷入了对社会有害的行为中。我对部分男人对我们的妇女和儿童实施的难以言表的暴力感到恶心。法律现实主义者告诉我们，法律既是个人的也是政治的。这在毛利人的刑事司法体验中表现得非常明显。我注意到毛利学生在演讲厅的枯燥无味的环境中看到和听到关于毛利人的违法行为时感受到的伤害。还有一件事让人感到羞耻，那就是犯罪体系缺乏重点：这些人以及他们的身份、文化、历史被认为是导致眨眼之间发生的事件的要素，并成为加重或减轻处罚的因素。

除了考虑毛利（或其他少数族裔）学生的反应和混乱外，教师应该如何与其他身份的学生联系，以确保他们对刑法运行的背景以及刑法如何影响少数民族社区有适当的知识和理解呢？首先，所有教师都应该“拥有”自己的特权和地位。我承认我作为一个学者和评论家有一定地位，以及我是我的社区中最有特权的人：受过教育，中产阶级和毛利人。我意识到这个职位所带来的责任：与他们分享我自己的生活、经验和观点，并揭露法律的主观性。

任何一个少数族裔的人都可以讲述在某种背景或情况下被描述为“文化夏尔巴人”的经历；作为局外人，负责指导多数族裔的人完成任务或经历，或从少数族裔的角度解释事情。这可能是一个讲授刑法的少数族裔学者的地位。处于这种地位既有好处也有坏处。“内部特权”允许你以局外人无法做到的方式提出通常有争议的种族、文化和民族问题。作为少数族裔学者的好处是能够从生活经验的角度而不是作为感兴趣的人类学家或社会科学家描述和分析种族和文化政治。当然，这样做的是要注意不要把你的观点作为一个本质化的观点——似乎是真实的立场——来介绍。在这一点上，重要的是将你的方法呈现为个人的、主观的方法。

然而，这并不意味着非少数族裔教师应该避免有关种族或刑法中的少数族裔的争议性问题。逃避这个话题是一种不作为。非少数族裔教师有机会示范如何注意学生群体的多样性，以及在教学内容或资料中可能出现的敏感或困难问题。建立一种鼓励和期待提问、积极倾听、讨论和辩论的课堂文化是至关重要的。有时听从少数族裔客座讲师的意见可能是适当的。这也为我们提供了一个机会，表现出接触多种观点的好处，以及发展批判性思维和分析的好处。在无法做到这一点的情况下，选择资料来表达观点的多样性也是有用的，因为这可以确保你了解和认识少数族裔的问题和历史。

讲授更广泛的社会背景：种族和社会经济定位的相关性

毛利人犯罪的事实在新西兰法律文化中根深蒂固，在讨论、教学或分析刑法时，它是显而易见而又不能被忽视的。这一点很显然，因此不值得一提。在我看来，这是一个严重的错误。而有效的教学、学习，以及最终的法律辩护、代理和改革都需要直接面对这个问题。

新西兰刑法中最重要的背景因素是毛利人的处镜，所以这需要直接和刻意的教学行为来具体化造成这种情况的因素。在新西兰，我们与刑法纠缠不清——这种模式被全球其他被殖民的土著和少数族裔所复制。虽然毛利人只占总人口的15%，但却占了所有罪犯的一半左右，而且比其他人口统计学群体更容易被逮捕、指控和定罪。在惩罚方面，毛利人犯罪者更有可能被判处监禁和其他非金钱处罚。由于犯罪行为往往发生在社区内，毛利人的犯罪行为最有可能在毛利人身上延续，毛利人的受害率远远超过非毛利人，特别是毛利妇女遭受亲密伴侣暴力的比率尤其明显（奎因斯，2007 年，第 334、335 页）。

毛利人作为犯罪人和被害人的比例过高，与毛利人作为律师、法官、立法者和执法者的比例过低相呼应。在新西兰的刑法学习和实践中，毛利人占了很大的比重。尽管在一个绝大多数由非毛利学生组成的讲堂里，以传统的形式进行教学，可能很难完全理解这一点。

因此，极其重要的是奠定适当的基础，在此基础上我们可以考虑和评估我们的刑事司法制度的运行。笔者为刑法教学打下基础的第一步不是直接跳到案例法或法律教义的讨论，而是首先描述了我们制度的特点，包括在英国殖民时期刑法是如何被“接受”的，它篡夺了毛利原住民（tangata whenua）现有的土著法律制度。有趣的是，本土习惯法的宪法效力在公法教学领域存在明显的争议［安吉洛（Angelo），2011 年，第 152、160 页］，但在正统的刑法教学中仍然难以见到这种争议。在刑法中，殖民者的法律的合法性是推定的，据我所知在任何教科书中都没有讨论这个问题，这可能是教科书排除了对先前存在的法律制度的讨论。

社会经济定位和边缘化也是说明犯罪的社会、历史和经济结构背景的关键部分。对殖民进程的历史概述和对各种犯罪学理论的介绍，包括应变/亚文化理论、马克思主义和结构主义犯罪学、反殖民犯罪学和新兴的土著犯罪学领域，使学生们将接触到一些思考毛利人在刑事司法方面如何达到目前状况的思想流派。当然，这些都是复杂而交叉的问题，可以帮助学生与其他学科的学习联系起来，如犯罪学、社会学、历史和政治学。

除了在课堂上提供更全面的背景情况外，在课堂外为学生提供真实的学习体验，可以丰富学生对刑事司法中阶级和种族的学习和理解。作为每年刑法课程的一部分，学生被要求进行一次法庭观察，并提交一份有关其体验的反思性书面说明。最常被引用的观点是对法庭上明显的种族隔离所表达的震惊。白种新西兰人（Pakeha）（欧洲人）是法官、律师和执法人员，而棕色人种，主要是毛利人，则出现在被告席和公众席上。接触到新西兰刑事司法的这种日常现实，有助于学生理解毛利文化、价值观和沟通模式以便提供有效的辩护或行为分析。

课堂和法庭的人口统计学之间的不一致是许多（如果不是大多数）普通

法司法管辖区的一种模式。在澳大利亚和加拿大，原住民的比例过高，在英国和其他司法管辖区，黑人和其他少数族裔的比例过高，当然也是这种情况。因此，对于任何刑法教师来说，通过在评估中提供实地考察，使学生能够体验到这种分歧，将是一个有效的学习机会。

毛利人的法律理论

在考虑毛利人如何参与刑法并受其影响时，我迫使学生摆脱“缺乏”思想倾向的核心策略之一是讲授一组课程，专门描述和分析毛利人的刑法概念。这表明新西兰制度的文化特殊性——以及它嵌入了事实上并不具有普遍性的特殊的文化价值和规范的事实。在这些课程中，我阐述了毛利人对法律人格、对危害和定罪以及对危害的反应程序的认识。这种方法说明了毛利人通过完全不同的世界观描述各种关系，以及如何规定和处理不法行为。

在规定和处理有害的行为时，接触完全不同的法律制度和认识论有几个方面的好处。这个模块要求所有学生面对刑法所假定的普遍性、中立性、平等性和公平性。它还鼓励学生思考如何参与和理解毛利人作为犯罪人或被害人卷入刑事司法的文化背景。最后，对我们自己的思维方式、存在方式和行为方式的讨论，使我们能够摆脱与毛利人有关的消极的思想倾向。正如我告诉我们的学生的那样，我们更具有诱发犯罪的形象，这种形象把我们描绘成有暴力、成瘾和受害问题的人。这些行为不是我们的本性，而是毛利人被边缘化和殖民化后的症状。在殖民化之前，毛利人生活在自己的法律和社会管理体系中，虽然这些法律的日常应用在很大程度上被西方法律所取代，但毛利方式（tikanga Māori）（毛利习惯法）的基本原则和价值观继续提供了一个活生生的信仰框架，许多毛利人仍然认同这个信仰框架。

我把毛利人犯罪和被害的现状比作一部更长的史诗故事片中的快照，以说明过去的王国政府行动对毛利人作为当代新西兰社会弱势成员的社会结构的影响。介绍这段历史的目的是为新西兰人口群体之间非常深刻的结构性不平等提供背景——这些差距可以解释，但不能证明我们在犯罪排行榜上令人不快的顶端地位。这种一般性的背景信息也用来对案例进行另外的深入分析。

案例分析

某些案件是可以解构的，以便毛利人对所指控的危害的事实、相关原则和程序进行分析。其中一个例子是 Police v Kawiti（［2000］1 NZLR 117）案。

卡维蒂（Kawiti）女士被指控血液中酒精含量超标驾驶和取消驾驶资格情况下驾驶。她声称自己开车是因为她在受到攻击后非常痛苦，并且害怕受到其伴侣的进一步伤害。卡维蒂关于环境胁迫的辩护被法院驳回，理由是威胁的来源是一个人而非环境。胁迫辩护在新西兰被编入法典，要求做出威胁的人在犯罪发生时在场。

虽然托尔米（第 15 章）认为卡维蒂的情况提供了一个关于平等概念的教学机会，但笔者也认为卡维蒂的故事从毛利习惯法的角度反映了“缺失的”信息和分析。例如，本案的报告事实表明，卡维蒂和她的伙伴内森（Nathan）先生（都是毛利人）正在参加泰帕（Taipa）的一个毛利人的集会地举行的揭幕仪式。由于过去的事情，这对夫妇选择睡在车里，而不是睡在集会地。在两人过量饮酒后，他们最终发生了争执，其间卡维蒂女士遭到了内森的暴力攻击。该案提到：她的肩部遭到空手道式的踢击，导致肩关节脱臼。倒在地上时，她被拳打脚踢。这群人中的其他成员怂恿内森先生再踢一脚卡维蒂女士，他就真踢了一脚（第 118、119 页）。

在被殴打之后，卡维蒂女士驱车不到 100 公里前往一家医院，为她的伤势寻求治疗，她描述说伤势“极度痛苦”（第 119 页）。

法院没有深入研究卡维蒂不在附近寻求帮助的原因，而是片面地从可能的选择机会和所造成的伤害与所避免的伤害之间的比例来评价被告人的违法行为，以及是否存在可替代性。她作证说，她“不能待在集会地，因为她不认识任何人，也没有被内森先生在礼仪中作适当介绍”（第 119 页）。

这些事实被法院轻描淡写地避开了，但是从毛利习惯法的角度来看，他们掩盖了重要的问题。毛利人的法律和身份是部落性的，因此，每个部落地区都是一个司法管辖区，拥有自己的法律（tikanga）和礼仪（kawa）。一个部落的公民身份或成员资格是由家谱（whakapapa）和地理或领土（whenua）决定的。

管理永久和临时移民的法律规定了外来者冒险进入外部落时应遵循的指导原则和礼仪。在毛利人的公民权概念中，来自其他地方的人被视为“神圣的脚”（waewaetapu）——这种身份意味着他们没有权利在社区获得地位。东道主社区需要通过仪式欢迎来访者，这些仪式确立了访问的目的，并在聚集的群体之间建立了联系。对东道主的责任以及履行这些职能和神力之间的联系或者声誉和权威之间的联系，人们有非常强烈的期待。

将毛利法律的这些原则和程序应用于分析卡维蒂案件，为学生提供了一个非常不同的视角，通过这个视角评估卡维蒂的情况和她的反应。作为一个毛利会堂的来客（manuhiri）或访客，她在内森先生的集会地没有地位。他的家族（whanau）或家庭对她没有尽到义务，没有适当地采取正确的待客礼仪。卡维蒂的外人身份意味着，从毛利人的角度来看，她的反应是可以理解和合理的。

这也与毛利人关于法律人格的概念有关。每个人都被认为是固有的禁忌（Tapu），这是一种神圣的地位，指的是人类与神（atua）之间的家谱（whakapapa）联系。在另一个层面上，女性具有与生育能力和养育孩子的责任相关的特殊禁忌。这些不同的“禁忌”概念为禁止人际攻击提供了理论依据。一个人殴打另一个人，就是破坏了禁忌——对方的人格完整、尊严和神圣的存在（奎因斯，2007 年，第 338 页）。

毛利法律还将责任概念化为一项集体事业。虽然伤害可能是由单个的行为人实施的，但伤害的责任由该人所属的群体承担，即他们的家族（whanau）、小部落（hapu）或社区（iwi）（家庭、次部落或部落），这取决于所造成伤害的性质和程度以及发生的背景。在这种情况下，内森先生没有适当地介绍卡维蒂，将被视为其家人的过错，因为他们有责任抚养和教育他们的儿子，使其遵守本民族的规范和礼仪。同样，内森对卡维蒂的可怕攻击也会被归咎于他的更广泛的家庭。在毛利人眼中，在任何特定地点发生的所有活动都被认为会对当地人的神力（mana）或声誉或权威产生积极或消极的影响（奎因斯，2007 年，第 338 页）。

这种额外的信息可以适用于多种目的。在狭义上，它允许对事实以及如何将这些事实应用于特定的法律规则进行另一种解读，例如，法院对卡维蒂的合理替代方案的评价。从更广泛的意义上讲，它为学生提供了一个机会来思考这种冲突是如何在另一种文化和法律体系中形成的。

R v Maurirere（［2001］NZAR 431）一案提供了另一个教学实例，该案也涉及强迫的法定辩护。毛里雷（Maurirere）和她的伴侣（同样都是毛利人）在一家酒吧喝酒，她认为他们都喝得太多了，不能开车回家。当她试图拿走车钥匙以阻止她的伴侣开车时，他在车里袭击了她，不停地打她的脸，并说，“开这辆该死的车，否则我就把你和车砸烂”（第 433 页）。毛里雷因受到威胁而开车，被警方逮捕。她被判决呼出酒精超标。

在证据中，毛里雷提到了她的伴侣以前的攻击行为，包括她被打得眼睛变黑，被用儿童自行车压在身上，被拖着头发，被扔下堤岸，以及被踢到头部。她声称，她曾考虑过跑回酒吧，但她认为她的伴侣会拦截她（第 432 页）。

在审判中，法官确定没有足够的证据支持由陪审团进行的辩护。因为没有严重的身体伤害的威胁，而且被告人有现实的和可用的机会避免违反法律。她本可以回到酒吧并寻求帮助。基于这些理由，主审法官判决，证据“远远不能建立起强迫性辩护的基础”（第 434 页）。上诉法院维持了这一判决。

对本案的背景分析需要考虑边缘化、剥夺和交叉性的理论。交叉理论家金伯勒·克伦肖（Kimberle Crenshaw）（1991 年）使用了一个包含“三种交叉性”的框架解释少数族裔妇女的法律经历与按种族或性别进行的单轴分析有何质的不同。“结构性交叉”考虑了社会经济或结构性因素，这些因素导致少数族裔妇女有与少数族裔男子或非少数族裔妇女不同的生活经历。第二方面，“政治性交叉”指的是反种族主义和女性主义的议程往往相互冲突，这就要求少数族裔妇女将其身份的一个方面从属于另一个方面。第三个方面，“代表性交叉”是指有色人种的妇女经常被媒体、流行文化或公共话语中的她们的流行形象或描述所边缘化。这些方面都可以适用于毛里雷女士的案例。

这一事件发生在新西兰的一个社会经济贫困地区，一个以毛利人为主的小镇，经常受到帮派、家庭和亲密伴侣暴力的破坏。该镇在 20 世纪 80 年代的激进经济改革中首当其冲，由于国有资产的变卖，大多数成年人都失业了，其经济一直没有复苏。毛里雷和她的伴侣很可能是这种家庭的子女或孙辈，就业不足，教育不足，生活在功能社会的边缘。酗酒和过度饮酒也是这种城镇文化中的一个固有现象。这种背景为处于社会规范边缘并有可能被过度定罪的个人社区提供了一个背景。

在我看来，毛里雷对被警察拦下的反应，证明了她对政治性交叉的理解。案例报告说，“她没有对警察说过被强迫开车的事”（第 433 页）。在近两个世纪的时间里，毛利人与警察的关系紧张是有据可查的。除了具体的爆发点——镇压叛乱、抗议，以及在许多高度公开场合的粗暴对待之外，警察被不信任地视为代表入侵、剥夺和歧视的皇室代理人。除了负面的历史体验外，当代毛利人对警察的认识是过度监视、骚扰和误解（奎因斯，2007 年，第 346 页）。从毛利人的角度来看待毛里雷与警察的互动，可以解释她为什么没有透露威胁和先前的攻击行为。她和她的伙伴是毛利人。毛利人不信任警察。尽管毛里雷是犯罪的被害人，而且可能对亲密伴侣暴力的不法性有所认识，但她被置于这样的境地：要么优先考虑她作为妇女的被害人身份，要么保护她的作为毛利同胞的伴侣，不把他告密给警察。少数族裔社区有很大的压力，不愿意让当局特别是执法部门参与社区事务。

最后，在分析法院对毛里雷的被害历史以及所面临威胁的严重性的反应时，可以说代表性交叉具有相关性。他们对事实的分析证明，他们缺乏对亲密伴侣暴力以及表达威胁的习惯用语的了解和理解，似乎这里使用的语言和这种行为对像毛里雷这样的妇女——处于暴力伙伴关系中的毛利妇女来说是正常的。法院很快就驳回了这种威胁，因为它没有达到严重身体伤害要求的阈值。很难想象，上诉法院的三名白人新西兰（Pakeha）男性法官中，有谁曾被告知他们会被另一个人“砸死”，更不用说被比他们更高大强壮的异性砸死。一审法官驳回了以暴力为特征的关系的证据，认为这是一系列不相干的事件，与眼前的事情无关。“被告人提到了之前的三起事件，但没有将这些事件在时间、细节或情节上与我们所关注的那晚的事件联系起来”（第 434 页）。

我的论点是，像毛里雷女士这样的妇女的地位可以通过交叉理论的视角观察，它试图解释和说明包括种族、性别和阶级的身份的交叉轴。她的生活、经历和对生活事件的反应都受到她作为一个生活在相对贫困地区的毛利妇女的身份和有记载的受害历史的制约。同样，负责裁决其案件的法律专家对她的处境和她当时的现实选择也没有进行必要的细致了解。

正念（mindfulness）与有效的律师服务之间的联系

前面描述的策略是一项更广泛的尝试的一部分，旨在将学生塑造成有意识和有效的法律思想家和从业者。“正念”是当代词汇中的一个流行用语，本质上指的是一个看似明显的目标，即我们应该意识到并同情他人，同时承认我们自己的立场和局限性［例如，见蒙哥马利（Montgomery），2007 年；罗杰斯（Rogers），2012 年］。在法学教育和法律实践方面，我认为正念的目标是反映法律作为一门以沟通和解决问题为中心的学科的人文关注。在课堂上，这可以通过在课程内容和评价方面的精心规划来实现，以反映参与到刑事司法互动中的人性的多样性。

有效地倾听客户的意见需要精细的调适技能和情感上的智慧，特别是在刑事司法领域经常处于高压力的时候。这包括需要应对替代性创伤，并且可能需要具备超越差异的文化能力的技能。例如，当与毛利人（作为被告人、证人或被害人）打交道时，律师应该意识到并理解通过肢体语言进行的非语言交流，以及在波利尼西亚文化中沉默的意义。通过建立个人联系，即向客户介绍你是谁，你来自哪里，你的家庭，以及你在社区中的地位，适当地建立关系也有可能加强沟通。这一点与认为从业者/客户的专业关系主要是正常交易和业务性的观点不同。

从法律现实主义学到的部分经验是，法律既是个人的，也是政治的。在刑法教学中，重要的是要考虑学生的个人身份如何影响他们理解和联系支持教学的资料以及它所产生的系统的能力。谢尔登（Sheldon）和克里格尔（Krieger）（2007 年）认为，学生的幸福感与他们成为自己的能力有关。根据我的经验，法学专业的学生对于一个“真正的”律师看起来和听起来应该像什么，以及他们的价值观和世界观可能是什么有一个普遍的共识。这在一定程度上反映了在这个行业和流行文化中缺乏明显的榜样。如果不进行积极的操纵，不刻意接触多样性和多元化文化，这些观念就无法改变。

除了强调必要的教义教育外，还应该致力于让人认识到在刑事司法领域工作是多么困难。刑事从业人员会面临关于人类极端行为的证据、信息和对其的描述。我们与不法分子和他们的被害人建立了融洽的关系。我们看到和听到的东西是普通人永远无法了解的。刑法教育者有责任对此进行公开讨论。

在刑法教学中解决文化和种族问题是一项重大的挑战，但是并没有理由找一个借口而坚持刑法是种族中立的。作为教师，我们的义务是至少要说出并讨论种族、阶级和殖民化在犯罪、治安和被害问题上的复杂性。纵观整个普通法世界，刑法和司法的教学和实践环境远比普通法发展所处的社会更具世界性和多样性。我们在道德和伦理上都有义务确保我们的教学能让学生为社区律师工作的挑战做好充分的准备。

参考文献

[1] Angelo, Anthony H, *Constitutional Law in New Zealand* (Wolters Kluwer, The Netherlands, 2011).

[2] Crenshaw, Kimberle, “Mapping the Margins: Intersectionality, Identity Politics and Violence Against Women of Color” (1991) 43 *Stanford Law Review*, 1241.

[3] Montgomery, John E, “Incorporating Emotional Intelligence Concepts into Legal Education: Strengthening the Professionalism of Law Students” (2007) 39 *University of Toledo Law Review*, 323.

[4] Quince, K, “Māori and the Criminal Justice System in New Zealand” in J Tolm-

ie and W Brookbanks (eds.), *Criminal Justice in New Zealand* (Lexis Nexis, Wellington, 2007) 346.

[5] Rogers, Scott L, "Mindful Law School: An Integrative Approach to Transforming Legal Education" (2012) 28 *Touro Law Review*, 1189.

[6] Sheldon, KM and Krieger, LS, "Understanding the Negative Effects of Legal Education on Law Students: ALongintudinal Test of Self-Determination Theory" (2007) 33 *Personality and Social Psychology*, 883-897.

第 15 章　通过刑法教学引入女权主义法学

茉莉亚·托尔米

本章有三个目的：（i）概述为什么在刑法教学中引入女权主义法学（尤其是当它涉及针对妇女的暴力时）是很重要的；（ii）鉴于该学科教学的一些对抗性要求，建议采用多种方法中的一种；（iii）利用丰富的女权主义研究中的一小部分成果，说明如何利用这些资料让学生参与刑法运行中涉及的一些更大的社会正义问题。

为什么要将女权主义法学纳入刑法教学中？

新西兰目前的监狱中的人数分布表明了性别在刑事司法过程中的重要性。2014 年 12 月，有 8080 名男囚犯和 561 名女囚犯（惩教署，2015 年）。犯罪行为绝大部分是（尽管不是一成不变的）一种男性现象。这无疑也反映在其他司法管辖区。

然而，妇女，特别是被社会边缘化的土著和少数族裔妇女深受犯罪的影响。妇女占某些形式的暴力犯罪——家庭暴力和性暴力被害人的大多数［莫里森、索博列娃（Soboleva）和宗（Chong），2006 年；司法部，2003 年］。例如，在新西兰，警方的统计数据显示，在四个月内大约五分之一的攻击罪被害人是毛利妇女，但毛利妇女只占总人口的 7%（新西兰统计局，2015 年）。

不太典型的是，妇女以及同样是不成比例地被社会边缘化的土著妇女，也被作为犯罪人处理。妇女犯罪的一个独特特征是，她们的犯罪经常发生在被害的背景下［米勒和梅洛伊（Meloy），2006 年；斯旺（Swan）和史诺（Snow），2006 年］。

正如奎因斯在第 14 章中所说的那样，这一观点表明性别只是犯罪和被害模式中的一个相关因素；基于种族的边缘化也是一个特点。然而，在殖民化过程（以及由此产生的累积和复合创伤、社会崩溃和经济边缘化的代际遗产）中，毛利妇女所受的影响与毛利男子不尽相同［米凯雷（Mikaere），

1998年]。金伯利·克伦肖的开创性工作描述了多种压迫轴线（如种族主义和性别主义）的交汇如何造成与那些只经历其中一个轴线的人在数量和质量上的不同体验（克伦肖，1991年）。例如，毛利妇女被定罪的人数与毛利男子不一样，但相对于非毛利妇女而言，她们被过度定罪的比率超过了毛利男子与非毛利男子相比被过度定罪的比率（奎因斯，2010）。

尽管有这些明显的模式，但刑法在传统教学中被视为一套中立的原则体系，公正和平等地适用于所有个人。法官和律师所关注的平等问题在很大程度上是“形式性的（formal）”［格雷卡（Graycar）和摩根（Morgan），2002年，第3章］，即如何对相似的案件进行相同的处理，而不是探索如何公平地对待那些处境迥异的人，就好像他们处于相同的地位一样。

参与女权主义法学的不同理论运动（特别是交叉性女权主义或批判性种族女权主义）以及最近对男性和白人的理论研究（例如，种族的隐形性是白人的特权），提供了丰富的法理学知识，可以利用这些知识为刑法教学带来一些知识的诚实。这些理论体系揭示了法律作为一种权力主张是客观的和公正的，其效果是将特定的特权、生活体验和价值观提升为可适用于所有人的不可质疑的规范。其结果是，某些女性（和男性）特别容易被定罪，某些被害经历没有得到很好的承认，而且处理得很糟糕。

我们的许多学生将来自相对特权的背景，并将在他们的职业生涯中要为那些居于他们从未经历过的社会地位和生活的人进行辩护，并对他们作出判决。如果我们允许他们想象自己的价值观反映了一套中立的规范，可以不加反思地应用，那么我们就辜负了这些学生。当这种情况发生时，我们可以看到刑法在应用中出现了严重的脱节。例如，在自主性和选择方面对那些受到高度束缚的人进行构架，因为自主性和选择是特权和资源丰富的生活的特征（Ahsin［2014］NZSC 153；Paton［2013］NZHC 21）。

暴力犯罪往往发生在家庭内部，其伤害负担超出了所造成的直接伤害，而且报案率严重不足。新西兰警方说，向他们报案的30%的成人性攻击、70%的虐待儿童、65%的严重攻击和50%的杀人案是家庭暴力，但只有18%~20%的家庭暴力被报告给警方［尼莫（Nimo），2012年］。在连续体最危险的一端，家庭暴力的负担主要落在妇女和儿童——再一次地不成比例地被社会边缘化的土著妇女和儿童身上（尼莫，2012年）。

有些人认为，对妇女的暴力是今天许多社区崩溃和其他刑事犯罪活动的核心［马尔凯蒂（Marchetti），2008年］，是在殖民化的国家暴力通过代际传播的遗产［阿特金森（Atkinson），2002 年］。如果考虑到母亲在大多数家庭中为确保幼儿的福祉所发挥的核心作用，以及妇女在维系家庭和社区方面所发挥的作用，那么很明显，对妇女的伤害将产生深远的负面影响，超出那些直接受到影响的妇女的生活［拉琼斯（Lajeunesse），1993 年］。有鉴于此，作为法学教师，如果不处理暴力侵害妇女的问题，让学生了解专家们的看法，那就是放弃了我们的职业责任。

与女权主义理论打交道

如何将女权主义理论引入刑法这样的入门课程是一个众说纷纭的问题。人们是否围绕社会现象——如对妇女的暴力——重新安排课程的教学？这些社会现象跨越了每个学科提出的“历史和社会背景、哲学和政治争论、执法实践和原则”（雷斯，1992 年，第 86 页）。这肯定会避免通过刑法和理论的碎片化、省略化和政治化的视角来处理重要的问题。

另外，还有一些相互竞争的要求。简单地说，存在这样的风险，学生有可能对传统的法律解释没有足够的了解，不知道他们要批评什么。同样重要的是，一个具有“局外人的声音”和热衷于社会正义问题的学生会发现，如果他们不能胜任法律推理和规则，他们会被贬低为“辩论家”。即使是审慎的律师，也不能保证倾听这样的声音。提供对法律教义和理论的理解，满足传统律师技能的需求，让学生参与对这些规则和技能的批判性分析，这几者之间存在着一种紧张关系。今天，我自己的方法是将批判性资料嵌入围绕传统教义组织的整个课程中。

在这里，我强调了有关女权主义法学的一些例子，这些例子可以用来刺激学生对刑法运行的各个方面进行批判性思考。这些例子有助于批判与法律教义的发展和运行有关的平等概念、纳入规范性标准的价值观、事实的建构（语言和解释模式的使用），以及对家庭暴力等社会现象作出系统性刑事司法反应的价值。

开始进行平等分析

刑法中充斥着这样的教义：表面上看是中性的，但却对适用对象的生活产生不同的影响。新泽西州的一个例子是从理解亲密伴侣暴力（IPV）的性质开始的。它是犯罪人的一种有害行为模式，在一段时期内对被害人产生累积的和复合的影响。因此，它有别于其他形式的暴力。它被描述为一种具有三个维度的“社会陷阱”［普塔塞克（Ptacek），1999年，第10页］：

> （1）……男性暴力在妇女的生活中造成的社会孤立、恐惧和胁迫；（2）……强大的机构对妇女的痛苦无动于衷；（3）……性别、阶级和种族主义的结构性不平等会加剧男子的强制控制方式。

埃文·史塔克（Evan Stark）（2007年，第15页）根据20多年来与暴力被害人合作的经验评论道：

> 胁迫性控制意味着以一种邪恶的行为方式，通过侵犯妇女的身体完整性（家庭暴力），剥夺她们的尊严和自主权（恐吓），剥夺她们的社会联系（隔离），占有或剥夺她们获得人格和公民身份所需的资源（控制），使她们屈从于一种外来的意志。

第一，强制控制的本质（尤其是当被害人的脆弱性增加时）使得许多妇女几乎不可能成功地、安全地将自己和孩子从暴力伴侣那里转移出来。虐待的目的是将被害人与可能的支持隔离开来，破坏她的自决权。它是为特定的被害人量身定做的，而且设计得很好，即使在施暴者不在场的情况下也会有效。

陷阱的第二个方面说明了这样一个事实，在我们目前的家庭暴力体系中，帮助是零星的、不可预测的，而且，在最危险的家庭暴力案件中，被害人经常得不到帮助［理查森（Richardson）和韦德（Wade），2010年］。新西兰家庭暴力死亡审查委员会描绘了家庭暴力系统零散和孤立的性质，目前还将解决虐待的责任推给了被害人（家庭暴力死亡审查委员会，2016年，第24、25页）。

第三，种族主义、性别歧视和社会边缘化使一些妇女特别脆弱。这些妇女面临更高程度的暴力、累积的虐待经历（包括代际暴力），在其广泛的社会网络中所有人都把对她们的虐待行为视为正常，没有资源来保护她们，她们没有足够的资源来供养需抚养的孩子，并在负责保护她们的机构中遭遇根深蒂固的种族主义。与帮派有联系的妇女要对付的不仅仅是一个施虐的男人，而是一个施虐的、等级森严的男性集体，这个集体在她们的直接生活中可能比警察还拥有更多的权力。因此，面临最极端暴力的许多妇女不仅处于危险的关系中，而且处于“危险的社会地位”中［里奇（Richie），2000年］。在这些情况下，一连串的并发症经常伴随着家庭暴力，例如，药物滥用和精神健康问题，因为妇女要对未治疗的创伤历史进行自我治疗。

虽然这些都是有据可查的家庭暴力的现实，但社会上对家庭暴力的运行方式仍有很大程度的无知。例如，大多数人仍然认为，妇女比较容易寻求帮助和/或离开虐待关系（佩顿［2013］NZHC 21）。

在这种背景下，研究有关自我保护辩护的法律规则是很有意思的。1961年《犯罪法》（新西兰）第 24 条规定了受强迫的辩护（在其他法域称为通过威胁的胁迫）的狭义标准。其中两个标准——要求存在具体威胁（实施犯罪，否则你将受到严重伤害或被杀），以及要求威胁被告人的人在犯罪期间“在场”——意味着大多数被殴打的被告人在其暴力伴侣的胁迫下实施犯罪，将不能提出受强迫的辩护。这些妇女中的许多人是因为危险伴侣的要求和威胁而犯罪的，而且往往是在他不在场的时候实施犯罪［法律委员会，1981 年，第 63 页；洛夫莱斯（Loveless），2010 年］。换句话说，她们的情况虽然可能是胁迫性的，但是她们将很难满足标准将这种胁迫定位于犯罪。

相比之下，普通法的“紧急避险”（necessity）辩护（基于胁迫情况）不要求威胁被告人的人在场，也不要求有具体的威胁，只要求有紧急情况（哈钦森［2004］NZAR 303）。在 Police v Kawiti（［2000］1 NZLR 117；(1999) 17 CRNZ 88）一案中，卡维蒂在一个不认识任何人的与世隔绝的毛利人集会地被她的伴侣袭击。她在被取消驾驶资格和血液中酒精含量过高的情况下驾车前往最近的医院的急诊科。她的肩膀脱臼，疼痛难忍，并担心如果她留在原地，会受到进一步攻击。警察被叫去了解她的伴侣袭击她的细节，该警察指控她犯有驾驶罪（这是诱捕如何运作的一个例子）。尽管她试图就这些指控提出紧急避险的辩护，但法院裁定第 24 条“限制了与个人威胁有关的辩护的可用性”。换句话说，如果威胁来自某个人，强迫是唯一可用的辩护理由（由于威胁卡维蒂的人没有命令她开车，因此根据事实不接受该辩护）。其结果是，对于那些陷入由他人造成的紧急情况的人来说，无法使用紧急避险的辩护。

这个例子提供了一个探讨平等概念的机会。对每个人都适用相同的法律规则（形式上的平等方法）是否会导致这里的平等？还是我们在制定法律规则时需要考虑人们面对的不同实际限制？在这第二种方法中，平等是以结果来衡量的（实质性平等）；例如，这些规则是否为每个人提供了平等的机会，即使他们拥有不同的社会资源和生活环境，也能获得自我保护的防御措施？

麦金农（MacKinnon）认为，对平等的形式和实质性的理解是同一事物的不同版本，因为两者都涉及一个反映某些生活而不是其他生活的核心规范（麦金农，1987 年，第 32 页）。她认为平等分析在实现性别平等方面有局限性，例如，因为性别被建构为一种差异，但用于评价法律或其结果是否平等的规范是倾向男性的。在这里，支撑关于强迫性和紧急避险的法律的“规范”是什么？它是否反映了男性的标准，还是有其他因素在起作用？是否有超越麦金农在平等分析中发现问题的论证社会正义的方法？

规范性标准应用中的客观性概念

刑法经常设定明显客观的规范性标准，例如，未经他人同意和“没有合理理由相信”［强调是后加的］他人同意的性交（sexual connection）是违反《1961 年犯罪法》第 128 条的性侵犯。可以通过福雷尔（Forell）和马修斯（Matthews）（2001 年）的工作解释存在“客观”标准观念。他们认为，性侵犯领域的理性应该从女性的角度判断，因为这将激励男性对与他们互动的女性的观点更加敏感。

在 1996 年 9 月 2 日的 The Queen v Tawera（CA 208/96）一案中，一名 16 岁的女孩住在 48 岁的被告人家里，她把他视为一位叔叔。他上了她的床，用舌头亲吻她，亲吻她的乳房，舔她的下体，然后说：“亲爱的，我能插进去吗？”并和她发生了性关系。法院接受了她事实上不同意的说法，但由于她是被动的，没有说任何话来表示不同意，他的强奸和非法性交的定罪被推翻了，理由是：

> 我们发现很难看出在客观评价中如何可以说缺少基于合理理由相信被害人同意已被确定为超出合理怀疑的范围。经过分析，在申诉人的证据、周围的情况或上诉人的证据中，没有任何东西可以客观地证明申诉人不同意（塔拉瓦，第 4 页、第 5 页）。

可以问学生，如果从一个理性的女性的角度判断他对同意的相信的“合理理由”，结果是否会是这样？女性的经历是否有足够的共性，以至于可以想象一个理性的女性标准？客观的“规范性标准”在刑法的运行中发挥或者应该发挥什么作用？

事实的建构

刑法运行中最有问题的一个方面不是法律规则，而是如何建构这些规则所适用的事实。这个问题可能很难解决，因为在大多数法律判决中，建构事实的程序是不可见的。事实只是由法官呈现或由陪审团裁决。然而，利用法理学来分析语言和“陈腐的故事”的运行，有可能使某些事实被建构为“真实”（并因此引起特定的法律后果）的过程，变得可见并加以批判。

语言的使用

后现代女权主义法学揭露了语言沟通的程度并因此产生了人类经验。举例来说，判例法试图努力解决对胎儿的伤害是否是对母亲的身体伤害这一问题［A-G's Reference（No 3 of 1994）［1998］AC 245；Harrild v Director of Proceedings（［2003］3 NZLR 289）；R v King（（2003）59 NSWLR 472）］。显然，母亲和孩子是具有不同基因构成的人。另一方面，他们又有着深刻的相互联系。法律在将胎儿视为一个独立的人（使母亲成为一种繁殖袋）和将胎儿视为母亲身体的一部分（与肢体不一样，但未来独立存在）之间摇摆不定。路思·伊瑞葛来（Luce Irigaray）（1985 年 a，1985 年 b）想象了语言的可能性，因此也想象了源于妇女生活经验的社会意义。她提出，某些目前被建构为不相容和矛盾的可能性（因为意义在目前的语言学结构中是通过使用二元对立物而产生的）可能都是真的。例如，一种“不二不一”的存在状态。例如，一个胎儿可能既是它本人，但也与母亲深深地融为一体［卡尔平（Karpin），1994 年］。

在一个不那么根本的层面上，科特（Coates）和韦德揭露了法律专业人员用来描述特定事实的家庭暴力的语言是如何充满高度价值性的。这种语言往往起到隐瞒行为人对虐待和暴力程度的责任以及指责被害人和掩盖其抵抗的作用［科特和韦德，2007 年；威尔逊、史密斯、托尔米和德·哈恩（De Haan），2015 年］。“功能失调”“变化无常”［塔玛蒂·HC·陶朗加（Tamati HC Tauranga），2009 年 10 月 27 日］和“不安定”［瓦雷劳（Wharerau）［2014］NZHC 2535］的关系是用来描述暴力的犯罪/被害的长期模式（包括导致伤害的持续的刑事攻击和反复的强奸）的词语。在这些描述中，暴力不属于犯罪人，而是属于这种关系，因此部分是被害人的责任。她对虐待的反抗被掩盖了——从而支持将她的反抗理解为“喜欢”被虐待。

语言不仅框定了事实和对现实的思考方式，它还被用来从证人那里获得信息，这些信息可以在法庭上被用来建构所发生事件的真相。澳大利亚社会语言学家戴安娜·伊德（Diana Eades）认为，刑事司法制度中通常用来收集信息的程序充满了种族主义的假设（伊德，1992 年）。例如，伊德认为，在澳大利亚原住民英语背景下，信息不是免费提供给提问者的，建立在单向信息交流基础上的直接问题不是诱出重要和/或个人信息的文化上的适当手段。此外，讲英语的原住民往往会提供“顺从”而非“真实”的答案，而没有任何不诚实的意图。他们会保持沉默，以使他们感到舒适或在不受非原住民英语使用者（包括他们自己的律师）干扰下思考，并且在采用不适当的诱导信息的手段时，他们会给出回避性的答案。在新西兰缺乏类似的社会语言学研究，但这些问题对于毛利人、太平洋岛民（Pasifika）和其他文化来说，可能也是同样相关的（尽管具体细节会有所不同）。

在涉及女性罪犯的案件中，这些问题可能会变得更加复杂。妇女的受害经历往往是她们犯罪的基础，然而受害会造成创伤，影响回忆，也可能使犯罪揭发变得极为困难。

1993年11月29日R v Kina（Queensland Court of Appeal，CA No 221）一案说明了这些问题。罗宾·基娜（Robyn Kina）是一名原住民妇女，1988年因谋杀其事实上的丈夫而在澳大利亚受审并被定罪（1993年定罪被撤销）。在监狱里，基娜与一位社会工作者建立了信任关系，她向这位社会工作者披露了死者对她的全部暴行（包括肛奸和轮奸）。她无法向年轻的非原住民男性律师提供这些信息，这些律师向她提出了一系列问题，尽管没有任何需要翻译的语言上的困难，但是律师没有获得足够的信息来为适当的辩护奠定基础（尽管他们当时认为已经与她建立了良好的关系）。

陈腐的故事

一部有助于激发关于我们如何构建事实意义的讨论的电影是《原始交易：同意的问题》（尽管它显示了一组强奸的镜头，学生需要有机会决定他们个人是否希望看到它，特别是那些可能因为自己的虐待历史而被触发的人）。

这部影片的有趣之处在于，多个观看同一片段的人对他们所看到的情况有不同的描述。一些人认为申诉人有“合意的性行为”，尽管她表示她不准备性交。其他人则将所发生的事情解读为强奸。法律教义要求在行为发生时对行为本身存在同意。那么，当申诉人同意某些性活动但在性交时拒绝接受，怎么可能将其理解为同意呢？

有一些人认为，强奸神话扭曲了陪审团对所发生的事情的看法，使性侵犯的审判难以定罪。麦金农超越了这一点，她认为支配和服从（以及支配和服从的色情化）是建立在异性恋和对男人和女人这意味着什么的理解上的。在她的论点中，性别角色以及它们如何在异性性行为的表达中发挥作用是权力角色（麦金农，1987年），模糊了性和强奸之间的界限。这种说法并没有解决性别如何与阶级和种族交织在一起，产生性侵犯和其他侵犯的各种解读。

茱莉亚·奎尔特（Julia Quilter）运用“解释性图式”研究强奸审判中的事实是如何构建的（奎尔特，2011 年）。解释性图式采用一组细节，包括/排除某些重要的东西：

> 图式……建构了“读者”将如何“解释”这种情况。这意味着制度特征（图式）本身将通过解释而被再现（奎尔特，2011 年，第 30 页）。

例如，奎尔特描述了性犯罪的改革如何取消了证明被害人的抵抗、最近的投诉和补强证据的需要，但这种改革对法庭实践几乎没有影响。这是因为强奸法有一个“具有高度沉淀的历史”的解释性图式。这意味着这种改革是枯燥无味的，因为它们被巧妙地避开并被重新纳入旧的故事。这个图式是：

> 地点（不）偏远　　　　　　+
> 有（没有）身体上的伤害　　+
> 她最近（没有）投诉过强奸　+
> 她（没有）有“好名声”。
> =她（不）可信；她有性行为/她被强奸。
> （奎尔特，2011 年，第 31 页）

奎尔特使用一个实际案例来说明控方和辩方在利用同一图式的情况下提出相反的事实解释。申诉人是一名 19 岁的女孩，她声称在一个圣诞聚会上被她 30 岁的老板强奸了。法庭上的一个问题是，强奸的地点是否足够接近/远离参加聚会的人，以至于她可以/不可以呼救。双方都没有指出，一个十几岁的女孩会打电话给她的同事，让他们来见证她和她的老板之间的暴力、恐惧和可耻的情况，这是多么不可信的事情。

对刑事司法应对提出更大的系统性问题

当刑事司法系统不断发展时，影响妇女的问题如家庭暴力却往往不为公众所知。因此，可以说，司法应对措施并没有很好地设计应对这些问题。

如果家庭暴力是行为人的一种伤害模式，对被害人（包括潜在的和未来的被害人）具有累积和复合的影响，那么就需要采取事先预防而不是事后反应的对策。这不能是一次性的干预。所需要的是有意识的战略，通过对犯罪人的持续管理实现被害人的安全。这需要比目前更多的干预措施，包括有能力解决代际创伤和适应结构不平等的干预措施。

相反，我们的刑事司法系统将伤害模式分割成一次性的、没有背景的事件，然后对其作出反应，将虐待类型分割成不同的现象（例如，虐待儿童和亲密伴侣暴力）单独处理，并将与这些虐待形式交织在一起的更大的社会问题个性化。

这提出了关于刑事司法系统的设计和运行的更大问题。如果它要成为应对社会问题（如家庭暴力）的一部分，它需要怎样重新思考?

结语

在本章中，我们提出了在刑法教学中引入女权主义视角的案例。我从丰富的（有时是矛盾的）女权主义研究中提取了一些例子，以说明如何将这些资料引入传统的教学模式，以激发对刑法运行的不同方面的批判性参与。这包括制定法律规则，在适用这些规则时使用规范性的判断，建构规则所适用的事实，以及系统性的应对框架。

采取这样的方法会产生许多方法和程序问题，由于篇幅的限制，本章未讨论这些问题。例如，女性主义法学强烈批评了在法律写作中使用中立而非个人的声音，因为它从认识和说话的过程中消除了主体定位（威廉姆斯，1991年）——不诚实地宣称客观和中立。应该将这种批判引入刑法教学呢，还是应该在其他批判可能性出现之前通过让学生沉浸在传统的法学方法中培养文化能力呢?当我讲授妇女和法律问题时，我允许学生在如何使用语言特别是讲话的声音方面放弃标准的法学惯例。然而，在刑法领域学生们才刚刚开始。他们需要学习这些惯例，以便他们能够在需要的时候选择使用这些惯例，并自觉地和有策略地使用它们。

参考文献

[1] Atkinson, J. (2002) *Recreating Songlines: The Transgenerational Effects of Trauma in Indigenous Australia* Melbourne: Spinifex Press.

[2] Coates, L. and Wade, A. (2007) Language and Violence: Analysis of Four Discursive Operations 22 *Journal of Family Violence* 511.

[3] Crenshaw, K. (1991) Mapping the Margins: Intersectionality, Identity Politics, and Violence Against Women of Color 43 *Stanford Law Review* 1241.

[4] Department of Corrections, New Zealand (2015) *Prison Facts and Statistics*.

[5] Eades, D. (1992) *Aboriginal English and the Law* Brisbane: Queensland University Law Society.

[6] Family Violence Death Review Committee, New Zealand (2016), *Fifth Report: January 2014 to February 2015*, Health and Quality Safety Commission.

[7] Forell, C. and Matthews, D. (2001) *A Law of Her Own: The Reasonable Woman as a Measure of Man* New York: New York University Press.

[8] Graycar, R. and Morgan, J. (2002) *The Hidden Gender of Law* (2nd edn) Sydney: The Federation Press.

[9] Irigaray, L. (1985a) *Speculum of the Other Women* New York: Cornell University Press.

[10] Irigaray, L. (1985b) *This Sex Which Is Not One* New York: Cornell University Press.

[11] Karpin, I. (1994) Reimaging Maternal Selfhood: Transgressing Body Boundaries and the Law 2 *Australian Feminist Law Journal* 36.

[12] Lacey, N. (1992) Reconstructing the Traditional Syllabus. In Birks, P. (ed.) *Examining the Law Syllabus: The Core* Oxford: Oxford University Press, 85.

[13] Lajeunesse, T. (1993) *Community Holistic Circle Healing: Hollow Water First Nation* International Institute for Restorative Practices.

[14] Law Commission, New Zealand (1981) *Some Criminal Defences with Reference to Battered Defendants* 63.

[15] Loveless, J. (2010) Domestic Violence, Coercion and Duress [2010] *Crim LR* 83.

[16] Mackinnon, C. (1987) *Feminism Unmodified: Discourses on Life and Law* Boston: Harvard University Press.

[17] Marchetti, E. (2008) Intersectional Race and Gender Analysis: Why Legal Processes Just Don' t Get It 17: 2 *Social and Legal Studies* 155.

[18] Mikaere, A. (1998) Collective Rights and Gender Issues: A Māori Women's Perspective. In Tomas, N. (ed.) *Collective Human Rights of Pacific Peoples* Auckland: International Research Unit for Māori and Indigenous Education 79.

[19] Miller, S. and Meloy, M. (2006) Women's Use of Force: Voices of Women Arrested for Domestic Violence 12: 1 *Violence Against Women* 89.

[20] Ministry of Justice, New Zealand (2003) *National Survey of Crime Victims*.

[21] Ministry of Justice, New Zealand (2015) *Strengthening New Zealand's Legislative Response to Family Violence: A Public Discussion Document*.

[22] Morrison, B., Soboleva, N. and Chong, J. (2006) *Conviction and Sentencing of Offenders in New Zealand 1997–2006* Wellington: Ministry of Justice.

[23] Nimo, B. (2012) *Stakeholder Update: Police Family Violence Process Changes*. Powerpoint presentation to the New Zealand Family Death Review Committee (copy on file with author).

[24] Ptacek, P. (1999) *Battered Women in the Courtroom: The Power of Judicial Responses* Boston: Northeastern University Press.

[25] Quilter, J. (2011) Reframing the Rape Trial: Insights from Critical Theory About the Limitations of Legislative Reform? 35 *Australian Feminist Law Journal* 23.

[26] Quince, K. (2010) The Bottom of the Heap? Why Māori Women are Over–Criminalised in New Zealand 3 *Te Tai Haruru: Journal of Māori Legal Writing* 99.

[27] Richardson, C. and Wade, A. (2010) Islands of Safety: Restoring Dignity in Violence Prevention Work with Indigenous Families 5: 1 *First Peoples Child & Family Law Review* 137.

[28] Richie, B. (2000) A Black Feminist Reflection on the Antiviolence Movement 25 *Signs* 1133.

[29] Stark, E. (2007) *Coercive Control: How Men Entrap Women in Personal Life* Oxford: Oxford University Press.

[30] Statistics New Zealand Recorded crime statistics–unique victims, www. stats. govt. nz Stuff (2015) http://www. stuff. co. nz/national/crime/63995633/māori–women–most–likely–tobe–assault–victims–stats. html.

[31] Swan, S. and Snow, D. (2006) The Development of a Theory of Women's Use of Violence in Intimate Relationships 12: 11 *Violence Against Women* 1026.

[32] Williams, P. (1991) *The Alchemy of Race and Rights: Diary of a Law Professor* Cambridge, MA, and London, England: Harvard University Press.

[33] Wilson, D., Smith, R., Tolmie, J. and DeHaan, I. (2015) Becoming Better Helpers: Rethinking Language to Move Beyond Simplistic Responses to Women Experiencing Intimate Partner Violence 11: 1 *Policy Quarterly* 25.

第16章　选择

克里斯·格莱德希尔

引言

本书的几位撰稿人认为，刑法课程可以而且或许应该淡化刑法在多大程度上是一个中立原则的问题，而是解释说它是更广泛背景的产物或揭示了更广泛的背景，学生应该有对这些背景进行批评的能力，见第13~15章。还有人对是否存在任何一般原则表示怀疑，具体见第9章。本章的重点是对传统课程的另一个方面进行批判，在说明法律的原则或主题时总是使用暴力和财产犯罪作为详细讲授的具体犯罪。从本质上讲，建议刑法教师应该把网撒得更大，并考虑使用一系列其他犯罪材料来授课。这并不是说传统上讲授的犯罪不足以实现教学目的，而是说它们并不具有任何优越的地位，如果教师们愿意的话，他们应该利用自己的学术自由来构建一个使用不同具体犯罪材料的课程，这样做有很多好处，而且在一个以上的班级中讲授刑法的大型法学院应该考虑为学生提供一个机会去选择所讲授的具体犯罪材料。

显然明智的做法是课程设计应该从教育研究的应用出发，以了解学生的最佳学习方式，并在此背景下，设定课程的目标（即学生在课程结束时应该能够理解的内容），确定确保学生实现相关学习成果的最佳前景的策略，并设计一个对其进行评价的程序（拉姆斯登，1992年，2003年）。康妮认为，这种做法并不常见，而且法学者和其他领域的学者都采取了一种自满的态度：

> 大学教师似乎非常普遍地采取了一种非常实用的、不了解情况的教学方法……传闻证据似乎在许多讲座和指导课的构建中发挥了重大作用……有意识的教学准备似乎要求我们掌握该领域的最新研究……但是，除了最基本的教学方面外，很少有人考虑到任何其他方面的问题（康妮，1999年，第44页）。

正如第 1 章所指出的，在刑法课程的结构和以教科书为主要形式的教学基础设施方面，不同时期和各大洲都有一定程度的相似性。在没有证据表明这是知情的课程设计的结果的情况下，根据研究，这是确保实现刑法教学目标的最佳方式，自满情绪似乎起到了突出的作用。在设定刑法课程目标方面，不受约束的学术自由可能会因为需要提供符合专业管理机构要求的内容而受到限制。然而，正如第 1 章所指出的，专业机构经常使用允许大量学术自由的语言，因为他们通常要求学习基本教义，而且如果有更具规范性的方法，则更高水平的规范无疑可以由大学教师和专业界人士进行讨论。

在有更详细规定的地方，它通常反映了标准的刑法课程。尽管澳大利亚的招生机构有明确的要求，然而，澳大利亚的详细规定并没有阻止甘斯在第 8 章中描述的完全不同的方法，即墨尔本法学院的课程以及他基于此编写的课本。事实上，在澳大利亚的法学院中存在着一些避免规定的主题：也可参见斯蒂尔，他在第 9 章中概述了他与他人合著的一篇文章的目的，即消除刑法包含一套统一的原则的错误观点，以及第 1 章中的证据，即一些法学院的课程规定表明，讲授传统课程以外的犯罪是该课程的特征。

这些章节中出现的更广泛的观点是，学术自由可能不会在很大程度上受到职业要求的限制，这种限制更多的是自我强加的或想象出来的，或者是产生于懒惰。在这种情况下，刑法课程可以通过使用不常讲授的犯罪构建，但是将允许学习与批评教义和更广泛的政策，以及发展包括可转换技能的核心技能。认识到大量罪行在刑法教学中的有效性，意味着目前的“单声道”方案（除了前面提到的例外情况外，表明该方案还是有一定规则的）可以被一系列的课程所取代，从而为教师和学生提供选择。

为了支持这一建议，即在刑法课程中使用其他的替代结构，我们将以下的构件组合在一起：首先，我们探讨了刑法课程希望达到什么目标；其次，我们研究了刑法中似乎很少涉及的两个特殊领域——毒品法和驾驶法，以证明它们是如何成为说明重要教义观点和相关政策或更广泛的法理考虑的典范；最后，我们考虑了那些对将刑法课程修改为熟悉内容提出反对意见的人可能提出的一些论点，同时概述了扩大刑法教学方法的范围所带来的好处。

刑法课程的学习成果

由于各种原因，包括大量的律师在该领域工作这一实践的原因，刑法是一门核心课程。还有一个事实是，刑事制裁是社会管理的核心部分，是通过法律而不是道德或其他形式的强制措施管理社会。此外，刑事制裁涉及特殊的耻辱和惩罚因素，这意味着所有参与法律制度管理的人，无论是作为从业者还是作为参与公共政策咨询的律师，从一开始就应该有深入的知识。简言之，这是一个需要配备律师作为工作人员的领域。此外，正如其他地方所概述的那样，刑法——通常是学生的早期课程——也可能是对法律的其他各种实质性方面的介绍，如成文法解释、社会政策和法律之间的竞合，因此刑法也是一个应该培养一些技能的学科，这些技能的培养可以转移到学生的法学教育的其他领域。

确切的学习成果很可能因特定的法学院或教师的方法而有所不同，包括是否用来介绍各种社会政策或法学批评的方法。但是，正如托尔米在第 15 章中指出的那样，刑法入门课程也必须包括适当数量的教义，以便让学生知道有什么需要批判的。下面列出的一系列学习成果应该是没有争议的。

所有犯罪都有检方必须证明的要素；这些要素总是包括危害行为，也可能包括罪过要素。危害行为可能包括非法的结果（在这种情况下，还存在因果关系的问题）；它可能包括在某些情况下是允许的但是在其他情况下是不允许的行为（如是否是合意的），或因其具有攻击性或危险性而存在问题的行为，或有时可能只是陷入一种事件状态，它可能包括没有做某种事情。罪过要素可能是明示的，也可能是默示的，在默示的罪过中有各种要素；各种罪过要素都有特定的含义。另一组教义主题将包括以主要责任和次要责任的形式追究责任的方法，并以共同责任和替代责任的适用范围作为补充。教义的另一个领域将是产生未完成责任的情况，包括未完成责任的基本原理。学生还需要知道，责任可以被某些正当化事由或辩解所否定，而且在某些情况下还可能是因为缺少意志控制的前提而被否定。

刑事课程的总体学习成果是让学生像刑事律师一样思考，即评价是否存在犯罪的构成要素，被告人是否与构成要素有充分的联系，以及是否存在对责任的辩护。传统教学中的犯罪行为在这方面并不具有垄断性。其他可能构成刑事律师执业相对主要部分的犯罪如毒品犯罪和驾驶罪，可以实现这一目标。

学习成果，毒品法和驾驶法

滥用毒品法

毒品犯罪可能比严重的人际暴力更频繁。截至 2014 年年底，在新西兰有 16543 件记录在案的毒品犯罪，相比之下，杀人犯罪为 66 件，性侵犯为 4056

件，抢劫为 2016 件（新西兰警方，2015 年）。在类似规模的爱尔兰，截至 2014 年 3 月底的年度统计数据显示，有 87 件杀人案、1947 件性犯罪和 15651 件毒品犯罪（爱尔兰中央统计局）。就英格兰和威尔士而言，截至 2015 年 3 月底的一年内，有 534 件杀人案，88000 件性犯罪报告，以及近 170000 件毒品犯罪（英国国家统计局）。在每个司法管辖区，还有许多记录在案的不太严重的攻击性犯罪，以及盗窃罪：我们的建议并不是说传统讲授的犯罪不重要，而是说毒品犯罪在数量上也很重要。此外，它还包括进口或制造层面的犯罪，这些犯罪可能与有组织的犯罪有关，涉及多个被告人，并有可能导致很长的刑期。

毒品犯罪也是刑法中基本主题的一个迷人的、自成一体的范例，往往规定在一个单一的法规中。例如，新西兰的《1975 年滥用毒品法》包括结果犯（如交易罪）和行为犯（包括持有罪，这是一个具有重大细微差别的概念）。新西兰也有包含身份要素的犯罪，如与严重毒品犯罪者有联系的犯罪［1981 年《简易犯罪法》第 6B 条］。通过 1975 年的法规，可以对犯罪意图的全部范围进行讨论，包括它们是否应该是默示的；新西兰的法规还规定了一个盗窃受管制药物的具体犯罪和一个处理这些药物时对于它们是否从犯罪中获得持轻率态度，或以轻率的心态清洗收益的犯罪。主犯和参与人的责任可以通过毒品犯罪说明，还有一些具体的犯罪需要注意，如提供用于吸毒场所的犯罪，这些都是将行为定罪的例子，因为它有助于有针对性的吸毒行为。毒品犯罪也可以用来说明共同责任和替代责任原则：1975 年法案第 17 条对这种责任作出了具体规定。同样，毒品犯罪也可以说明未完成犯罪，包括通过具体的前置犯罪，如拥有可用于消费毒品的器具或进口可用于制造非法毒品的物质。还有一些下游犯罪，如洗钱罪。简言之，教义的主要方面都可以通过毒品法说明。

此外，毒品犯罪是一个刑事犯罪领域，自然而然地进入了教义和政策背景的重要领域，可以说为某些此类事项提供了一个优越的调色板。例如，在毒品问题上不可避免地会出现与司法管辖权和国际义务与国内法律竞合有关的教义问题。例如，与共谋（conspiracy）的持续性质有关的案例已经出现，以便在毒品仅仅作为国际运输的一部分而通过一个国家时行使司法管辖权（DPP v Doot［1973］AC 807）。此外，如果不注意相关的国际条约安排，就无法理解毒品犯罪立法的结构，这些条约可以追溯到 1912 年的《国际鸦片公约》，以及 1961 年的《麻醉药品单一公约》及其 1972 年议定书、1971 年

《精神药物公约》和 1988 年《联合国禁止非法贩运麻醉药品和精神药物公约》。同样，持有一定数量的毒品会导致举证责任倒置，这导致人们被推定为毒贩，除非他们能提供相反的证据：据说这是因为需要发起一场“反毒品战争”而被正当化，但是这揭示了立法机构愿意在举证责任等问题上忽视基本原则。

犯罪化和重刑化的整个策略自然会引起更广泛的讨论。在更传统的层面上，鉴于毒品法的整个目标是防止人们因消费被认为是有害的物质而对自己（以及可能对他人）造成伤害，因此提出了刑法的适当界限的问题：自然会出现区别对待毒品和酒精的有效性问题，以及一系列其他伦理和法学问题。重要的是，传统讲授的犯罪行为本身明显是本质的恶，其与毒品犯罪的一个重要区别是，毒品犯罪可以说是禁止的恶。虽然它导致了一些最长的刑罚，而且在许多国家，还被判处了死刑，但是显然还有讨论社会是否应该采取不同方法的余地。最明显的是，合法化和许可（如与酒精或烟草有关）并对成瘾进行医疗，可能会减少有组织犯罪的范围以及随之而来的暴力犯罪的风险。这就是葡萄牙的做法，并取得了明显的成功［休斯（Hughes），2010 年］。

驾驶罪

驾驶罪在数量上无疑是最常见的，这类犯罪也很好地说明了学生需要学习的许多教义观点，而且学生需要在大多数人都熟悉的背景下学习，这可能更有助于理解教义观点。例如，说明社会福利犯罪与那些犯罪程度高、本质恶的犯罪——从没有现行健康证明的驾驶汽车到轻率驾驶导致死亡——之间的区别是可能的。此外，大多数驾驶犯罪都是基于有害结果的风险犯罪（超速犯罪，受到酒精或药物损害的情况下驾驶）；实际的有害结果的影响是通过单独犯罪的存在揭示的。同样，也有一些身份犯罪，例如在没有取得适当车辆类型的许可证或被取消驾驶资格的情况下驾驶。

驾驶罪引起了关于犯罪性质的有趣问题的讨论，其中包括“本质恶”犯罪和“禁止恶”犯罪之间的区别。例如，在过去的几十年中，法律允许的酒后驾车血液酒精水平一直在降低，社会对酒后驾驶的态度的变化可能意味着现在人们认为，冒着将醉酒和驾驶相结合的风险是本质的恶，但是经常喝酒的人可能会采纳不同的观点。同样，关于超速驾驶的公开辩论经常涉及这样的评论：执法更多的是为了增加税收，而不是为了应对超速驾驶使车祸变得更加严重，因此应该被视为本质的恶。

驾驶罪也会出现参与人的责任问题，而且是在有趣的情况下出现，如酒吧工作人员或私人老板向明知道将要开车的人提供酒精；在就业过程中的驾驶罪行也会产生共同责任和替代责任问题。这可能会延伸到严重的犯罪行为，即在护理不善的情况下发生的死亡，这可能会引起因果关系、共同和不作为的责任问题，如果司机的行为也被牵扯进来，可能会引起共同责任问题。除此之外，也不乏一些未完成的犯罪行为，包括在公司环境中，如雇主和司机共谋逃避驾驶时间的限制或雇主鼓励这种行为。

实体法和涉及警察针对某些群体的风险的社会政策之间也出现了竞合的问题：考虑到道路伤亡的普遍性，出于公共安全的原因，是否应允许随机拦截司机的权力，还是仅限于合理怀疑实施了犯罪的情况。还有一些更广泛的政策问题，例如可以强制实施改善道路设计或车辆的安全措施，这可能是减少道路伤害的更好的方法，而不是专注于不良驾驶情况的主题。

刑事诉讼程序和实体法之间的重要竞合也可以通过驾驶罪得到说明：可以根据警察有权提出要求的必要条件没有得到满足，对拒绝或未完成呼吸或血液酒精测试的指控进行辩护。这样做的背景是要求被告人必须出示证明其有罪的证据。

犯罪化的局限性也可以通过驾驶罪得到说明：与要求系安全带或防止使用手机有关的法律是否是过多干涉自主选择的例子，或者其他人可能不得不目睹或清理这种明显不安全行为的结果这一事实是否为其犯罪化提供了充分的理由？

提供选择的好处

对于产生于毒品犯罪和驾驶问题的要点的简要描述，旨在概述这两个常见的犯罪领域与传统课程意图说明的一般主题之间的简单契合，这些主题包括教义概念和公共政策的竞合。毫无疑问，它们并不是刑法中唯一可以作为说明更多一般问题的实质犯罪讲授的领域。至于如何构建课程，本文集的其他章节说明了与课程构建有关的问题以及通过主动学习确保理解的相关技术。

即便如此，也可能有人认为最好不要画蛇添足；毕竟，如果传统上讲授的具体犯罪经受住了时间的考验，为什么要改变呢？虽然“时间的考验”可能反映了惯性，但是惯性本身并不是一个令人印象深刻的正当理由，但毫无疑问，它具有相当大的优势，例如很多以既定课本的形式存在的基本设施，它们遵循使用人际暴力和财产犯罪的标准的结构。然而，正如甘斯在第 8 章中所说明的那样，可以编写新的课本。

也会有支持传统的专门研究范围的论据，比如说暴力是刑法的有趣之处。研究这是否是一种准确的论断将是有益的，或者说它也许反映了“男孩自己”对这一主题的看法？此外，它忽略了教师激发学生兴趣的能力：我听到有位同事让税法变得有趣的传闻。

一个更实质性的论点可能是，杀人和强奸指控的严重性意味着有更多的上诉，因此大量关于一般原则的核心案例就是在这种情况下出现的。同样，对这种情况是否属实进行调查将是一件有趣的事情。此外，就一般原则而言，杀人罪和强奸罪可能在许多方面都不是典型的。例如，在强奸背景下需要有合理的理由相信同意，这是对普通法的一种常见法定修改，这并不是其他严重犯罪的常见特征。谋杀罪的犯罪意图的复杂性也是非典型的：例如，新西兰的成文法解释包括关于死亡的意图（似乎仅限于直接的而不包括间接的意图），但也有对死亡的轻率和通过重罪谋杀规则的解释由普通法推定的恶意的各种要素。斯蒂尔在第 9 章中指出，杀人罪的结构有些不寻常；同样，关于财产犯罪，希尔德在第 3 章中指出，盗窃罪的犯罪意图规定是独特的。

由此产生的问题是，如果通常讲授的犯罪被认为是一般原则的典范，那么其中一些犯罪并没有很好地发挥这一作用。另一种观点认为，刑法更多的是由一系列相对独立的领域组成，正如人们对侵权行为法所认可的那样。因此，学生学习的关键是在特定的法律领域采用的方法，而不是寻求一般的原则。斯蒂尔与斯克拉顿和斯坦纳德的章节（第 9 章和第 11 章）进一步讨论了这项研究是否富有成果。毒品犯罪和驾驶罪的独立性即它们通常是在一个单一的法规中，支持了这样一种观点，即将刑法视为一系列可能部分或偶然重叠的法规，而不是形成一个连贯的整体，可能更为现实。

而且，关注那些本质明显具有恶意的犯罪，可能会造成对刑法和诸如存在犯罪意图推定等原则的错误印象，而这些原则因严格和绝对责任犯罪的盛行而受到损害。布莱克（Blake）和阿什沃斯（1996 年）发现，英国 45% 的可公诉犯罪实际上是严格责任犯罪。由于更多的学生将在商业领域而不是刑事领域进行实践，他们可能会发现，更充分地了解适用于行政刑法背景的主题更为重要。

为了补充职业的这种功用，以及对商业学校功能的所有不必要的敏感性（这似乎不会影响中等职业学校），有一点非常实际，那就是没有一所法学院会开设一门旨在不让学生进入实践的刑法课程。事实上，大学律师可能更自然地倾向于在他们所教授的领域写作，结果造成实践中对犯罪世界其他重要方面的写作相对缺乏。如果是这样的话，那么是否可以说学术界在其批判法院判决和政策以确保更好结果的任务中一定程度上失败了呢？

解决这个问题的另一种方法是，如果是白板一块，请问将如何构建一门课程。人们会采纳相关的教学目标：确保说明刑法教义的重要领域，概述刑法在执行社会政策方面的作用等，并围绕此构建一门课程。如果没有以某种方式讲授刑法历史的包袱，那么通过个别学者认为最好的方式阐释刑法的学术自由就会脱颖而出。正如第 1 章所指出的，这通常是可以在职业强加的管理框架内实现的，如果存在反映传统课程的限制，可以与他们协商。事实上，可以对该行业进行调查，了解应该讲授什么。

在一所有不止一个学习刑法的班级的大型法学院中，在课程计划中可能出现的一个重要特点是，为学生提供专门研究领域的选择的前景。例如，那些设想自己可能在典型的商业街刑事律师事务所执业的学生可能会从“街头犯罪”的课程中受益（可能包括毒品罪、公共秩序犯罪、攻击罪、盗窃罪和刑事损害罪），而以商业实践为目标的学生可能更喜欢涵盖商业犯罪和金融犯罪的班级（或许侧重于盗窃罪、欺诈罪、税务犯罪和金融市场犯罪，并对共同责任和替代责任等事项进行更详细的分析）。正如在毒品犯罪和驾驶问题上所指出的那样，它们可能提供了一个容易进入法律原则领域的机会，而这些领域并不是由本质恶的犯罪自然引起的；金融管理刑事事项也会产生这种更广泛的问题，例如使用刑事责任而不是纪律责任，以及建立涉及不遵守管理要求的民事处罚的混合制度。

毫无疑问，还可以开发和提供其他各种“主题”，每一个主题在说明某些教义方面都可能具有独特的优势。这并不排除在一个仅在一个班级内讲授刑法的法学院的多样性：教师可能会发现无论是轮流或偶然使用不同的重点构建课程，都会令人耳目一新。

这种方法无疑会遇到一些必须加以应对的挑战。例如，以不同方式授课的班级之间要有公平的评分，以及基于教科书的可用性而产生的可能的不利影响，这些教科书侧重于传统教学学科以外的领域。此外，可能某些背景教学班级，如对女权主义法学的介绍，可能更适合于传统模式：当然，如果这反映了有关学者的优先权，也可以成为一个教学班级。自然地，第一步是刑法学的教师们要反思他们的教学是否受到历史的不必要的限制，以及是否符合他们在创建一门可选而非必修的新课程时所采用的合理教学设计方法。

参考文献

[1] Blake, Meredith and Ashworth, Andrew, "The Presumption of Innocence in English Criminal Law", [1996] *Criminal Law Review* 306-317.

[2] Central Statistics Office Ireland: http://www.cso.ie/en/releasesandpublications/er/rc/recorded crimequarter12014/.

[3] Cownie, Fiona, "Searching for Theory in Teaching Law" in Fiona Cownie (ed), *The Law School - Global Issues, Local Questions*, Ashgate, Adershot 1999, pp. 41-61.

[4] Hughes, Caitlin Elizabeth and Stevens, Alex, "What Can We Learn from the Portuguese Decriminalisation of Illicit Drugs", [2010] 50 *British Journal of Criminology* 999-1022.

[5] New Zealand Police, *New Zealand Crime Statistics 2014*, Police National Headquarters, ISSN 1178-1521, April 2015.

[6] Office for National Statistics: http://www.ons.gov.uk/ons/taxonomy/index.html?nscl=Crime Ramsden, Paul, *Learning to Teach in Higher Education*, Routledge, London 1992 (second edition 2003).

第 17 章　刑法课程中行政犯的缺失

肖恩·基尔孔明斯，苏珊·莱伊和艾默尔·斯贝恩

引言

在研究刑事综合体的概况时，律师、刑法学家和犯罪学家往往被传统的“真实犯罪”（杀人罪、暴力攻击罪、有组织犯罪、性犯罪、犯罪意图和犯罪行为的要件以及一般辩护）所吸引，而忽略了通常由特殊机构负责处理的行政犯（雷斯，2004，第 144 页）。他们倾向于专注于对穷人的惩罚性管理——这个计划与警察-检察院-监狱的认识方式紧密相关——这个惩罚性管理侧重于“街头犯罪”而不是“套房犯罪”（阿什沃，2000 年；布雷思韦特（Braithwaite），2003 年）。正如斯科特（Scott）所指出的：

> 法律专业人员主要接受与可起诉罪有关的上诉裁决的教育，以及，更广泛的社会和媒体，他们［都］对杀人罪、性犯罪、抢劫罪和盗窃罪感兴趣，而且痴迷于此。大部分大学里的刑法教学也同样关注这一点（斯科特，2010 年，第 64 页）。

因此，“大多数刑法课本和期刊几乎都忽略了行政刑法”［查麦兹（Chalmers）和莱弗利克（Leverick），2014 年，第 75 页］。

这种方法的狭隘排他性是一种错误：行政刑法正变得越来越有影响力，尤其是因为，如今无论是在竞争法、环境保护、健康和安全法，还是消费者和公司事务方面，犯罪化比以往任何时候都更被视为解决几乎所有社会问题的灵丹妙药。还有一种新的治理方法，涉及不断变化的安全风险性质和感知，以及更多的“网络化治理”策略的出现，这些策略在采用刑事法律工具的同时，还采用民事、行政和管理机制。这种扩展的、有点不固定的制度安排与传统的将不法行为二分为民事伤害或刑事伤害两种表现形式的方法截然不同，其了解和处理冲突的正式程序几乎是相互排斥的［范·克里肯（Van Krieken)，2006 年，第 1 页，援用 R v Kidman（（1915）20 CLR 425）案]。

因此，传统上的区分不再有意义，即与“普通”犯罪相比，行政犯是禁止的恶，不涉及准道德的价值，诸如“正义、公平、正确和错误”，而是应该在“工具性的手段-目的概念”中思考（雷斯，2004 年，第 145 页）；它们是“准行政事务”，不会引起重大的道德责难，也不会给被定罪者带来耻辱［麦考利（McAuley）和麦克卡森（McCutcheon），2000 年，第 341 页］，或者更有可能是无被害人的犯罪（或者至少没有容易识别的被害人）；而且在大多数情况下，这种犯罪不体现惩罚性或制裁性的司法模式，而是倾向于合规策略。正如许多刑法教科书和教学大纲所显示的那样，这种概念化的观点仍然占据主导地位，但我们建议，现在是放弃传统划分的时候了，这些传统划分已经如此构建了我们的思维和教学。刑法教学应该超越对相对狭窄的犯罪分类和有争议的原则（例如主观责任）的关注，将行政犯罪行为纳入其中。行政犯罪的广泛使用、基础设施安排和运行模式要求我们重新考虑刑法的目的、原则和边界，以及如何讲授刑法，而不是被赋予例外的或附带现象的地位。

公共保护

毫无争议的是，我们的刑事司法制度是建立在将公共保护和安全视为“必需品”的基础上的，以使我们能够在免受伤害或损害威胁的情况下蓬勃发展并继续我们的生活。令人震惊的是，人们一直认为行政犯不会像街头犯罪那样威胁到我们的安全。这是一种谬论。虽然银行和公司部门、工作场所、环境和扭曲的市场竞争中的不当行为可能看起来更遥远，没有被害人，而且往往不那么引人注目，但是它对我们的日常生活构成的威胁如果不是更大的话，那么至少与普通犯罪一样大（有可能影响更多的人）。我们的安全可能会受到诸如工伤、失业、名誉损失，以及随之而来的股价和养老基金的贬值、对环境的威胁、税收的增加和消费者成本的增加等事项的影响。哈贝马斯（Habermas）指出，我们的法律体系需要从“个人关联转向系统关系”，包括“防止环境破坏，防止辐射中毒或致命的基因损害；以及一般来说，防止大型技术操作、医药产品、科学实验等不受控制的副作用”（哈贝马斯，2008 年，第 432—435 页）。在爱尔兰（和其他地方，见第 1 章），大多数刑法大纲仍然侧重于“个人关联”，即攻击罪、杀人罪、性犯罪、刑事损害罪，并继续植根于“街头犯罪”对个人的伤害。由于忽视了“系统风险”，他们对什么构成对我们的安全的威胁形成了非常狭隘的理解，固守着一种非常传统的观点，即认为行政不法行为具有相对良性的影响［莱特和弗里德里希（Friedreichs），1991 年，第 105 页］。

合规和制裁策略

只通过“警察–检察院–监狱”的模式讲授刑法的主要困难之一是，它假定制裁是对付所有类型的犯罪行为的第一手段。虽然这种假设在大多数严重的普通犯罪方面很有效，但它没有适当地描述低级别犯罪的现实，也没有描述强调促进企业家精神对抑制行政不法行为的可用性。在这种情况下，往往需要合规而不是制裁的技术。它们以说服和对话为导向，旨在促进良好的工作关系［麦克罗里（Macrory），2006 年；汉密尔顿（Hamilton），2010 年，第 17 页；林奇–范农（Lynch–Fannon），2010 年，第 127 页］。有人认为，对所有行政的不法行为采取制裁，会产生非常消极的后果：

> 它削弱了刑法的强制力，削弱了刑法的表达力，过度威慑了本来可取的商业活动，将可责性与监禁混为一谈，创造了检察官滥用权力的诱因，激发了人们对提高刑期的欲望，增加了社会成本，并惩罚了实施在某些情况下甚至不是民事不法行为的人，更不用说惩罚在道德不法污点下实施的行为［高普兰（Gopalan），2010 年，第 2 页］。

虽然监狱的相对平等效果常常被认为是有利的，但也可以说，如果监禁的成本对不同收入能力的罪犯来说是一样的，监禁那些收入能力非常高的人是对社会资本的浪费，特别是如果监禁的目标可以通过其他方式实现（高普兰，2010 年，第 2 页）。对这一领域的竞争性论点的理解，“需要有分析的眼光和对细微差别和竞争性观点的理解”［肖伯（Shover）和卡伦（Cullen），2008 年，第 171 页］，将这一主题纳入刑事课程，为教师提供了一个培养法学本科生重要技能的机会。

采用合规策略，以及更重要的是在刑法教学大纲中探讨这些策略具有重大价值。糟糕的商业决策和犯罪活动之间的界限远非一目了然。而且，白领犯罪很难被发现，因为它经常发生在私人场合，在紧闭的公司大门后面发生。另外，针对这些案件的举证也很困难，而且往往需要耗费大量资源。正是由于这个原因，行政犯领域总体上仍然以合规的执法模式为主导［麦格拉斯（McGrath），2015 年］。这是由一系列有利于采用商谈、协商和说服策略推动的，而不是采用可能导致各方两极分化的完全制裁的方法。这些策略包括审计、警告信、通知、禁令、指导、有约束力的指示，以及暂停和撤销许可证［奥尼尔（O'Neill），2008 年；阿普比（Appleby），2010 年］。正如斯科特（2010 年）最近指出的那样：

> 各执法机构的执法策略被排列成金字塔状执行，其目的是将尽可能多的执法活动维持在金字塔底部……据说这种方法不仅对那些以法律合规为导向的企业有效，而且对那些“不道德的计算者”也有效。对他们来说，当他们知道有升级到更严厉制裁的可靠威胁时，合规就成为成本最低的途径（第 73 页）。

贯穿这个金字塔结构的细微差别和回路——合规在底层，制裁在顶层——目前在爱尔兰大学的刑法教学大纲中没有作出规定。在这方面，课程是完全一维的，与刑法的“运转”和实践相脱节。它也没有捕捉到刑法目的的广度。例如，合规模式的司法主要是针对寻求诚信行事的、将法律作为行为和行动的规范性指导的“好人”，而不是针对寻求逃避法律约束的“坏人”。为了囊括这两种形式的行为，合规模式还必须得到制裁模式的支持，制裁模式可以作为表达集体愤怒的平台。刑法的目的是维护道德敏感性，它允许就普通公民对实施某些犯罪行为感到愤怒时传递一种强有力的信息。它还作为一个重要的安全阀，限制了严重不当行为的后果对社会产生的“使道德败坏的效应”（麦格拉斯，2012 年，第 72 页；鲁滨逊，2014 年）。

传统上，有人说，对许多这类行政犯的制裁重点在性质上比其他普通犯罪更具有“非个人性”。他们的论点是“这些犯罪不是应该施加污名的真正犯罪，而应该施加具有行政法规性质的非污名化的处罚，如罚款”（雷斯，2004 年，第 161 页）。传统上认为行政犯缺乏犯罪意图要件的说法被视为“从社会的角度看，这些被告人的教义学标志还没有完全满足犯罪人的地位”［鲍德温（Baldwin），2004 年；雷斯，2004 年］。但是，管理机构越来越多地考虑到起诉。例如，在爱尔兰，一旦因竞争法犯罪而被起诉定罪，企业将被处以最高 500 万欧元或定罪前 12 个月的财政年度中企业营业额的 10% 的罚款。个人将被处以相同的罚款限额和/或不超过十年期限的监禁。现在，金字塔的顶端占据了一个将行政不法行为视为“真正的犯罪”的空间，并采取了多种策略，可能造成严重的个人后果，在这种情况下，将行政犯排除在刑法教学大纲之外是一个严重的缺陷。

治理

刑法教学仍然主要集中在完全由中央集权的警察（Gardaí）和检察机关（检察长）负责的犯罪上。这往往忽视了处理刑事犯罪的新机制和治理模式。自20世纪90年代以来，我们越来越多地看到在竞争法、环境保护、健康和安全法以及消费者和公司事务等领域广泛使用刑事和民事管理策略（斯科特，2010年，第69页）。这些策略得到了广泛的刑事制裁的支持，这些制裁可以通过简易程序和起诉进行。涂尔干（Durkheim）巧妙地捕捉到了这种犯罪化的扩张，并将其与刑罚的严厉程度的降低并列起来：

> 看到随着进化的进一步发展，规律性压制似乎越来越弱，人们可能会认为，这场运动注定要继续下去，永无止境；换句话说，惩罚正趋于零……因为没有理由相信人类的犯罪行为一定会像惩罚它的刑罚一样反而倒退。相反，一切都表明它是逐渐发展的；被定义为这种类型的犯罪的行为清单会越来越多，其犯罪性质也会越来越突出。昨天使公众良知几乎无动于衷的欺诈和不公正，今天则唤醒了公众的良知，随着时间的推移，这种麻木不仁将变得更加严重。（涂尔干，1992年，第46、47页）。

这种行政性刑事框架的出现，与现代国家中加强治安和起诉基础的中央集权控制的统一垄断有很大不同。可以说，这些新的技术和策略可以被视为更多而不是更少的治理模式的一部分，但是采取了“去中心化”“远距离的”形式。在19世纪之前，地方警察机构主要侧重于“创造一个有秩序的环境，特别是为了贸易和商业”（布雷思韦特，2005年，第13、14页）。它并不只关注侵犯人身和财产的犯罪，还包括对“海关、贸易、公路、食品、卫生、劳动标准、火灾、森林和狩猎、街头生活、移民国外和外来移民社区”的管理（布雷思韦特，2000年，第225页）。然而，在整个19世纪，国家逐渐开始垄断并分离检察和警察职能，特别是对严重犯罪。在警务方面，这意味着穿制服的准军事警察专注于对穷人的惩罚性管理，几乎完全排除了市场构成中的任何利益，而对商业的公正管理成为全球化管理模式中最普遍的模式之一。

从19世纪中期开始，工厂监察局、矿山监察局、酒类许可委员会、度量衡监察局、健康和卫生监察局、食品监察局以及无数的其他机构被建立起来，开始填补警察只专注于犯罪所留下的真空。商业管理变得五花八门，分成许多专门管理部门（布雷思韦特，2005 年，第 15—16 页）。在爱尔兰，这些专业机构包括培根营销委员会、爱尔兰旅游局、赛马委员会、卫生局、CIE（爱尔兰的国家公共交通供应商）、爱尔兰灰狗委员会和眼镜店委员会。同样，在 19 世纪期间，冲突不再被视为最直接受影响的各方的财产。在起诉过程中，以前强大的利益相关者的利益，如受害者和当地社区，在 19 世纪期间逐渐被一个为公众服务而不是与公众一起行动的国家机器所垄断。

然而，现在检察长办公室在某种程度上正逐渐失去其垄断作用。近年来，在爱尔兰进入刑事司法领域的行政机构的数量急剧增加，这些机构拥有调查特定领域的行政犯和进行简易起诉的权力。这些行政机构包括税务局、竞争管理局、消费者事务总监、环境保护局、卫生和安全局以及企业执法总监办公室。重要的是，这些机构都有调查和起诉的职能，每个机构都在追求自己的议程、政策和实践。此外，其中一些机构被赋予了非常广泛的进入、检查、审查、搜查、扣押和分析的权力［康斯戴恩（Considine）和基尔孔明斯，2006 年］。这种行政基础设施的另一个显著特点是混合执法机制的激增，这些机制可以由机构使用，有时也可以由私人方使用。这些机制也促成了更普遍的“法律形式的模糊化”（阿什沃斯，2000 年，第 237 页），并混淆了刑法和民法之间以及行政性不法行为和普通不法行为之间的功能区别（麦格拉斯，2015 年）。刑法教学大纲如果继续关注中央集权的警察和检察机关，而不考虑今天所采用的各种各样的执法机构和机制，就不能说是准确反映了现代刑法。有人认为，在刑法课程中更充分地纳入处理刑事不法行为的新机制和治理模式是可取的，也是必要的［贝尔（Baer），2014 年，第 790 页］。

信息共享和强制报告

在权力集中于中央集权的警察和检察机关之前，旧的执法系统严重依赖奖励、被害人、小偷抓捕者和共犯驱动的起诉网络。在 19 世纪，随着国家越来越多地开始垄断调查和起诉，对地方网络的依赖被降到最低；在继续存在这些做法的地方，例如使用线人的地方，地方网络也被淡化了。中央集权的国家机器正如通过警察和检察官表现出来的那样，完全垄断了犯罪冲突。致力于这种司法方式的做法仍然影响着爱尔兰的刑法教学。尽管它在调查和起诉“普通”犯罪方面仍然基本上如此，但它未能充分反映行政领域的信息收集的新途径。新的行政方法正在开始建立调查和起诉网络，这些网络部分地依赖于警察和检察机构传统范围之外的信息收集。

近年来出现的情况是，越来越多地采用更加多样化的跨越民事和刑事司法管辖权的方法对犯罪进行侦查、调查和惩罚。更具体地说，立法越来越多地允许当局，包括竞争管理局、爱尔兰警察署、税务局、爱尔兰破产服务局、公司执法主任和爱尔兰收购委员会，相互共享信息。在某些情况下，个人被要求成为“信息报告人”［霍兰（Horan），2011 年，第 1529—1540 页］。审计师、税务顾问、律师、会计师和清算人都受到法定要求的约束［2014 年《公司法》第 447 条和 2000 年《刑事司法（盗窃和诈骗罪）法》第 59 条］，要向相关部门报告信息。爱尔兰最近还颁布了非常广泛和一般的信息披露政策，律师了解他们在这方面的义务并告知客户将变得越来越重要，但刑法教学大纲却继续忽视这一发展。

除了促进信息交流和迫使某些当事人成为信息报告人之外，当局也越来越多地寻求保护和鼓励证人站出来提供证据。在爱尔兰，“吹哨人”（Whistle-blowers）在揭露虐待行为（如照顾老年人）和银行腐败方面起着至关重要的作用。鼓励这些证人提供信息通常有两种形式：保护和/或豁免。例如，2014 年《受保护披露法》为爱尔兰公共部门的工作人员提供了广泛的保护，包括健康和安全威胁、滥用公共资金、公职人员管理不善、破坏环境及隐瞒或销毁与上述任何情况有关的信息等不法行为。其他相关法规包括 1977 年《不公平解雇法》第 6 条；2005 年《工作安全、健康和福利法》第 27 条；2007 年《消费者保护法》第 87 条；2006 年《就业许可法》第 26 条；以及 2011 年《刑事司法法》第 20 条。“以去中心化的方式重建刑事司法制度，以满足当地需求，反映当地的道德，并利用当地的知识”［贝利（Bayley），2001 年，第 211—212 页］是该领域的一个重要发展，法学学生和律师都需要认识到这种转变对专业人士和公众的意义。

因果关系

以相对狭窄的传统犯罪范围为重点进行刑法教学的困难之一是，它隐晦地描绘了犯罪人的类型。它将不可避免地包含“不成比例数量的穷人、未受教育的人和无技能的人”［麦克莱（McCullagh），1995 年，第 411—412 页］。刑法教学可以在一定程度上帮助灌输一套对社会上法律制度的态度，特别是在其中立性的基础上鼓吹其合法性，而忽视了嵌入在社会矛盾中潜在的权力结构不平等。客观性、平等主义和严格适用规则的意识形态可以掩盖和蒙蔽法律的不公正，尤其是其维护和维持掌权者现状的能力［霍维茨（Horwitz），1992 年，第 266 页］。正如诺里（2001 年）所言，“法律的狡猾之处在于它能够通过其作为普遍个人主义逻辑的形式特征掩盖其工具性内容的不公平”（第 23 页）。隐藏在黑体字主义“虚假意识”背后的是它所服务的各种等级利益。除了法学对教育（肯尼迪，1990 年，第 45 页）有影响，它对法律实践也有影响，特别是律师的实际行为是非政治的、独立的，只是遵循法律的内在技术逻辑的观念。这可能令人鼓舞，但它是对法律实践的政治和社会现实的否定：

> 黑体字主义是一种方便的否定模式。它使法律学者和律师能够参与到一个高度政治化和有争议的社会生活领域（即法律），并假装他们是以一种基本非政治化的方式来做这件事。这样做的主要好处是，他们可以继续做他们的日常工作，而不对法律过程中发生的事情承担任何政治或个人责任。然而，坚持认为律师工作是一项中立的工作，不会使律师卷入任何政治进程，也不会要求学者们对任何特定的意识形态作出承诺，这一点既软弱又可悲。这样的形象是对从事法院、立法机关等业务的非常保守和粗略的理解（哈钦森，1999 年，第 302 页）。

除了难以将刑法描述为中立和无价值之外，将行政犯排除在课程之外的刑法教师还隐含着对犯罪类型学的狭隘看法，给人的印象是只有某些社会经济阶层才会犯罪。有权势的人的犯罪仍然处于被关注的边缘。尽管犯罪学的论述在白领犯罪和国家犯罪方面发生了很大的变化，但是情况仍然如此。

模范刑法

在更多的技术层面上，行政犯的许多方面都与模范刑法的总体趋势相反，后者允许一般的辩护，要求有行为要素和过错要素，并尊重程序性标准，如排除合理怀疑的法律举证责任。在这种合理化的管理框架内，主观责任和无罪推定的纯粹教义逐渐被抛弃，以弥补复杂案件中的举证困难。刑事法律管理的工具性日益明显，例如，引入“举证责任倒置”条款，要求被告人排除有罪推定。虽然这种发展在其他一些法律领域并不罕见，例如，与毒品犯罪有关的领域，但在行政犯领域更为明显。

因此，适用于行政犯领域的司法制度在方向上比其对应的普通犯罪更具有可归罪性。这在刑事法规中的工具性过错要素要件中也很明显。传统刑法中对不法行为附加主观的心理因素的要求，在适用客观罪责标准的行政犯罪领域往往被切断。而且，行政犯领域可能存在的任何辩护理由也比刑法中适用的一般辩护理由更加特别化。例如，在竞争法中，一种特殊的抗辩理由是，证明被控诉的协议、决定或共同做法是得益于竞争主管机构的声明，即该做法有助于改善商品和服务的生产或分配，或促进技术或经济进步。

采用工具主义的推理也会带来困难，特别是在宪法正义和正当程序保障方面。例如，这些困难在以下这些方面表现出来：实施行政制裁［McDonald v Bord naGcon（［1965］IR 217）］；犯罪的定义和双重追诉危险［Registrar of Companies v District Judge David Anderson and System Partners Limited（［2005］1 IR 21）］；反对自证其罪的特权［DPP v Collins（未汇编的，巡回法庭，2007 年 9 月 27 日）引自杜加（Duggan），2008 年，第 70 页］；举证责任［PJ Carey Contractors Limited v DPP（［2012］IR 234）］；量刑的均衡性［DPP v Hughes（［2012］IECCA 85）；Paul Begley v DPP（［2013］IECCA 32）］；以及犯罪意图要件［CC v Ireland and Others（［2006］IESC 33）；The Employment Equality Bill 1996（［1997］2 IR 321））；Brady v Environmental Protection Agency（［2007］IEHC 58）］。

随着这些行政犯罪实践越来越深入，它们在法庭上受到越来越多的考验，因为它们的工具性愿望是效率最大化、加强控制和风险最小化。对于强调个人权利至上的正当程序制度来说，权力流向这些民事和行政领域是一个挑战。被告人权利的制度化性质确保了它们不能轻易地“因为风险管理、安全和公共保护的公共政策的原因而被推翻”［德沃金（Dworkin），1977 年，第 93、94 页］。它们仍然是爱尔兰刑事程序的重要组成部分，具有“阈值权重”，“政府必须逐案、逐判决地予以尊重”（德沃金，1988 年，第 223 页）。

当正当程序和行政价值与观点相遇时，正如它们不断增加的那样，这将成为一个有趣的战场，一个关于安全、工具有效性、治理和自由原则的斗争和争论的场所。然而，这些紧张关系往往没有在刑法教学中体现出来，它继续延续着行政例外主义的神话（通常只涉及严格责任犯罪）。行政刑法的实践和运行需要得到更充分的接受，以突出其增长及其对传统刑法模式造成的紧张关系，这种传统刑法模式植根于 1861 年《侵犯人身罪法》中的不法行为概念。

结语

很明显，刑法教学大纲对公认的犯罪活动形式（如攻击罪、盗窃罪、谋杀罪、性犯罪）的传统关注，排除了行政犯，这在学生中造成了对犯罪的短视。如果学生不在学习“真正的犯罪”的同时学习行政犯，他们对行政犯的危害性和威胁性较小的理解就会被重新强化。鉴于现有证据表明“系统风险”以及近几十年来行政犯的激增对社会构成威胁，只关注传统犯罪的刑法教学大纲未能为学生描绘出一幅完整的画面。而且，他们的学习是零碎的，因为他们对这种形式的犯罪活动的理解被降级为在商业或公司法背景下学习，在这种背景下，对这种活动作为犯罪的认识已经丧失。在这方面特别有问题的是，未能向学生讲授我们对刑事犯罪结构（需要行为要素和过错要素）、刑事辩护和程序保障的传统理解在适用于行政犯时有何不同。在探索刑法的轮廓时，需要摆脱传统的方法，并应涵盖广泛的犯罪和执法机构，同时认识到 21 世纪对犯罪的侦查、调查和执法的多样化方法。

参考文献

[1] Appleby, P. (2010) ‘Compliance and Enforcement–the ODCE perspective’ in Kilcommins and Kilkelly, eds, *Regulatory Crime in Ireland*, Dublin, First Law.

[2] Ashworth, A. (2000) ‘Is the Criminal Law a Lost Cause?’, *Law Quarterly Review*, 116, 225–256.

[3] Baer, M. (2014) ‘Teaching White Collar Crime’, *Ohio State Journal of Criminal Law*, 11, 789–793.

[4] Baldwin, R. (2004) ‘The New Punitive Regulation’, *Modern Law Review*, 67 (3), 351–383.

[5] Bayley, D. (2001) ‘Security and Justice for All’ in H. Strang and J. Braithwaite, eds., *Restorative Justice and Civil Society*, Cambridge: Cambridge University Press.

[6] Braithwaite, J. (2000) ‘The New Regulatory State and the Transformation of Criminology’, *British Journal of Criminology*, 40, 222–238.

[7] Braithwaite, J. (2003) ‘What's Wrong with the Sociology of Punishment’, *Theoretical Criminology*, 7(1), 5–28.

[8] Braithwaite, J. (2005) *Neoliberalism or Regulatory Capitalism*, Occasional Paper 5, Canberra: National University of Australia.

[9] Chalmers, J. and Leverick, F. (2014) 'Quantifiying Criminalisation' in R. A. Duff *et al.*, eds., *Criminalisation: The Political Morality of Criminal Law*, Oxford: Oxford University Press.

[10] Considine, J. and Kilcommins, S. (2006) 'The Importance of Safeguards on Revenue Powers: Another Perspective', *Irish Tax Review*, 19(6), 49-54.

[11] Duggan, G. (2008) 'Disclosure to Revenue and the Privilege Against Self-Incrimination', *Irish Tax Review*, 70.

[12] Durkheim, E. (1992) 'Two Laws of Penal Evolution' in M. Gane, ed., *The Radical Sociology of Durkheim and Mauss*, London: Routledge.

[13] Dworkin, R. (1977) *Taking Rights Seriously*, Harvard: Harvard University Press.

[14] Dworkin, R. (1988) *Law's Empire*, Harvard: Harvard University Press.

[15] Gopalan, S. (2010), 'Skilling's Martyrdom: The Case for Criminalization without Incarceration', available at http://eprints. maynoothuniversity. ie/2417/1/SG_Skillings_Martyrdom. pdf.

[16] Habermas, J. (2008) *Between Facts and Norms*, Cambridge: Polity Press.

[17] Hamilton, J. (2010) 'Do We Need a System of Administrative Sanctions in Ireland' in S. Kilcommins and U. Kilkelly, eds., *Regulatory Crime in Ireland*, Dublin: First Law.

[18] Horan, S. (2011) *Corporate Crime*, Dublin: Bloomsbury Professional.

[19] Horwitz, M. (1992) *The Transformation of American Law, 1780-1860*, Oxford: Oxford University Press.

[20] Hutchinson, A. C. (1999) 'Beyond Black-Letterism: Ethics and Legal Education', *International Journal of Legal Education*, 33(3), 301.

[21] Kennedy, D. (1990) 'Legal Education as Training for Hierarchy' in David-Kairys, ed., *The Politics of Law*, New York: Pantheon Books.

[22] Lacey, N. (2004) 'Criminalization and Regulation: The Role of Criminal Law' in C. Parker, *et al.*, eds., *Regulating Law*, Oxford: Oxford University Press.

[23] Lynch-Fannon, I. (2010) 'Controlling Risk Taking: Whose Job Is It Anyway?' in S. Kilcommins and U. Kilkelly, eds., *Regulatory Crime in Ireland*,

Dublin: First Law.

[24] Macrory, R. (2006) *Regulatory Justice: Making Sanctions Effective*, Final Report, Macrory Review, London: Cabinet Office.

[25] McAuley, F and McCutcheon, P. *Criminal Liability*, Dublin: Round Hall, 2000.

[26] McCullagh, C. (1995) ' Getting the Criminals We Want: The Social Production of the Criminal Population' in P. Clancy, ed., *Irish Society: Sociological Perspectives*, Dublin: IPA.

[27] McGrath, J. (2012) ' Sentencing White-Collar Criminals: Making the Punishment Fit the White-Collar Crime', *Irish Criminal Law Journal*, 3, 72-79.

[28] McGrath, J. (2015) *Corporate and White Collar Crime in Ireland: A New Architecture of Regulatory Enforcement*, Manchester: Manchester University Press.

[29] Norrie, A. (2001) *Crime, Reason and History: A Critical Introduction to Criminal Law*, Cambridge: Cambridge University Press.

[30] O' Neill, A. (2008) ' The Consumer Protection Act 2007-Enforcing the New Rules', *Irish Law Times*, 26, 46-52.

[31] Robinson, D. (2014) ' Collared', *Gazette of the Law Society Ireland*, 180(1), 40-43.

[32] Scott, C. (2010) ' Regulatory Crime: History, Functions, Problems, Solutions' in S. Kilcommins and U. Kilkelly, eds., *Regulatory Crime in Ireland*, Dublin: First Law.

[33] Shover, N. and Cullen, F. T. (2008) ' Studying and Teaching White-Collar Crime: Populist and Patrician Perspectives', *Journal of Criminal JusticeEducation*, 19(2), 155-174.

[34] VanKrieken, R. (2006) ' Crime, Government and Civilization: Rethinking Elias in Criminology', available at http://hdl. handle. net/2123/916.

[35] Wright, R. A. and Friedreichs, D. O. (1991) ' White-Collar Crime in the Criminal Justice Curriculum', *Journal of Criminal Justice Education*, 2(1), 95-122.

第18章　结论：展望未来

克里斯·格莱德希尔和本·利文斯

在这一总结性章节中，我们将尝试从前面的章节中引出一些新出现的主题，并探讨更全面地理解这些主题所带来的刑法教学现状和前景的含义。在这样做的过程中，我们不太可能公正地对待每一位作者的论点的任何方面，但我们希望提请注意他们的重要的投稿，以及这些稿件如何暗示潜在的调查途径和进一步研究的机会。

在第1章中，我们注意到普通法司法管辖区的刑法教学有明显的相似性。在承认其中一些原因的同时，我们仍然指出，如果认为有必要的话，还存在相当大的创新空间。本书背后隐含的问题（同时也是每篇文稿的动机所在）是：讲授刑法的最佳方式是什么？或者更全面地说，我们希望提出一系列关于刑法教学的选择，而不仅仅是先围绕几周的一般原则，然后是几周的暴力和财产犯罪的细节构建的黑体字课程的讲座。

一些章节集中讨论了教学方法和技巧，以及这些方法和技巧如何影响学生对所提供资料的理解。不考虑对内容作出何种决定，这些都是与课程相关的。例如，布朗和默里建议通过使用一些一定程度上可促进互动的技术改进传统的讲座，而博伊兰-坎普和赫克斯利-宾斯以及菲茨帕特里克的章节则建议通过使用“翻转课堂”和“基于问题的学习”对刑法的教学方式进行更根本的改变。唐森和奥沙利文以及希尔德讨论了根据刑事犯罪的分类和组织原则进行教学所带来的一些概念上的挑战，提出了一些方法克服犯罪意图/犯罪行为结构中一些固有的复杂性和不足之处。

有些作者提出的另一个结构性问题涉及传统方法对普通法的依附，这破坏了现代刑法在很大程度上以及在一些司法管辖区完全基于法规的现实：他们建议这种成文法基础应该更好地反映在教学中。克罗夫茨和塔兰特通过介绍澳大利亚法典州的教学情况来考虑解决这个问题，而甘斯则详细介绍了一门由成文法解释形成的课程。

与刑法基础有关的另一个主题是，在法学院课程和更广泛的社会政治背景下，采用背景化方法处理该学科的重要性，使得概述刑法的制度背景及其与课程其他部分的联系变得非常重要，也使得实体刑法反映政治价值而非一套中立的原则的方式变得非常重要。这表现在许多方面；面对这一挑战，杰克逊和克里根描述了一门课程，一体化地同时学习实体刑法、诉讼和证据，而斯克拉顿和斯坦纳德记录了一门融合了批评犯罪学和刑法的课程。利文斯、拉夫南、奎因斯和托尔米等人的章节也指出了背景的重要性。无论如何解释“背景”，对刑法产生和运行的条件进行适当的背景化，可以使学生的理解突破严格定义的、受学科限制的概念的界限，这些概念是黑体字方法的典型代表。奎因斯和托尔米证明了这一点，他们都指出，对被社会边缘化的人的刑事司法体验的理解是了解法律的所谓“价值中立性”的一个特别重要的关键窗口。

在这些章节中出现的最后一个主题是，在大多数刑法课程中讲授的传统和狭隘的主题范围可能会呈现出一种对法律范围不必要的限制的观念。格莱德希尔和基尔孔明斯、莱伊和斯贝恩研究了课程通常关注的主题，并确定了与毒品罪、驾驶罪和行政犯有关的差距，甘斯也加入了这一行列，指出了这门课程的价值，通过选择一系列成文法规定作为学习刑法的资料，使课程包容内在的变化。

我们汇编该文集的主要目的是表明对于那些希望以一种不仅仅是用最新案例复制过去几代人讲授课程的方式讲授刑法的人来说，可以多一些选择。各作者选择解决刑法教学中的各个层面的问题。每个人都表现出对传统方法的一定程度的不满，他们的稿件体现了在课程内容和讲授方法方面进行创新的反思意愿。他们主张或多或少地摆脱黑体字课程结构、内容和教学法，而且他们确定了各自方法的理论基础。就个人的稿件而言，包括对那些构建或重新设计刑法课程的人的建议，或许它不能提供所有的建议，但这里提出的想法将有助于定性所采取的方法并证明其是正确的。

提供一本关于课程设计的书有一个基本前提，课程结构未必是静态的，30 年前的做法可能不是现在处理问题的最佳方式。这种改革建议的一个明确的理由是这样一种见解，即我们如何讲授刑法，或者说事实上法学院课程中的任何其他科目，都应该通过反思性的选择和研究定性，而不是简单地复制以前的做法。当然，我们并不否认这样一种可能性，即学术律师在反思了设计刑法课程的可选方案后，可能会认为传统的结构和内容仍然是最好的处理问题的方式。这可能是出于多种原因，其中包括认为现有的教学基础设施和现有的教科书能给学生带来好处的见解。

即使这是反思的结果，它所要求和代表的积极选择也表明了一种观点，这种选择应该成为学术努力的核心。反思性和以研究为基础的选择对于刑法课程的目标和效率来说是一个合法和重要的研究课题，它们证明值得继续开展工作。除了积极考虑刑法课程的适当内容、形式和方法所带来的好处之外，经验性工作作为该过程的一部分也发挥着一定作用。这可能包括但是毫无疑问不限于建立在该文集的各个作者的想法之上。例如，唐森和奥沙利文及布朗和默里对他们引入课程结构和教学方法的变化的有效性进行了实证性研究，这些可以在更大的范围内进行更详细的跟进。同样，根据那些主张课程内容应该不同的人所表达的观点，与各种团体（“利益相关人”是被过度使用的概念）进行磋商将有助于决定学习过刑法的人所追求的毕业生品质，以及实现这一目标的可接受方式。正如利文斯在第 12 章中所指出的那样，刑法课程和整个法学课程的形式受到这些利益相关人的影响，而且往往是以一种隐晦的方式受到影响。事实上，各方的利益不太可能得到充分理解，因此，研究它们的性质，如何以及是否应该加以容纳和平衡，将是有价值的。此类研究可能涉及与广泛的刑事司法机构、广义的法律服务提供者、其他潜在的雇主、老师和学生的磋商。但是，由于刑法在更广泛的课程中占有一席之地，研究也许应该与更广泛的课程相结合（例如，我们注意到甘斯在第 8 章中提出的立场，即他重新设计的课程满足了对成文法解释的理解的需要，这是已经完成法学学位的毕业生的一个核心品质）。

这引出了一个更广泛的问题。我们认为，刑法学习是并且应该继续是法学教育的一个重要组成部分，但我们对被雇用讲授刑法有一种明显的偏见，因为刑法的中心地位可能无法得到保证。例如，最近在英格兰和威尔士进行的《法学教育和培训审查》表明，应当继续审查该司法管辖区中要求学习的核心、“基础”科目的范围；它还引用了对“法律服务提供者”（律师、大律师和律师助理）的调查，该调查将“刑法”列为大学法学教育中 16 个假定“知识项目”中的第十二个最重要的项目［韦伯（Webb）和其他人，2013 年，第 34 页］。当然，这可能反映了传统刑法课程所讲授的内容的性质，以及集中于实体学科的相对狭窄的范围。但这也说明了设定刑法课程的目标以及实现这一目标的教学方法的重要性；说明了明确阐明的目标和以研究为主导的教学方法对刑法的教学和学习都很有价值，也可以说服利益相关人相信刑法在法学教育中的地位依然重要。

参考文献

[1] Webb, J., Ching, J., Maharg, P. and Sherr, A., *Setting Standards: The Future of Legal Services Education and Training Regulation in England and Wales* (Legal Education and Training Review 2013).

编著者

乔·博伊兰-坎普（Jo Boylan-Kemp），英格兰诺丁汉特伦特大学诺丁汉法学院首席讲师

凯文·J. 布朗（Kevin J. Brown），北爱尔兰贝尔法斯特女王大学法学院讲师

约翰·希尔德（John Child），英国苏塞克斯法学院法学高级讲师

托马斯·克罗夫茨（Thomas Crofts），澳大利亚悉尼大学悉尼法学院教授

菲奥娜·唐森（Fiona Donson），爱尔兰科克大学法学院讲师

本·菲茨帕特里克（Ben Fitzpatrick），英国约克法学院高级讲师

杰里米·甘斯（Jeremy Gans），澳大利亚墨尔本大学墨尔本法学院教授

克里斯·格莱德希尔（Kris Gledhill），新西兰奥克兰理工大学法学院副教授

瑞贝卡·赫克斯利-宾斯（Rebecca Huxley-Binns），英国吉尔福德法学院教授

亚当·杰克逊（Adam Jackson），英国纽卡斯尔诺桑比亚大学诺桑比亚法学院高级讲师

凯文·克里根（Kevin Kerrigan），英国纽卡斯尔诺桑比亚大学诺桑比亚法学院教授

肖恩·基尔孔明斯（Shane Kilcommins），爱尔兰利默里克大学法学院教授

苏珊·莱伊（Susan Leahy），爱尔兰利默里克大学法学院讲师

本·利文斯（Ben Livings），澳大利亚新英格兰大学法学院高级讲师

艾莉·拉夫南（Arlie Loughnan），澳大利亚悉尼大学悉尼法学院副教授

柯林·R. G. 默里（Colin R. G. Murray），英国纽卡斯尔大学纽卡斯尔法学院高级讲师

凯瑟琳·奥沙利文（Catherine O'Sullivan），爱尔兰科克大学法学院讲师

凯莉·奎因斯（Khylee Quince），新西兰奥克兰市奥克兰理工大学法学院

高级讲师

菲尔·斯克拉顿（Phil Scraton），北爱尔兰贝尔法斯特女王大学法学院犯罪学教授

艾默尔·斯贝恩（Eimear Spain），爱尔兰利默里克大学法学院高级讲师

约翰·斯坦纳德（John Stannard），北爱尔兰贝尔法斯特女王大学法学院高级讲师

亚历克斯·斯蒂尔（Alex Steel），澳大利亚悉尼新南威尔士大学法律系教授

斯特拉·塔兰特（Stella Tarrant），澳大利亚珀斯西澳大利亚大学法学院副教授

朱莉亚·托尔米（Julia Tolmie），新西兰奥克兰法学院副教授